Muito Prazer

GLÁUCIA ROBERTA ROCHA FERNANDES
TELMA DE LURDES SÃO BENTO FERREIRA
VERA LÚCIA RAMOS

Curso de Português para Estrangeiros
Inclui 2 CDs

Muito Prazer

FALE O PORTUGUÊS DO BRASIL

VOLUME 2 – INTERMEDIÁRIO

DISAL
EDITORA

© 2014 Glaucia Roberta Rocha Fernandes, Telma de Lurdes São Bento Ferreira e Vera Lúcia Ramos

Capa e projeto gráfico

Paula Astiz

Editoração eletrônica

Lydia Megumi e Laura Lotufo / Paula Astiz Design

Ilustrações

Lydia Megumi

CD

Produtora: jm produção de áudio

Direção geral: José Mario Velasco

Coordenadora de elenco e narração: Isabel de Sá

Dados Internacionais de Catalogação na Publicação (CIP)
(Câmara Brasileira do Livro, SP, Brasil)

Fernandes, Gláucia Roberta Rocha
    Muito prazer : fale o português do Brasil 2 : intermediário /
Gláucia Roberta Rocha Fernandes, Telma de Lurdes São Bento
Ferreira, Vera Lúcia Ramos. — Barueri, SP : DISAL, 2014.

    Inclui CD
    ISBN 978-85-7844-158-6

    1. Português – Gramática – Estudo e ensino 2. Português –
Problemas, exercícios etc. I. Ferreira, Telma de Lurdes São Bento.
II. Ramos, Vera Lúcia. III. Título.

14-01919   CDD-469.507

Índices para catálogo sistemático:

    1. Gramática : Português : Estudo e ensino 469.507
    2. Língua portuguesa : Gramática : Estudo e ensino 469.507

Todos os direitos reservados em nome de:

Bantim, Canato e Guazzelli Editora Ltda.

Alameda Mamoré 911, sala 107, Alphaville

06454-040, Barueri, SP

Tel. / Fax: (11) 4195-2811

Visite nosso *site*: www.disaleditora.com.br

Televendas: (11) 3226-3111

Fax gratuito: 0800 7707 105/106

E-mail para pedidos: comercialdisal@disal.com.br

Impressão e acabamento: Yangraf Gráfica e Editora

À minha mãe que sempre me apoia e me ama incondicionalmente.
Aos meus amigos que colorem minha vida.
À Vanessa Lourenço que tanto me ensinou em tão pouco tempo
neste mundo.

GLÁUCIA

Ao meu marido Ricardo, ao meu pai Manuel e à minha filha Maria Sofia.
À minha mãe, in memoriam.

TELMA

À minha mãe Ana que me ensinou a respeitar as diferenças.
À memória inesquecível de meu pai Otávio.
Ao meu irmão José, minha irmã Malu, meu cunhado Ismael e
meus sobrinhos: Fábio, Rejane, Carolina e Wagner
pela melodia que representam em minha vida.

VERA

Sumário

Agradecimentos

•

Aos nossos orientadores e professores que nos influenciaram na busca pelo conhecimento de outras culturas e diferentes maneiras de comunicação verbal.

Às primeiras companheiras de aulas e estudos dedicados aos estrangeiros: Sandra Rosal Bezerra, Roseane Maria Mozena, Marisa Bertoncini e Yedda Alves de Oliveira.

Aos nossos alunos de sempre e no momento representados pelo sr. Masashi Mizoguchi, Isao Kamiya e Koji Natsume.

À Paula Astiz, a designer deste livro, que com paciência e leveza procurou executar todos os minuciosos pedidos de desenhos e fotos.

E, finalmente, a todos aqueles que, direta ou indiretamente, nos ajudaram na confecção deste livro.

Apresentação

O objetivo do **Muito Prazer – Fale o Português do Brasil 2 –Intermediário** é capacitar o aluno, de qualquer nacionalidade, que deseja aprender o português do Brasil a comunicar-se com precisão e fluência. Para isso, o **Muito Prazer** oferece uma abordagem nova para o ensino e aprendizado do português, que combina as melhores características das abordagens mais modernas de ensino de língua estrangeira, sem deixar de lado o estudo das estruturas que formam a língua portuguesa. Para tanto, apresentamos o léxico e a gramática essenciais para uma boa comunicação em português, por meio de atividades estimulantes e contextualizadas, que apresentam a linguagem em uso na comunicação dos brasileiros.

Os temas escolhidos são de grande interesse e utilidade para qualquer aluno que queira aprender a língua portuguesa falada no Brasil e entrar em contato com os costumes dos brasileiros. As informações culturais estimulam as discussões e propiciam ao aluno oportunidades de comparação com sua própria cultura, muito valiosas na aprendizagem de uma língua estrangeira. Os temas são usados para integrar conversação, gramática, vocabulário, pronúncia, compreensão auditiva, leitura e escrita.

O **Muito Prazer – Fale o Português do Brasil 2 –Intermediário** é um curso para alunos de nível intermediário, cujo principal objetivo é fazer com que os alunos interajam uns com os outros e/ou com o/a professor/a. Por darmos grande ênfase à interação oral, o aluno aprende a aplicar o que aprendeu para se comunicar. Além disso, as experiências de aprendizagem são personalizadas, pois o aluno fala sobre si e suas ideias, discutindo assuntos relevantes no seu dia a dia, o que possibilita uma troca de experiências. O livro também pode ser utilizado por autodidatas, visto que as respostas de todos os exercícios e a transcrição dos textos de áudio encontram-se ao final do livro. Dessa forma, é possível que o aluno confira suas respostas e ouça os textos de áudio, com as respectivas transcrições, quantas vezes achar necessário.

Há 12 unidades neste livro e, a cada 4 unidades, uma de revisão e uma de pronúncia são apresentadas, totalizando 3 de cada. Elas são divididas em três lições (**A, B e C**) e uma parte final que as relaciona e as revisa, de acordo com o tópico principal da unidade. Cada lição é composta por:

PANORAMA: seu objetivo é introduzir e contextualizar o assunto que será abordado, utilizando o conhecimento prévio do aluno, a fim de prepará-lo para o conteúdo que será apresentado.

DIÁLOGO: os diálogos foram elaborados para tentar recriar situações da vida real no país, com uma linguagem apropriada para diferentes tipos de contextos (registros formal e informal). Por meio deles, o aluno entra em contato com as estruturas gramaticais e vocabulário que serão praticados nos exercícios seguintes. Além disso, o aluno terá oportunidade de praticar pronúncia e compreensão auditiva.

CONSTRUÇÃO DO CONTEÚDO: primeiramente, por meio de exercícios escritos controlados e depois com exercício oral mais livre, o aluno poderá consolidar as estruturas estudadas e aplicá-las, a fim de aumentar sua competência comunicativa.

AMPLIAÇÃO DO VOCABULÁRIO: nesta seção, o aluno aprende palavras relacionadas ao assunto da lição de maneira ativa, ou seja, pode utilizá-las em exercícios orais ou reconhecê--las em exercícios de compreensão auditiva. Na parte final da unidade (**LIÇÕES A, B e C**), o aluno revê o conteúdo das três lições. Esta parte é dividida em Compreensão Auditiva, Aplicação Oral do Conteúdo, Leitura, Redação e Consolidação Lexical.

COMPREENSÃO AUDITIVA: nesta seção, o aluno revê o conteúdo da unidade de maneira passiva, ou seja, tem mais uma oportunidade de reconhecer e internalizar estruturas e vocabulário já vistos anteriormente.

APLICAÇÃO ORAL DO CONTEÚDO: nesta seção, o aluno, novamente, tem a oportunidade de aplicar comunicativamente o conteúdo da unidade, dessa forma, consolidando seu conhecimento e sistematicamente melhorando a fluência oral.

LEITURA: os textos da leitura, em sua grande maioria, foram tirados de fontes autênticas (jornais, revistas, internet) e adaptados ao nível do conhecimento linguístico do aluno. Além dos exercícios de compreensão que os seguem, também há exercícios que fazem com que o aluno fale um pouco mais de si e de sua realidade.

REDAÇÃO: a proposta de atividade escrita tem a finalidade de fazer com que o aluno utilize o vocabulário e a gramática aprendidos, até aquele momento, e escreva sobre um tópico visto na unidade.

CONSOLIDAÇÃO LEXICAL: inspirado na abordagem lexical (Lewis, 1997), essa seção tem a finalidade de organizar o vocabulário aprendido na unidade, de modo que o aluno fixe melhor as combinações mais frequentes de palavras e estruturas aprendidas.

Além disso, os exemplos e atividades elaborados a partir da linguagem corrente do português do Brasil procuram mostrar como certas palavras e expressões se comportam em determinados contextos.

Os quadros "Note que..." e "Na conversação..." chamam a atenção do aluno para expressões típicas da língua falada ou escrita. Além disso, o "lembra", como o nome assim sugere, faz o aluno relembrar de tópicos importantes anteriormente estudados. As estruturas repetidas aparecem recicladas em outras unidades como parte essencial da construção de um conhecimento mais avançado.

O reforço da aprendizagem também acontece nas unidades de revisão que, como anteriormente mencionado, aparecem a cada quatro unidades. Além delas, três seções de **PRONÚNCIA DO PORTUGUÊS** antecedem as unidades de revisão. A pronúncia, que pode ser trabalhada pelo professor em aula ou pelo próprio aluno com o auxílio do CD, além de estar presente nos diálogos, é enfatizada mais sistematicamente nessas três seções especializadas. Nelas, alguns dos sons de maior dificuldade para o aluno estrangeiro são explicados de maneira clara e sucinta, com exercícios de prática contextualizada, que ajudam os alunos a aprimorar sua pronúncia. Além disso, como o CD de áudio contém todos os áudios do livro, o aluno pode ouvir e repetir os exercícios quantas vezes quiser, de acordo com sua necessidade.

Este livro foi confeccionado para ser usado em sequência e é importante mencionarmos que o livro, de modo algum, esgota as possibilidades de aprendizagem de cada aluno. Por isso, julgamos essencial que o professor adapte o material, caso seja necessário, para satisfazer as necessidades educacionais, interesses e estilos de aprendizagem de seus alunos.

Nós agradecemos seus comentários e experiências ao usar este livro!

Um abraço,

As autoras

A gente faz
UNIDADE 9 *ginástica na mesma academia*

Descrição física I

cabelo: cor	cabelo: comprimento
branco	curto
grisalho	no ombro
preto	comprido
loiro (claro / escuro)	**cabelo: forma**
castanho (claro / escuro)	liso
vermelho	cacheado
ruivo	ondulado
	crespo

olhos: cor	olhos: tamanho e forma
castanhos (claros / escuros)	grandes
verdes (claros / escuros)	pequenos
azuis (claros / escuros)	amendoados
pretos	puxados
cor de mel	

Faça sua descrição física: Meu cabelo é ... Meus olhos são ...
Descreva seus colegas.

LIÇÃO A 🎧 DIÁLOGO
1/57

Regina: Olha, aqui, Mara. Essas são as fotos da nossa turma do colégio.
Mara: Nossa! *Deixa eu ver.* Olha *só* o Pedro. Ele era tão lindo com esses cabelos castanhos, encaracolados e os olhos verdes.
Regina: Olha a Carol! Que diferente! Ela tinha um cabelo lindo: comprido e liso.
Mara: E esse aqui de cabelos grisalhos?
Regina: Este era o professor de História, o Jorge, lembra?
Mara: É verdade. A turma gostava muito dele e eu gostava de estudar História.
Regina: Você acredita que a gente faz ginástica na mesma academia?
Mara: Sério?!

> NA CONVERSAÇÃO...
> USAMOS "DEIXA EU VER" NO LUGAR DE "DEIXE-ME VER".

> **NOTE QUE...**
> •••
> "Só", às vezes, é usado para dar ênfase à frase.

LIÇÃO A GRAMÁTICA
Verbos: olhar, ser, ter, gostar e fazer

Modo Indicativo – Presente
FAZER
•••••••••••••••••••••••••••••••••••

Eu	faço
Você	
Ele	faz
Ela	
A gente	
Nós	fazemos
Vocês	
Eles	fazem
Elas	

•••••••••••••••••••••••••••••••••••

O verbo "fazer" é irregular e é da 2ª conjugação. A 2ª conjugação tem os verbos com final "-er".

Olha, aqui, Mara.

Ele **era** tão lindo com esses cabelos castanhos, encaracolados.

Ela **tinha** um cabelo lindo: comprido e liso.

A turma **gostava** muito dele.

Você acredita que a gente **faz** ginástica na mesma academia?

•••

Modo Imperativo	**Modo Imperativo**
OLHAR	**OLHAR**
De acordo com a gramática	De acordo com o uso
olha (tu)	
olhe (você)	
olhamos (nós)	olha (você)
olhai (vós)	
olhem (vocês)	

Modo Indicativo - Pretérito Imperfeito **SER**		Modo Indicativo - Pretérito Imperfeito **TER**		Modo Indicativo - Pretérito Imperfeito **GOSTAR**	
Eu	era	Eu	tinha	Eu	gost**ava**
Você		Você		Você	
Ele	era	Ele	tinha	Ele	gost**ava**
Ela		Ela		Ela	
A gente		A gente		A gente	
Nós	éramos	Nós	tínhamos	Nós	gost**ávamos**
Vocês		Vocês		Vocês	
Eles	eram	Eles	tinham	Eles	gost**avam**
Elas		Elas		Elas	

O Pretérito Imperfeito é usado para indicar o que no passado era contínuo ou frequente. Ele também é usado para descrições no passado.

Os verbos "ser" e "ter" são irregulares no Pretérito Imperfeito.

O verbo "gostar" é regular e é da 1ª conjugação. Os verbos regulares da 1ª conjugação seguem o modelo de "gostar".

LIÇÃO A CONSTRUÇÃO DO CONTEÚDO

A. Complete os diálogos com o verbo FAZER no presente e OLHAR no imperativo.

Eva: Nelson, você _____ (FAZER) ginástica todos os dias?

Nelson: Não. Às segunda e quartas, _____ (FAZER) natação e, às terças e quintas, _____ (FAZER) aulas de tênis. E você? _____ (FAZER) algum exercício físico?

Eva: Não. Mas, quero _____ (FAZER). _____, (OLHAR) tem uma academia aqui na esquina.

Nelson: Aqui é a minha academia. Vamos! A gente _____ (FAZER) juntos. _____ (OLHAR) como aqui é legal. Tem todos os esportes.

Eva: Tá* bem. Eu _____ (FAZER) a matrícula agora. Vamos.

* pronúncia de 'Está' = 'Tá'

B. Complete com o verbo GOSTAR no pretérito imperfeito.

1. Júlio _____ de cantar quando era criança?
2. Paula não _____ de estudar quando era universitária.
3. Nós _____ deles na infância.
4. Você _____ de fazer ginástica na escola?
5. Eu _____ da minha amiga Letícia.

C. Complete as descrições das pessoas com os verbos **SER** e **TER** no pretérito imperfeito.

1. Quando _____ 17 anos, Marcelo _____ cabelos compridos e lisos. Ele _____ muito bonito.

2. Quando _____ 19 anos, Gladis _____ cabelos castanhos e encaracolados. _____ muito tímida.

D. **Oral:** Entreviste colegas sobre como eram na escola.

Ex.: A:Você tinha cabelos compridos?
B: Não. Meus cabelos eram curtos.

Ter cabelos lisos	☐ sim	☐ não
Ter cabelos curtos	☐ sim	☐ não
Ter cabelos castanhos	☐ sim	☐ não
Ser tímido (a)	☐ sim	☐ não
Ser estudioso (a)	☐ sim	☐ não
Ser popular	☐ sim	☐ não

LIÇÃO A AMPLIAÇÃO DO VOCABULÁRIO
Outros termos para descrição física

(ser) careca
(ter) pintas = sardas
(ter / usar) barba / bigode / cavanhaque
(usar) aparelho
(usar) óculos
(estar) bem vestido (a)
(ser / estar) atraente
(ser) charmoso
(ser) forte
(estar) em forma

A.   Leia as descrições e associe-as às fotos abaixo.

1.   A: Nossa! Quem é esse?
     B: Esse é o Ricardo, nosso amigo da faculdade, lembra? Ele é alto, magro e atraente. Ele tem olhos verdes, cabelos castanhos claros e curtos.
     A: Ele está diferente nessa foto... acho que por causa dos óculos...

2.   A: E esse? É o Márcio?
     B: É sim.
     A: Ele era tão magrinho e usava cavanhaque. Eu adorava os olhos azuis dele!

3.   B: A Maria aqui está diferente... seu cabelo estava ruivo e ela estava bem vestida. A roupa combina com os olhos verdes dela.

4.   A: E a Vanessa? Ela está aqui com o namorado! Olha o cabelo dela! Era longo, cacheado e preto. Ela estava em forma, também, ia à academia todos os dias!

5.   B: A Silvana tem olhos lindos, né? Grandes e cor de mel!
     A: É mesmo! Aqui ela usava cabelos no ombro loiros e ondulados.

6.   A: Olha o Mauro roqueiro. Ele tinha cabelos longos pretos e lisos e usava roupas pretas.

7.   B: Nossa amiga, Regiane! Ela não mudou nada! Cabelos longos, pretos e lisos. E continua magrinha.

8.   B: Olha o professor Osvaldo aqui.
     A: Nossa! Como ele está diferente. Ele tinha os cabelos e barba brancos!

9.   B: E aqui a professora Alda! Ela tinha pintas no rosto, lembra? Ela sempre estava bem vestida.

10. A: Os olhos da Ana Júlia são amendoados e verdes claros e os cabelos são castanhos escuros cacheados, no ombro.

B. Traga fotos de sua família e amigos e os descreva a seus/suas colegas e professor/a.

C. Descreva:

1. Um colega do trabalho

_____
_____
_____

2. Seu professor / professora

_____
_____
_____

3. Um/a colega de sala

_____
_____
_____

LIÇÃO B   PANORAMA
Descrição física II

Idade

criança	adulto
adolescente	de meia-idade
jovem	idoso(a)

Aparência geral

lindo(a)	interessante
bonito(a)	charmoso(a)
	atraente

Altura

(muito) alto (a)
de estatura mediana (= nem alto nem baixo)
(muito) baixo(a)

Peso

gordo(a)
magro(a)
elegante (nem gordo e nem magro)

Faça sua descrição física: Eu sou ...
Descreva seus colegas.

LIÇÃO B 🎧 DIÁLOGO
1/58

Cláudia:	Você se lembra do Antônio?
Patrícia:	Antônio?
Cláudia:	Ele era meu amigo quando eu morava na França, lembra?
Patrícia:	Ah, sei. Um alto, magro, de meia-idade. Ele tinha bigode e usava umas roupas estranhas, né?
Cláudia:	Isso mesmo.
Patrícia:	Ele corria todas as manhãs e, à noite, ia à sua casa para conversar e sempre levava uma flor pra você. Que romântico!
Cláudia:	É verdade.
Patrícia:	Por que você está lembrando dele agora? Já faz uns quatro anos, né?
Cláudia:	É. Faz quatro anos. É que ele está morando no meu prédio, acredita?
Patrícia:	Jura? Que legal!

LIÇÃO B GRAMÁTICA
Verbos: correr, ir e fazer (tempo)

> LEMBRA?
>
> ** O VERBO IR TAMBÉM PODE SER USADO COM A PREPOSIÇÃO PARA (PARA + A = PRA; PARA + O = PRO).*

Os verbos "correr" e "ir" são regulares no pretérito imperfeito. Os verbos terminados em "-er" e "-ir" têm as terminações iguais aos "correr" e "ir".

O verbo "fazer" + tempo é impessoal.
Faz + número de anos. Exemplo:
Faz um ano.

    Faz cinquenta anos.

    Faz mil anos.

Ele **corria** todas as manhãs e, à noite, **ia à*** sua casa para conversar (...).
Já **faz** uns quatro anos, né?

Modo Indicativo – Pretérito Imperfeito

CORRER			IR	
Eu	corr**ia**		Eu	ia
Você			Você	
Ele	corr**ia**		Ele	ia
Ela			Ela	
A gente			A gente	
Nós	corr**íamos**		Nós	íamos
Vocês			Vocês	
Eles	corr**iam**		Eles	iam
Elas			Elas	

O imperfeito é usado para descrever ações ou hábitos no passado.

Exemplo: Ele fumava.

Ela corria.

A gente saía cedo de casa.

Os verbos da 1ª conjugação, ou seja, os terminados em "-ar" são conjugados como o verbo "gostar" que aparece na Lição A, desta unidade.

LIÇÃO B   CONSTRUÇÃO DO CONTEÚDO

A. Complete as frases com os verbos abaixo. Mais de uma opção é possível.

levava	morava	corria	íamos	usavam	ia

1. Eu _____ na praia quando tinha 23 anos.
2. Nós _____ pro parque todos os dias.
3. Marta e Jesus _____ óculos grandes.
4. Você _____ uma bola pra escola.
5. Luís _____ pra aula de judô.

B. Preencha as frases com a duração.

1. Faz _____ anos que eu moro nesta cidade.
2. Faz _____ meses que eu não visito o médico.
3. Faz _____ dias que eu assisti a um filme.
4. Faz _____ horas que eu comi.
5. Faz _____ semanas que eu _____.

C. Complete o diálogo com os verbos em parênteses no imperfeito.

Téo: Gil, você _____ (MORAR) aqui quando era criança?

Gil: _____ (MORAR). Mas, minha família _____ (TER) uma casa em outro bairro.

Téo: Sua irmã e você _____ (BRINCAR) muito na rua?

Gil: O dia todo. A gente _____ (CORRER) para o supermercado e depois _____ (LEVAR) pão para minha avó.

Téo: Eu _____ (SER) muito *levado*. Meu irmão e eu _____ (USAR) roupas velhas e a gente _____ (FUMAR) atrás da padaria.

Gil: Nossa! Você _____ (FUMAR)?

Téo: É... não _____ (SER) bom. Mas, faz muitos anos. Agora, eu faço esportes todos os dias e não fumo mais.

NOTE QUE...

••

Aqui, (ser) levado (a) = ser travesso, indisciplinado

D. **Oral: Encontre pessoas na turma que...**

...moravam em uma cidade pequena quando eram crianças.

_____

...eram bons (boas) alunos (as) na adolescência.

_____

...fumavam, mas não fumam mais faz muitos anos.

_____

...tinham livros em português antes de estudar português.

_____

...eram gordinhas quando crianças.

_____

LIÇÃO B   AMPLIAÇÃO DO VOCABULÁRIO

Cores I

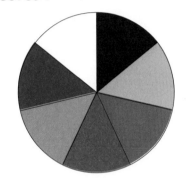

singular	plural
branco (a)	brancos (as)
preto (a)	pretos (as)
amarelo (a)	amarelos (as)
vermelho (a)	vermelhos (as)
azul	azuis
verde	verdes
roxo (a)	roxos (as)

Vestuário I

Feminino (social)		Masculino (social)
blusa / camisa		camisa
conjunto (= saia + blazer		terno (= calça + paletó)
ou calça + blazer)		gravata
vestido		calça (comprida)
calça (comprida)		jaqueta
jaqueta		casaco
casaco		meias
meia-calça		sapato
sapato alto		

A. Escreva os itens do vestuário que você tem nas cores abaixo.

azul	branco (a)	preto (a)
_____	_____	_____
_____	_____	_____
_____	_____	_____
_____	_____	_____
_____	_____	_____
_____	_____	_____
_____	_____	_____
_____	_____	_____

amarelo (a)	vermelho (a)	verde
_____	_____	_____
_____	_____	_____
_____	_____	_____
_____	_____	_____
_____	_____	_____
_____	_____	_____
_____	_____	_____
_____	_____	_____

B. 🎧 1/59 Ouça os diálogos e escolha a opção correta.

1. A roupa favorita de Mariana é:
   - ☐ calça preta
   - ☐ saia e camisa branca
   - ☐ conjunto preto

2. Raquel quer comprar:
   - ☐ um vestido vermelho
   - ☐ uma saia azul
   - ☐ um conjunto preto

3. Rogério está usando:
   - ☐ calça vermelha
   - ☐ gravata amarela
   - ☐ camisa verde

LIÇÃO C   PANORAMA

Descrição de personalidade

simpático (a)	[ ]	generoso (a)	[ ]	impaciente	[ ]	sociável	[ ]
ambicioso (a)	[ ]	educado (a)	[ ]	egoísta	[ ]	paciente	[ ]
inteligente	[ ]	trabalhador (a)	[ ]	tímido (a)	[ ]		

Dos adjetivos acima, quais você acha que têm valor positivo ou negativo? Coloque "+" para os positivos e "–" para os negativos.
Quais são suas características pessoais?
Como você descreve seu (sua) melhor amigo (a)?

LIÇÃO C   🎧 DIÁLOGO
1/60

Pedrinho: Oi, vô! O que o senhor está olhando aí?
Seu Enzo: Umas fotos. Estou me lembrando de uns amigos e parentes.
Pedrinho: Ah, *deixa eu ver* também?
Seu Enzo: Claro. Você sabe quem é este aqui?
Pedrinho: Hmmm... Acho que não.
Seu Enzo: É o seu tio Roque.

Pedrinho:	Que diferente, vô!
Seu Enzo:	É. Mas ambicioso e impaciente como sempre.
Pedrinho:	Que roupas estranhas.
Seu Enzo:	Era moda.
Pedrinho:	E essa aqui?
Seu Enzo:	Esta é uma amiga da Itália. Você não conhece.
Pedrinho:	Bonita, né? Você gostava dela, vô?
Seu Enzo:	Não. Ela era só uma amiga da sua avó. Ela era muito tímida, mas paciente e generosa.
Pedrinho:	E esse?
Seu Enzo:	Este é o seu pai.
Pedrinho:	*Caramba*, que diferente. Charmoso, né? Parece educado e inteligente com esses óculos
Seu Enzo:	Mas seu pai *é* educado e inteligente, Pedrinho!

LEMBRA?

USAMOS "DEIXA EU VER" NO LUGAR DE "DEIXE-ME VER" QUE É MAIS GRAMATICAL.

NA CONVERSAÇÃO...

CARAMBA = NOSSA!

LIÇÃO C GRAMÁTICA
Verbos: lembrar-se, parecer

Estou **me lembrando de** uns amigos e parentes. (= Estou lembrando de uns amigos e parentes.)

(**Ele**) **Parece** educado e inteligente com esses óculos.

....

Modo Indicativo – Presente

LEMBRAR-SE		PARECER	
Eu	me lembro	Eu	pareço
Você		Você	
Ele	se lembra	Ele	parece
Ela		Ela	
A gente		A gente	
Nós	nos lembramos	Nós	parecemos
Vocês		Vocês	
Eles	se lembram	Eles	parecem
Elas		Elas	

O verbo pode ser "lembrar" ou "lembrar-se"

O verbo "parecer" é regular e significa aqui "ter a aparência de" ou "dar a impressão de".

LIÇÃO C CONSTRUÇÃO DO CONTEÚDO

A. Observe as figuras e complete as frases com o verbo PARECER na forma afirmativa ou negativa.

1. Maurício _____ ambicioso.

2. Dona Maria _____ simpática.

3. Leca e Juju _____ tímidas.

4. Sebastião _____ trabalhador.

B. Complete o diálogo com os verbos indicados em parênteses.

Jorge: Álvaro, você _____ (LEMBRAR) do Juvenal?

Álvaro: Juvenal? Não _____ (LEMBRAR) não.

Jorge: Ele _____ (TRABALHAR) aqui, mas agora está em outra empresa.

Álvaro: Como ele _____ (SER)?

Jorge: Ele _____ (TER) muitas pintas no rosto e os cabelos vermelhos.

Álvaro: Ele _____ (TER) uma irmã muito simpática que _____ (IR) pro refeitório com a gente?

Jorge: Isso. Ela _____ (TER) os cabelos bem compridos e _____ (SER) baixa. _____ (SER) copeira, mas agora é recepcionista em outro lugar.

Álvaro: Ah! Agora _____ (LEMBRAR) deles sim. O Juvenal _____ (USAR) óculos, _____ (ESTAR) sempre bem vestido e _____ (SER) um pouco gordo.

Jorge: Isso. Ele agora está magro. Está correndo e fazendo ioga todos os dias.

Álvaro: Que ótimo. Preciso fazer o mesmo.

C. **Oral:** Observe as figuras abaixo e descreva as pessoas usando o verbo PARECER.

LIÇÃO C   AMPLIAÇÃO DO VOCABULÁRIO

Cores II

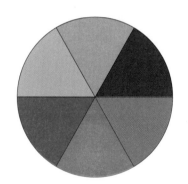

bege

laranja

marrom

cinza

cor-de-rosa

roxo

As cores bege, laranja, cinza e cor-de-rosa não têm diferença entre feminino e masculino, singular e plural. A cor marrom não tem diferença entre feminino e masculino.

Vestuário II

Feminino (esporte e íntimo)	Masculino (esporte e íntimo)
camiseta	camiseta
short	short
bermuda	bermuda
jeans	jeans
calcinha	cueca
sutiã	pijama
camisola	meias
meias	tênis
tênis	sandália
sandália	chinelo
chinelo	

A. 🎧 1/61 Ouça os diálogos e complete o quadro abaixo.

	Roupas	Local
1. Camila		
2. Pedro		
3. Adauto		

B.   Que tipo de roupas você usa para:

1. ir ao parque, correr?

_____

2. trabalhar?

_____

4. visitar um cliente?

_____

5. ir ao supermercado?

_____

6. viajar a trabalho?

_____

7. se exercitar?

_____

8. ficar em casa nos finais de semana?

_____

9. ir à praia?

_____

10. ir a um casamento?

_____

LIÇÕES A, B e C   COMPREENSÃO AUDITIVA

🎧 1/62 Ouça os diálogos e marque (✓) a alternativa correta.

1. Jana (   ) tinha cabelos castanhos
      (   ) tinha cabelos compridos
      (   ) tinha cabelos curtos
 Jana (   ) morava em São Paulo
      (   ) morava em Brasília
      (   ) morava em Ribeirão Preto
 Jana (   ) ia pro cinema com os primos
      (   ) ia pro cinema com amigos
      (   ) ia pro cinema com os irmãos

2. Sérgio (   ) era gordo quando tinha dezoito anos
       (   ) tinha cabelos loiros
       (   ) tinha pintas no rosto
 Sérgio (   ) era atraente
       (   ) era sociável
       (   ) era elegante
 Sérgio (   ) gostava das calças vermelhas
       (   ) gostava da camiseta amarela
       (   ) gostava da camisa cor-de-laranja

3. A mãe da Lenita (   ) era educada
            (   ) era impaciente
            (   ) era inteligente

177

A mãe da Lenita   (   ) não tinha amigas
                  (   ) fumava muito
                  (   ) usava roupas estranhas
A mãe de Lenita   (   ) parece sociável na foto
                  (   ) parece simpática na foto
                  (   ) parece interessante na foto

LIÇÕES A, B e C   APLICAÇÃO ORAL DO CONTEÚDO

A. Você e seu/sua colega eram bons/boas amigos/as na adolescência. Vocês encontram-se agora, depois de muito tempo. Falem sobre como eram e sobre as suas mudanças. Use o vocabulário abaixo para montar seus perfis:

Aluno A	Aluno B
cabelos lisos	cabelos pretos
lembrava	usava
morava	estudava
jovem	bonito
sociável	impaciente
gordo	estudioso
magro	usava óculos

B. Agora, entreviste o/a colega sobre como ele/a *realmente* era, do que gostava e onde morava.

LEITURA
O significado das cores

Conheça o poder das principais cores e seus reflexos na personalidade. Além de influenciar o humor, as cores revelam um pouco da personalidade. Muito utilizadas na decoração de ambientes para estimular sensações, elas também podem traduzir um pouco do jeito de ser, de acordo com as preferências de cada um.
Cores preferidas
O **azul** é uma cor que transmite calma e segurança, traz clareza mental e saúde emocional. Revela uma pessoa que gosta de manter as emoções sob controle e que geralmente não demonstra o que sente. O **vermelho** é estimulante, dá energia física e representa a força de vontade e liderança. Também favorece o impulso sexual, mas, em excesso, torna a pessoa agressiva e briguenta.
O **verde** é a mais harmoniosa das cores. Representa as energias da natureza e o crescimento, e revela alguém preocupado com o bem-estar coletivo. Usado em excesso, pode determinar orgulho e arrogância.

O **amarelo** desperta a alegria e a criatividade. Diminui a ansiedade e as preocupações e, ao mesmo tempo, produz desinibição. Conhecendo o poder e o significado das cores, você pode montar um visual que equilibre o seu humor. Mas saiba que as cores de objetos, ambientes e das roupas de outras pessoas também afetam o seu dia a dia.

A. **Responda as perguntas abaixo.**

1. Você acha que as cores e a personalidade estão ligadas?

_____

2. Qual cor transmite tranquilidade? E qual é a cor da força de vontade?

_____

B. Qual sua cor favorita? Você acha que ela tem a ver com seu humor?

_____
_____
_____

REDAÇÃO

Descreva uma das pessoas famosas abaixo. Você acha que as cores de sua roupa tem relação com as qualidades que você vê nessa pessoa?

Ex. Gisele Bunchen, Rodrigo Santoro, Brad Pitt, Lula.

_____
_____
_____
_____
_____
_____
_____
_____
_____
_____
_____
_____

CONSOLIDAÇÃO LEXICAL
Cores

Nomeie e coloque as cores dos itens de vestuário abaixo. Por exemplo: calça verde, sapatos brancos etc.

UNIDADE 10 *Estou com gripe*

LIÇÃO A **PANORAMA**
A saúde e os remédios

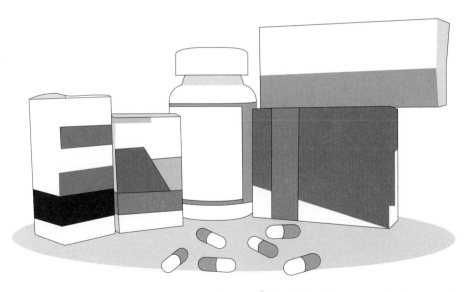

No Brasil, existem o serviço de saúde público, o SUS – Sistema Único de Saúde – e o privado, normalmente, em forma de planos de saúde. Quanto aos medicamentos, a maioria dos brasileiros compra remédios, que não são de tarja preta e também alguns de tarja vermelha, diretamente nas farmácias, como por exemplo: antigripais (para gripes e resfriados); analgésicos (para dores de cabeça e musculares) e antiácidos (para dores de estômago). Esses tipos de remédios não necessitam de receita médica.

E no seu país, quais os serviços de saúde existentes?
Que tipos de remédios as pessoas compram sem receita médica?

LIÇÃO A 🎧 DIÁLOGO
1/63

Maria:	Meu Deus, que cara é essa, Dora?
Dora:	Estou com gripe, tosse e muita dor de cabeça.
Maria:	Por que você não vai ao médico?
Dora:	Pra quê? Não vai *adiantar*. O meu médico normalmente não tem horário. Tenho que marcar hora com uma semana de antecedência. Até lá, já sarei da gripe.
Maria:	Nossa, vai a outro médico, então. Você já tomou algo?
Dora:	Já tomei tudo. Antigripal, vitamina C... Acho que vou me deitar um pouco agora.
Maria:	Isso. Vai descansar. Quer algo? Um chá de limão e alho, talvez?
Dora:	Ugh! Claro que não.

NOTE QUE...

....

"adiantar", aqui, significa "resolver", "solucionar um problema".

LIÇÃO A GRAMÁTICA
Verbos: sarar e tomar; pronome indefinido

Até lá, já **sarei** da gripe.
Você já **tomou** algo?
Já tomei **tudo**.
Quer **algo**?

....

O "pretérito perfeito" é usado para descrever fatos terminados no passado, geralmente não habituais.

Os verbos "sarar" e "tomar" são regulares e são da 1ª conjugação. Os verbos regulares da 1ª conjugação seguem o exemplo de "sarar" e "tomar".

Modo Indicativo – Pretérito Perfeito

SARAR		TOMAR	
Eu	sar**ei**	Eu	tom**ei**
Você		Você	
Ele	sar**ou**	Ele	tom**ou**
Ela		Ela	
A gente		A gente	
Nós	sar**amos**	Nós	tom**amos**
Vocês		Vocês	
Eles	sar**aram**	Eles	tom**aram**
Elas		Elas	

Pronome indefinido

Os pronomes indefinidos referem-se à terceira pessoa do discurso de forma imprecisa.

pronomes indefinidos invariáveis: alguns exemplos

alguém ≠ ninguém	Tem **alguém** aí?
	Acho que não tem **ninguém**.
tudo ≠ nada	**Tudo** está claro agora.
	Nada parece claro.
algo (= alguma coisa)	**Algo** está diferente aqui.
cada	**Cada** criança vai receber um presente.

LIÇÃO A   CONSTRUÇÃO DO CONTEÚDO

A. Complete os diálogos com os verbos indicados.

1. Lélio: Nossa, estou com muita dor de cabeça.
   Pérsio: De novo? Não _____ (SARAR) ainda?
   O que você _____ (TOMAR)?
   Lélio: Nada.

2. Raquel: Menina, você tem que _____ (TOMAR) alguma coisa para essa gripe!
   Telma: Já _____ (TOMAR), mas não _____ (SARAR).

3. Mauro: Por que o Paulo está tão estranho?
   Roger: Não sei. Acho que ele _____ (TOMAR) muito remédio e agora está com sono.

4. Hilda: Oi, Lucas. Suas irmãs já _____ (SARAR)? Elas estavam com uma tosse.
   Lucas: _____ (SARAR). Elas _____ (tomar) um xarope muito bom, com própolis e mel.

B. Complete o texto com as palavras do quadro. Você só pode usá-las uma vez.

nada	algo	cada
tudo	alguém	ninguém

Sou o Dr. Menezes. No meu consultório _____ é organizado. Sempre tem _____ para atender os pacientes. _____ paciente recebe atendimento personalizado. _____ sai do consultório sem falar comigo. Se um paciente precisar de _____, ele fala com a secretária. _____ acontece sem meu conhecimento. Prezo muito a saúde de meus pacientes.

C. **Oral:** Observe as figuras. De acordo com a doença, diga qual remédio a pessoa provavelmente tomou e se ela sarou ou não.

Remédios: **antigripal**, **analgésico** e **antiácido**

LIÇÃO A   AMPLIAÇÃO DO VOCABULÁRIO
Corpo Humano I

cabeça — orelhas
— ouvidos
— pescoço
olhos — — braços
garganta —
estômago — — costas
pernas —
— pés

A. Veja as figuras e escreva qual parte do corpo destas pessoas dói.

1. _____

2. _____

3. _____

4. _____

B. Ouça os diálogos e complete com a parte do corpo que dói e o motivo.

1. Parte do corpo: _____   Motivo: _____
2. Parte do corpo: _____   Motivo: _____
3. Parte do corpo: _____   Motivo: _____
4. Parte do corpo: _____   Motivo: _____
5. Parte do corpo: _____   Motivo: _____

LIÇÃO B   PANORAMA
Tipos de tratamento médico

Existem, pelo menos, três tipos de tratamentos para quando estamos doentes. O primeiro é o tratamento médico convencional, ou seja, procuramos um médico alopata. Quando estamos doentes, vamos ao consultório médico ou hospital e seguimos os conselhos do médico. O segundo é o tratamento médico não convencional. Para esse tipo de tratamento, vamos ao consultório de um médico homeopata, que trata os pacientes com remédios à base de ervas. No terceiro tipo, podemos incluir tratamentos como a acupuntura (medicina chinesa e japonesa); florais (remédios à base de flores) e remédios caseiros (chás etc).

Que tipos de tratamento são comuns no seu país?

E você? Quando você fica doente que tipo de tratamento você segue?

LIÇÃO B   DIÁLOGO
1/65

Silmara: Que remédio é esse?

Jorge: É para dor nas costas.

Silmara: E você toma assim, sem ir ao médico?

Jorge: Não. Foi o meu médico que receitou. *Sempre que* estou com dor nas costas, eu tomo este remédio.

Silmara: Eu não gosto de remédios. Quando preciso tomar um remédio, normalmente, fico com dor de estômago.

Jorge: E o que você faz, então?

Silmara: Eu faço acupuntura.

Jorge: Mas acupuntura serve para tudo?

Silmara: Para quase tudo. Eu faço algumas sessões com um acupunturista japonês. Ele é ótimo.

Jorge: Mas aquelas agulhas no corpo não doem?

Silmara: Depende. Quando tem alguma inflamação, dói um pouco.

Jorge: *Eu, hein?* Nem pensar.

NA CONVERSAÇÃO...

"EU, HEIN? NEM PENSAR" = DE MANEIRA NENHUMA

NOTE QUE...

•••

sempre que = quando, toda vez que.

LIÇÃO B GRAMÁTICA

Verbo ser; estrutura com verbo ser + sujeito + que; advérbio de frequência

Foi o meu médico que receitou.

Quando preciso tomar um remédio, **normalmente**, fico com dor de estômago.

•••

Advérbio de frequência

Os advérbios de frequência mostram a constância de uma situação.

alguns exemplos:

sempre ≠ nunca

Eu **sempre** tenho dor nas costas.

Ele **nunca** está com gripe.

quase sempre ≠ quase nunca (variação de "sempre" ≠ "nunca")

com frequência = geralmente, normalmente

Elas ficam com dor de estômago **com frequência**.

às vezes = de vez em quando

Eles estão com dor de cabeça **às vezes**.

dificilmente = raramente

Ela **dificilmente** está com febre.

SER
Modo Indicativo – Pretérito Perfeito

•••

Eu	fui
Você	
Ele	foi
Ela	
A gente	
Nós	fomos
Vocês	
Eles	foram
Elas	

•••

A frase "foi o médico que receitou." poderia ser "O médico receitou esse remédio.", mas esta última frase é menos usual. Neste caso, damos ênfase à ação do sujeito.

•••

Foi (verbo ser) + **o médico** (sujeito) + **que** + **verbo** é uma estrutura comum no português falado.

Veja mais exemplos:

Foi o professor que pediu.

Foi a Maria que telefonou.

É a Maria que vai com eles.

LIÇÃO B   CONSTRUÇÃO DO CONTEÚDO

A. **Reescreva as orações abaixo, iniciando-as com o verbo SER no pretérito perfeito.**

1. A dentista recomendou esta pasta de dente.

   _____

2. Nós tomamos aquele remédio.

   _____

3. Vocês sararam muito rápido.

   _____

4. O Dr. Braga mandou a receita.

   _____

5. Eu comprei o antiácido.

   _____

B. **Circule a melhor opção para completar as orações do diálogo.**

Farmacêutica:	Pois não?
Cliente:	Vocês têm antiácido?
Farmacêutica:	Temos. Está com dor de estômago?
Cliente:	É. Eu (nunca/geralmente) tenho acidez. Como muita gordura.
Farmacêutica:	Você só deve comer gordura (às vezes/sempre).
Cliente:	Eu sei, mas adoro frituras e churrasco. (Quase sempre/Dificilmente) faço churrasco em casa, com muita caipirinha.
Farmacêutica:	Aqui está. Os clientes (quase nunca/geralmente) compram este aqui. É muito bom.
Cliente:	Obrigado. Acho que você vai me ver aqui (com frequência/raramente). Semana que vem tem churrasco de novo!
Farmacêutica:	Cuide-se.

C. Oral: Descubra com que frequência seus/suas colegas têm os sintomas listados e se tomam medicamentos.

Ex.: *A: Com que frequência você tem dor de cabeça?*
B: Eu às vezes tenho dor de cabeça.
A: O que você toma?
B: Tomo um analgésico e chá.

Sintomas	Frequência			Medicamento
Dor de cabeça	( ) Sempre	( ) às vezes	( ) quase nunca	
Dor nas costas	( ) Sempre	( ) às vezes	( ) quase nunca	
Dor de estômago	( ) Sempre	( ) às vezes	( ) quase nunca	
Febre	( ) Sempre	( ) às vezes	( ) quase nunca	
Gripe	( ) Sempre	( ) às vezes	( ) quase nunca	

LIÇÃO B AMPLIAÇÃO DO VOCABULÁRIO
Alguns sintomas

estar com dor no/na/nos/nas	pés
pernas	pulsos
costas	
olhos	

Normalmente, quando a parte do corpo está no plural, usamos estar com dor **nos/nas**, mas há exceções: **no** peito, **no** pescoço

....

estar com dor de	
cabeça	ouvido
garganta	barriga
estômago	

Normalmente, quando a parte do corpo está no singular, usamos estar com dor **de**.

A. Complete o quadro abaixo com suas informações e compare com um/a colega

 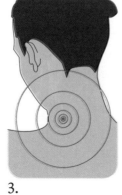  

1. _____ 2. _____ 3. _____ 4. _____ 5. _____

B. 🎧 Ouça estes pacientes em um consultório médico e responda
1/66
as perguntas.

1. a. Qual é o problema?
    b. O que ela tomou?
    c. Ela sarou?
2. a. Qual é o problema?
    b. O que ela tomou?
    c. Ela sarou?

LIÇÃO C PANORAMA

Descrição de condição física ou emocional

Normalmente, nós mudamos nossa condição física ou emocional de bem-estar para mal-estar, quando passamos por algum problema. Alguns sintomas são temporários, então dizemos que "estamos com algo", outros são mais permanentes, então dizemos que "temos algo", outros ainda mudam nossa condição de forma inesperada ou só quando fazemos algo, então dizemos que "ficamos com algo". Vejamos os exemplos:

E você? O que normalmente você está com ...? fica com ...? ou tem ...?

LIÇÃO C 🎧 DIÁLOGO
1/67

Joana: Eu fico muito brava quando não estou bem, ligo para o médico
          do convênio e não consigo consulta.
Marcelo: Mas se você está muito mal pode ir ao pronto-socorro.

189

Joana: Eu sei, mas não acho isso certo. Eu estou pagando. Quero uma consulta para esta semana.

Marcelo: Pois é. Imagina quem depende do serviço público?

Joana: Nem quero pensar nisso. Eu tenho enxaquecas regularmente. Sempre que fico muito nervosa, eu tenho dores de cabeça horríveis.

Marcelo: Você está com dor de cabeça agora?

Joana: Não. Por quê?

Marcelo: Porque você está nervosa.

Joana: É, mas agora estou só um pouco nervosa.

Marcelo: Então, não quero estar por perto quando você ficar muito nervosa.

Joana: Não precisa ficar com medo, eu não mordo.

Marcelo: Nunca se sabe, né?

LIÇÃO C   GRAMÁTICA

Verbos: ficar; estar e ter; advérbio de intensidade

Eu **fico** muito brava quando não estou bem, (...).

Eu **tenho** enxaquecas regularmente.

Mas se você **está** muito mal pode ir ao pronto-socorro.

Você **está com** dor de cabeça agora?

Não precisa **ficar com** medo, eu não mordo.

Sempre que fico **muito** nervosa, eu tenho dores de cabeça horríveis.

É, mas agora estou só um **pouco** nervosa.

ficar + adjetivo
Não precisa **ficar triste**, eu gosto de você.

ficar + com + substantivo
Ela **fica com** medo à toa.

estar + com + substantivo
Você **está com** dor de cabeça agora?

ter + sintoma
Eu **tenho** enxaquecas regularmente.

muito + adjetivo
Ela está **muito preocupada**.

um pouco + adjetivo
Eu fico **um pouco nervoso** com o meu chefe.

LIÇÃO C   CONSTRUÇÃO DO CONTEÚDO

A.   Escolha a melhor opção de acordo com a situação.

1. A: Nossa, comi muito no almoço. Agora (estou com / fico com) dor de estômago.
B: E eu? (Estou com / Tenho) dor de estômago regularmente.

2. A: Você (fica com / está com) gripe?
B: Por quê?
A: Você (está / fica) pálida e espirrando.

3. A: O Carlos (tem / fica com) medo de injeção?
B: Sempre. É terrível quando precisa tomar uma.

4. A: Nós (estamos / ficamos) muito nervosos quando temos que fazer exame de sangue.
B: Não é sempre não. É porque hoje eu (estou com / tenho) enxaqueca. Não gosto de fazer nenhum exame com dor.

B. Complete as orações com informações sobre você.

1. Fico *muito* preocupado (a) quando _____ .
2. Fico *um pouco* nervoso (a) quando _____ .
3. Fico *muito* contente quando _____ .
4. Fico *um pouco* triste quando _____ .
5. Fico *muito* disposto (a) quando _____ .

C. **Oral: Use as sugestões abaixo para formular perguntas. Faça as perguntas aos colegas.**

1. dor de cabeça / quando / café ?
2. dor nas pernas / quando / fazer caminhada ?
3. dor nas pernas / agora ?
4. um pouco / cansado (a) / hoje ?
5. dor nas costas / de vez em quando ?
6. dor nas costas / agora ?

LIÇÃO C AMPLIAÇÃO DO VOCABULÁRIO

Estados emocionais e sentimentos: adjetivos e substantivos

estar/ ficar:	ter:
nervoso (a)	ataque de nervos / ódio / raiva
calmo (a)	calma / paciência
tranquilo (a)	tranquilidade
bravo (a)	braveza
violento (a)	violência
sereno (a)	serenidade
ansioso (a)	ansiedade

A. Inclua situações onde você fica...

1. um pouco bravo (a) _____
2. um pouco nervoso (a) _____
3. um pouco preocupado (a) _____
4. muito sereno (a) _____
5. muito ansioso (a) _____

B.   Inclua situações onde você...
1.   tem um ataque de nervos _____
2.   vê violência _____
3.   vê muita braveza para nada _____
4.   tem serenidade _____
5.   precisa ter calma _____

LIÇÕES A, B e C   COMPREENSÃO AUDITIVA

🎧 1/68 Complete a tabela com as informações que faltam.

	Problemas de saúde	Motivos	Medicamentos
Reinaldo			
Gilda			
Glauce			

LIÇÕES A, B e C   APLICAÇÃO ORAL DO CONTEÚDO

Improvise um diálogo com um/a colega sobre os tópicos vistos nesta unidade: saúde e remédios, tratamentos médicos e condições físicas e emocionais. Use as palavras e expressões dadas na ordem que desejar.

ALUNO A	ALUNO B
verbo SARAR no pretérito perfeito	verbo TOMAR no pretérito perfeito
tudo	nada
"foi ele que"	"fui eu que"
quase sempre	às vezes
dor de dente	dor nas costas
muito	um pouco
"fico com"	"fica com"
tranquilidade	ansiedade
antiácido	antigripal

LEITURA

A.   Você sabe o que é a fitoterapia? Discuta com os colegas.

Leia o texto abaixo e responda as perguntas.

Cortando o mal pelas raízes

As plantas são usadas como remédio desde o começo da civilização. Alguns especialistas acham que o Brasil tem mais de 10 mil plantas com potencial para usos medicinais. Até hoje, só 3 mil delas estão identificadas e apenas 120 são exploradas comercialmente.

Mas o brasileiro acredita no poder das plantas. Seguindo a portaria federal, que recomenda seu uso no Sistema Único de Saúde (SUS), algumas cidades, como Londrina, têm serviços públicos de fitoterapia, que é o tratamento de doenças com o uso de plantas. Assim, nada melhor que fazer uma horta em casa e ter algumas espécies por perto. Leia o quadro abaixo para ver para que servem algumas plantas. Mas lembre-se: o uso de qualquer substância com fins medicinais pode ser perigoso e deve ser acompanhado por um médico.

Farmácia em casa
Veja para que servem algumas das plantas mais usadas.

Boldo-do-chile
Indicações: combate problemas digestivos e do fígado
Parte usada: folhas
Uso: interno

Gengibre
Indicações: antigripal, digestivo
Parte usada: rizoma (caule subterrâneo)
Uso: interno

Ginkgo
Indicações: é usado para ativar o sistema circulatório
Parte usada: folhas, caule e flores
Uso: interno

Alcachofra
Indicações: contra problemas no fígado
Parte usada: folhas
Uso: interno

Adaptado de: http://www.revistaopiniao.net/07.shtml em 04/07/07

1. Quantas plantas com potencial para uso medicinal existem no Brasil?

2. Quantas são exploradas comercialmente?

3. Da lista acima, quais plantas são indicadas para problemas digestivos?

4. Qual planta é indicada contra problemas no fígado?

B. Você acha interessante ter uma horta em casa? Dê sua opinião.

REDAÇÃO

Em qual medicina você mais confia? Por quê? Você acredita na fitoterapia?

O que você faz quando está nervoso(a)? Quais são suas maneiras de relaxar de um dia estressante?

Escreva uma redação com base no texto e questões acima.

_____
_____
_____
_____
_____
_____
_____
_____
_____
_____
_____

CONSOLIDAÇÃO LEXICAL

O corpo humano

A. Nomeie cada parte do corpo.

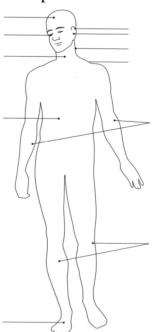

B. Agora diga qual é o complemento correto para dor (na/nas/no/ nos/de) em cada parte nomeada acima.

Ex. *dor de* cabeça

Você é bom em História do Brasil?

UNIDADE 11

LIÇÃO A PANORAMA
Um pouco de História

O Brasil é um país relativamente novo. Portugal descobriu o Brasil em 1500. A colonização só começou em 1530. Mas em 1808 a corte portuguesa fugiu dos exércitos de Napoleão e mudou-se para o Rio de Janeiro. Depois disso muita coisa aconteceu. A Independência ocorreu em 1822, mas o Brasil ainda permaneceu Império. Ele só passou de Império a República em 1889. O primeiro presidente do Brasil foi Deodoro da Fonseca.

O seu país tem uma longa história ou ainda é um país novo como o Brasil?

Conte um pouco da História do seu país.

LIÇÃO A   🎧 DIÁLOGO
1/69

Carlos: Você é bom em História do Brasil?

João: Mais ou menos. Por quê?

Carlos: Tem um teste aqui. Quer tentar?

João: Bem, vamos lá.

Carlos: Quando Pedro Álvares Cabral descobriu o Brasil?

João: Essa é fácil, né? Em 22 de abril de 1500.

Carlos: Quando a corte portuguesa chegou ao Rio de Janeiro?

João: Será que em 1822?

Carlos: *Deixa eu ver*. Não. Em 1808.

João: Mas tem alguma coisa com 1822, não tem?

Carlos: A Independência do Brasil, né?

João: Nossa, é mesmo.

Carlos: Quando foi a Proclamação da República?

João: Sei que foi em 15 de novembro porque é feriado.

Carlos: 15 de novembro de 1889. *Viu* como eu sou bom em História?

João: Bom nada. Você está com todas as respostas aí.

> **LEMBRA?**
> NA CONVERSAÇÃO, FALAMOS: "DEIXA EU VER" EM VEZ DE "DEIXE-ME VER."

> **NA CONVERSAÇÃO...**
> USAMOS "VIU" (VERBO VER) PARA CHAMAR ATENÇÃO A RESPEITO DO QUE VAMOS FALAR.

LIÇÃO A   GRAMÁTICA

Verbos: começar, permanecer, descobrir, ser e ver

A colonização só **começou** em 1530.

O Brasil **permaneceu** Império.

Portugal **descobriu** o Brasil em 1500.

O primeiro presidente do Brasil **foi** Deodoro da Fonseca.

Viu como eu sou bom em História?

Modo Indicativo – Pretérito Perfeito

COMEÇAR	
Eu	comec**ei**
Você	
Ele	começ**ou**
Ela	
A gente	
Nós	começ**amos**
Vocês	
Eles	começ**aram**
Elas	

PERMANECER	
Eu	permanec**i**
Você	
Ele	permanec**eu**
Ela	
A gente	
Nós	permanec**emos**
Vocês	
Eles	permanec**eram**
Elas	

DESCOBRIR	
Eu	descobr**i**
Você	
Ele	descobr**iu**
Ela	
A gente	
Nós	descobr**imos**
Vocês	
Eles	descobr**iram**
Elas	

Os verbos "começar", "permanecer" e "descobrir" são modelos de verbos da 1ª (-ar), 2ª (-er) e 3ª (-ir) conjugação, no pretérito perfeito. Eles são regulares. Os verbos "ser" e "ver" são irregulares.

O pretérito perfeito é usado para descrever ações, geralmente não habituais, concluídas antes do ato de falar. A ação começou e terminou no passado.

SER	
Eu	fui
Você	
Ele	foi
Ela	
A gente	
Nós	fomos
Vocês	
Eles	foram
Elas	

VER	
Eu	vi
Você	
Ele	viu
Ela	
A gente	
Nós	vimos
Vocês	
Eles	viram
Elas	

LIÇÃO A   CONSTRUÇÃO DO CONTEÚDO

A. Complete o diálogo com os verbos indicados no pretérito perfeito.

Livio: Nicolas, como _____ (SER) a exposição de fotos ontem?
Nicolas: Ótima. Teve música também.
Livio: A que horas _____ (COMEÇAR)?
Nicolas: Por volta das 9hs da noite. Mas eles só _____ (COMEÇAR) a tocar música às 10hs.
Livio: Você gostou?
Nicolas: Muito. A Paula e eu _____ (DESCOBRIR) que adoramos fotografia. Quero fazer um curso. O fotógrafo é meu amigo. Ele não me _____ (VER). Tinha muita gente lá. Depois do show os músicos _____ (PERMANECER) lá para conversar com o público. Adorei!

B. Neste parágrafo existem 5 erros. Ache e corrija os erros.

Ontem, minha irmã e eu vemos uma revista sobre história mundial no consultório do dentista. Eu peguei a revista e começou a ler. Minha irmã logo fui para a sala do dentista para ser atendida. Eu li um artigo sobre a revolução russa. Descobrimos muitas coisas interessantes. Minha irmã saiu duas horas depois. Ela me vi na sala e disse: "Vamos pra casa. Odeio dentista!"

C. **Oral:** Use as figuras para criar uma história. Narre os acontecimentos no passado. Use os verbos COMEÇAR, PERMANECER, DESCOBRIR, SER e VER. Ouça a história dos colegas. Quem inventou a história mais criativa?

LIÇÃO A   AMPLIAÇÃO DO VOCABULÁRIO
Algumas regências verbais

ser bom em [no (s), na (s)] + substantivo

João é **bom em** matemática e ciências.

O Joaquim tinha muita sensibilidade visual. Ele sabia que era **bom em** cinema.

....

começar a + verbo

Quando abriu a porta, o bebê **começou a chorar**.

Beny **começou a rir**.

....

acabar de + verbo

O IBGE **acaba de publicar** o relatório.

Dr. Carlos Ribeiro tinha **acabado de chegar** de São Luís.

Quando **acabou de ler** a carta, Deusa tinha os olhos úmidos.

Acabamos de receber o convite para tocar no Festival de Montreux.

....

gostar de + verbo / substantivo

Nenhum jogador **gosta de ficar** na reserva.

O mar é tranquilo, com ondas suaves e boas para quem **gosta de esportes** náuticos.

Ele **gosta de automobilismo** e acompanha todas as corridas da Fórmula Mundial.

....

precisar de + substantivo

Marcos **precisava de dinheiro** para se casar com Zilda.

Criança **precisa de espaço** para ter saúde.

....

precisar + verbo

Gostaria de ficar um pouco mais com você, mas **preciso ir** a um jantar.

O Corinthians, em péssima fase, **precisa vencer** o time reserva do Flamengo para voltar a respirar.

A. Complete com o verbo ou o substantivo mais adequado. Mais de uma combinação é possível.

chorar	contas	barulho	chegar	histórias
discutir	música	brincar	funcionários	falar
descansar	mentira	chover	gastar	dinheiro
conversar	descanso	História	espaço	ler
aventura	concluir	amigos	informações	reforma

ser bom em	começar a	acabar de	gostar de	gostar de	precisar de	precisar

B. Crie frases com cada uma das regências acima estudadas.

1. _____
2. _____
3. _____
4. _____
5. _____
6. _____
7. _____

LIÇÃO B PANORAMA
Festas juninas

Existem inúmeras festas no Brasil. Algumas delas são folclóricas, como o bumba meu boi e outras são religiosas, como as festas juninas. As festas juninas acontecem no mês de junho. Elas celebram três santos: santo Antônio (13/06), são João (24/06) e são Pedro (29/06). Essas festas são populares e têm comidas típicas, como batata-doce, pinhão, pipoca, e bebidas típicas, como quentão e vinho quente.

Quais são as festas mais populares no seu país?
O que vocês comem e bebem?
Como celebram?

LIÇÃO B 🎧 DIÁLOGO
1/70

Marcelo: Faz tanto tempo que não vou a uma festa junina...

Cláudia: Jura? Eu não *perco* uma.

Marcelo: Mas onde tem festa junina hoje em dia?

Cláudia: Em São Paulo, tem nas escolas ou em algum SESC.

Marcelo: Eu quero ir a uma este ano. Eu me lembro com saudade de quando eu era pequeno. Eu sempre ia às festas juninas. A gente fazia a festa na rua de casa. Os vizinhos se reuniam e cada um preparava uma coisa. O seu Antônio tocava sanfona. Nós levávamos a pipoca. A dona Elza levava as batatas-doces. A gente colocava as batatas na fogueira. O seu João levava o pinhão. A gente se divertia muito.

Cláudia: Eu também tenho saudade da minha infância. As festas juninas eram muito comemoradas na minha cidade. Na verdade, elas ainda são. Eu sou do interior da Bahia e lá as pessoas ainda comemoram festas como o bumba meu boi e as juninas.

Marcelo: Eu gostaria de ir a uma dessas festas um dia.

Cláudia: Eu tenho planos de ir à Bahia no ano que vem. Você já está convidado.

Marcelo: Obrigado, Cláudia. Vou pensar nisso com carinho.

NOTE QUE...

· ·

"perder" é um verbo irregular. Veja a conjugação de alguns verbos irregulares no apêndice.

LIÇÃO B GRAMÁTICA

Verbos: preparar, fazer, divertir-se, ser.

Os vizinhos se reuniam e cada um **preparava** uma coisa.

A gente **fazia** a festa na rua de casa.

A gente **se divertia** muito.

Modo Indicativo – Pretérito Imperfeito

PREPARAR		FAZER		DIVERTIR-SE		SER	
Eu	preparava	Eu	fazia	Eu	me divertia	Eu	era
Você		Você		Você		Você	
Ele	preparava	Ele	fazia	Ele	se divertia	Ele	era
Ela		Ela		Ela		Ela	
A gente		A gente		A gente		A gente	
Nós	preparávamos	Nós	fazíamos	Nós	nos divertíamos	Nós	éramos
Vocês		Vocês		Vocês		Vocês	
Eles	preparavam	Eles	faziam	Eles	se divertiam	Eles	eram
Elas		Elas		Elas		Elas	

LEMBRA?

O PRETÉRITO IMPERFEITO É USADO PARA DESCREVER FATOS FREQUENTES OU REPETIDOS NO PASSADO; DESCREVER PESSOAS, FATOS OU COISAS NO PASSADO ETC.

Os verbos "preparar", "fazer" e "divertir-se" são modelos de verbos da 1ª (-ar), 2ª (-er) e 3ª (-ir) conjugação, no pretérito imperfeito. Eles são regulares. O verbo "ser" é irregular.

LIÇÃO B   CONSTRUÇÃO DO CONTEÚDO

A. Complete as frases com a forma correta do verbo e com suas informações pessoais.

1. Quando eu _____ (SER) criança, gostava de _____.

2. Quando eu estava na escola, eu _____ (FAZER) _____.

3. Quando eu era adolescente, meus pais _____ (PREPARAR) _____.

4. Quando eu morava _____, eu e _____ _____ (DIVERTIR-SE) muito.

5. Quando eu tinha _____, eu _____ (SER) _____.

B. Ache a resposta correta para cada pergunta. Escreva os verbos na forma correta.

1. O que você _____ (FAZER) na infância?

2. Como eles _____ (DIVERTIR-SE) quando moravam na Europa?

3. Pai, eu _____ (SER) muito bagunceira?

4. O que seu colega de quarto _____ (PREPARAR) para o almoço aos domingos?

5. Quando nós _____ (SER) vizinhas, você comprou um computador?

( ) a. Comidas deliciosas.

( ) b. Sim. Um novo e muito bom.

( ) c. Viajavam de trem.

( ) d. Um terror. Quebrava tudo na casa.

( ) e. Brincava com meus amigos.

C. **Oral:** Descubra quem no seu grupo...

...era uma criança malcriada.

_____

...às vezes preparava o jantar na adolescência.

_____

...fazia ginástica há alguns anos atrás.

_____

...divertia-se brincando no parque quando criança.

_____

...era um (a) ótimo (a) aluno (a) na faculdade.

_____

...preparava o café da manhã antes de ir para a escola.

_____

...fazia curso de outra língua antes de estudar português.

_____

LIÇÃO B   AMPLIAÇÃO DO VOCABULÁRIO
Ser ou estar + particípio passado = adjetivo

> As festas juninas **eram** muito **comemoradas** na minha cidade. (ser + comemorar)
> Nós **fomos** bem **recebidos** lá. (ser + receber)
> A festa **estava divertida**. (estar + divertir)

-ar		-er / -ir	
singular	plural	singular	plural
-ado/ -ada	-ados/ -adas	-ido/ -ida	-idos/ -idas

A. Complete as frases com o complemento adequado.

1. Oh, Val, desculpe. Eu _____ _____... (ESTAR/ DISTRAIR)

2. Eu _____ _____ no sofá quando minha mãe me chamou. (ESTAR/DEITAR)

3. Em 3 de outubro do ano passado, as atualizações _____ _____ a cada trinta minutos. (SER/FAZER)

4. Ambrosina tinha vinte e quatro anos e já _____ _____. (ESTAR/CASAR)

5. João me contou que algumas ilhas não _____ _____, outras eram. (SER/HABITAR)

6. Mário, que até então _____ _____, falou. (ESTAR/CALAR)

7. Eles _____ _____ excelentes pintores. (SER/CONSIDERAR)

8. Quando Aurélio chegou, eu já _____ _____ tomando o primeiro chope. (ESTAR/SENTAR)

9. Os textos, depois de traduzidos, _____ posteriormente _____ por um especialista da área. (SER/ANALISAR)

10. A casa _____ sendo _____ por R$ 100 mil. (ESTAR/VENDER)

B. 🎧 Ouça os diálogos e escreva as impressões dos participantes usando ser/estar + particípio passado=adjetivo:

1. Numa festa de casamento...
Kim _____
_____

2. Em Fernando de Noronha...
Ana Maria e Simone _____

3. Numa pescaria...
Dudu _____
_____

LIÇÃO C   PANORAMA
Lendas

Lendas são histórias populares. Elas são narrações orais ou escritas. No Brasil, existem muitas delas. Existe a lenda indígena da vitória-régia que conta que uma índia se apaixonou pela lua. Ela tentou várias coisas para atingir a Lua, mas todas foram inúteis. Um dia, quando viu o reflexo da lua no rio Amazonas, atirou-se no rio e desapareceu. A lua sentiu-se culpada e, por isso, transformou o corpo da índia em uma bela flor: a vitória-régia.

Você conhece alguma lenda? Conte-a resumidamente.

LIÇÃO C ⌒DIÁLOGO
1/72

Mário: O que você está lendo?

Regina: Um livro sobre lendas.

Mário: O que são lendas?

Regina: São histórias inventadas.

Mário: Que tipo de histórias?

Regina: Esta aqui é a lenda do café.

Mário: E o café tem lenda?

Regina: Tem várias e essa é uma delas. Quer ouvir?

Mário: Quero.

Regina: Inúmeras lendas tratam da história do café. A mais conhecida é a do ano 800.

Mário: Nossa. Que velha!

Regina: É, bastante. Então, essa lenda conta que um pastor, chamado Kaldi, percebeu que todas as suas cabras ficavam com muita energia sempre que elas comiam uns frutinhos vermelhos. Você sabe o que eram os frutinhos vermelhos?

> **NA CONVERSAÇÃO...**
> AÍ = ENTÃO

Mário: Eu não, você não contou ainda.

Regina: Eram os grãos de café.

Mário: Mas o café é preto, não é vermelho.

Regina: Mário, o fruto do café. Olhe aqui.

Mário: Ah, que legal!

Regina: *Aí*, Kaldi pensou em experimentar os frutos vermelhos. O que ele fez?

Mário: *Sei lá.*

Regina: Bem, ele fez várias tentativas, mas nenhuma dava muito certo; até que, finalmente, ele torrou e moeu os grãos e depois misturou a eles água quente. Assim, nasceu o cafezinho que tomamos hoje.

> **NA CONVERSAÇÃO...**
> "SEI LÁ" SIGNIFICA "NÃO TENHO NENHUMA IDEIA; NÃO SEI MESMO".

Mário: Acabou?

Regina: Hahã.

Mário: Conta outra.

Regina: Depois, vamos tomar um cafezinho agora.

LIÇÃO C GRAMÁTICA

Verbo fazer; Pronome indefinido; Pretérito perfeito x Pretérito imperfeito

FAZER	
Eu	fiz
Você	
Ele	fez
Ela	
A gente	
Nós	fizemos
Vocês	
Eles	fizeram
Elas	

O verbo "fazer" é irregular no pretérito perfeito, ver outros verbos irregulares no apêndice.

Pronomes indefinidos
vários, várias, nenhum, nenhuma
todo, toda, todos, todas

O que ele **fez**?

Tem **várias** (lendas) e essa é uma delas.
Bem, ele fez várias tentativas, mas **nenhuma** dava muito certo.
Kaldi percebeu que **todas as** suas cabras ficavam com muita energia sempre que elas comiam uns frutinhos vermelhos.

Então, essa lenda conta que um pastor, chamado Kaldi, **percebeu** que todas as suas cabras **ficavam** com muita energia sempre que elas **comiam** uns frutinhos vermelhos.

Pretérito perfeito
Kaldi **percebeu** (...) → ação pontual, acontece em um exato ponto no passado.
Ele **torrou** e **moeu** os grãos e depois **misturou** a eles água quente. → ações que acontecem uma depois da outra. Uma ação começa e acaba e depois a outra e a outra.

Pretérito imperfeito
(...) as suas cabras **ficavam** com muita energia sempre que elas **comiam** uns frutinhos vermelhos. → ação contínua no passado.

LIÇÃO C CONSTRUÇÃO DO CONTEÚDO

A. Use as palavras abaixo para completar o diálogo. Use cada palavra uma vez.

vários	várias	nenhum	todo
toda	todos	nenhuma	

Geni: Elisa, onde estão os livros do curso de contabilidade? São _____ e não estou encontrando _____.
Elisa: Não sei Geni. _____ os livros que vi estavam no seu quarto.
Geni: _____ manhã é a mesma coisa. Nunca acho os livros.
Elisa: É. Você já fez isso _____ vezes.
Geni: Eu sei. _____ livro que tiro do quarto desaparece.
Elisa: _____ ideia de onde estão?
Geni: Não.

B. Complete a história, escolhendo a forma correta dos verbos.

Mariana (teve/tinha) dez anos quando (mudou/mudava) para o Rio Grande do Sul. Em Juiz de Fora, sua família (trabalhou/trabalhava) com venda de carros, mas depois que (mudaram/mudavam) para Porto Alegre (começaram/começavam) um novo negócio. Roberto, seu pai, (decidiu/decidia) abrir uma livraria. Ele (gostou/gostava) muito de ler quando era criança. Seu avô (leu/lia) contos de fadas para ele todos os fins de semana. A livraria (fez/fazia) sucesso durante muitos anos. Mariana (foi/ia) lá com as colegas da escola para folhear os livros. Elas (ficaram/ficavam) na livraria horas e horas. Agora, Roberto tem outro negócio porque a livraria (fechou/fechava). Ele tem um restaurante de comida italiana.

C. **Oral:** O senhor João é um idoso muito simpático. Semana passada, aconteceu algo curioso com ele. Use as figuras para narrar o episódio. Use o pretérito perfeito e o pretérito imperfeito para criar sua narrativa.

Sugestão de verbos: JOGAR, ALIMENTAR, CONVERSAR, RIR, IR, SENTAR, PRESENTEAR, DAR, PEDIR e MORAR.

LIÇÃO C   AMPLIAÇÃO DO VOCABULÁRIO
Tipos de histórias

> Romance [Dom Casmurro, Machado de Assis]
> Novela [Dom Quixote, Cervantes]
> (história em) quadrinhos / tirinha de jornal
> Lenda
> Conto ou crônica [Flagrante Carioca, Rachel de Queiroz]
> Conto de fadas [A Bela Adormecida]

A. Leia as sinopses abaixo e responda: qual livro parece ser mais interessante para você? Por quê?

Conspiração de Nuvens de Lygia Fagundes Telles (Editora Rocco; 136 páginas)
A imortal escritora Lygia Fagundes Telles, ganhadora do Prêmio Camões, o mais importante da língua portuguesa, reúne, em Conspiração de nuvens, contos inéditos, reminiscências da infância, relatos de viagens, crônicas sobre a cidade de São Paulo e perfis de intelectuais brasileiros com quem conviveu.

Dom Casmurro de Machado de Assis (Editora Moderna; 160 páginas)
E Bentinho vira Casmurro. Fechado, solitário, corroído pela suspeita que cresceu, cresceu ferindo, impiedosa, condenando a bela Capitu! Mas o que é a verdade e a quem pertence? Quem é seu dono? Bentinho? Com seu estilo fino e elegante, Machado de Assis envolve o leitor, da primeira à última página.

Como Nasceram as Estrelas - Doze Lendas Brasileiras de Clarice Lispector (Editora Rocco; 56 páginas)
Este livro com doze lendas, uma para cada mês do ano, todas elas com uma lição de vida em que índio e caboclo são mestres. Você já tinha pensado que as estrelas podem ser curumins gulosos levados por colibris? E já ouviu falar do uirapuru, o pássaro encantado da sorte que mora na Amazônia? A esperteza de Malazarte já é famosa, assim como a festa no céu para a bicharada da selva. Mas vale conferir os detalhes. E conhecer melhor a linda Yara, a deusa das águas, o saci-pererê, o Negrinho do Pastoreiro amigo das formigas...
(sinopses retiradas do site da Ed. Saraiva).

_____
_____
_____
_____
_____
_____

B.   Conte, resumidamente, sua história favorita.

_____
_____
_____
_____

LIÇÕES A, B e C   COMPREENSÃO AUDITIVA

🎧 Ouça os diálogos e marque (V) verdadeiro ou (F) falso.
1/73

1.   (   ) Paulo lia muito porque não tinha muitos amigos.
     (   ) Luiz lia muito na infância.
     (   ) Luiz não era bom em esportes na infância.

2.   (   ) A moça bonita limpava a casa.
     (   ) As duas filhas riam da moça bonita.
     (   ) A moça bonita não dançou na festa.

3.   (   ) Juca e Hélio moraram juntos.
     (   ) Juca apanhou com um guarda-chuva no cinema.
     (   ) Hélio era muito bagunceiro.

LIÇÕES A, B e C   APLICAÇÃO ORAL DO CONTEÚDO

Crie uma história em grupos. A primeira pessoa começa a contar uma história e interrompe. A segunda pessoa continua e assim por diante. Cada pessoa deve usar uma das palavras ou expressões abaixo cada vez que falar.

história em quadrinhos	descobrimos	vi
precisava de fiz nenhuma	estava divertido	
era bom em vários gostamos	foram	
preparava foi recebido acabei de	todas	

LEITURA

A. O que você sabe sobre as Festas Juninas? Você já esteve em alguma? Como foi a experiência?

_____

_____

Festas Juninas – Tradição e Comidas Típicas

Existem duas explicações para o termo festa junina. A primeira explica que ela surgiu em função das festividades que ocorrem durante o mês de junho. Outra versão diz que esta festa tem origem em países católicos da Europa e, portanto, seriam em homenagem a são João. No princípio, a festa era chamada de Joanina. De acordo com historiadores, esta festividade foi trazida para o Brasil pelos portugueses, ainda durante o período colonial (época em que o Brasil foi colonizado e governado por Portugal).

Comidas típicas

Como o mês de junho é a época da colheita do milho, grande parte dos doces, bolos e salgados, relacionados às festividades, são feitos deste alimento. Pamonha, curau, milho cozido, canjica, cuscuz, pipoca, bolo de milho são apenas alguns exemplos. Além das receitas com milho, também fazem parte do cardápio desta época: arroz doce, bolo de amendoim, bolo de pinhão, bom-bocado, broa de fubá, cocada, pé de moleque, quentão, vinho quente, batata doce e muito mais.

adaptado do site: http://www.suapesquisa.com/musicacultura/historia_festa_junina.htm

B. Agora, responda as perguntas abaixo.

1. Quais são as comidas e bebidas típicas das festas juninas?

_____

2.   Você já experimentou alguma? Qual é a sua favorita?

_____

_____

REDAÇÃO

De que festa em seu país você tem saudade? Escreva um pouco sobre ela. Cite comidas e bebidas típicas dessa festa.

_____

_____

_____

_____

_____

_____

CONSOLIDAÇÃO LEXICAL
Colocações – regências verbais

A.   Complete com o verbo ou o substantivo mais adequado. Mais de uma combinação é possível.

chocolate	almoçar	rir	vinho	investir	promoções
colaboradores	dançar	dormir	regras	jogar	vender	entender
transporte	fazer	escrever	falar	comer	viajar	trabalhar em casa

ser bom em	começar a	acabar de	gostar de	gostar de	precisar de	precisar

B.   Crie frases para 5 das colocações do exercício A.

1.   _____

2.   _____

3.   _____

4.   _____

5.   _____

Estou a fim de uma moqueca

UNIDADE 12

LIÇÃO A PANORAMA
Tipos de comida

Ciício Barroso/SambaPhoto

Luciana Figueiredo/SambaPhoto

Todo país tem sua comida típica. O Brasil, por exemplo, tem a feijoada, o churrasco e a moqueca, entre outras. Nas grandes cidades, como São Paulo e Rio de Janeiro, você consegue encontrar todos os tipos de comidas: tanto comidas típicas quanto comidas internacionais.

Qual é a comida típica de seu país?
Qual é a comida de que você mais gosta?

LIÇÃO A 🎧 2/02 **DIÁLOGO**

Francisco: Hoje não quero ir ao quilo. *Estou a fim de* uma moqueca.
Fernando: Então, você vai sozinho. Eu não gosto de peixe.
Francisco: Que isso, cara. A moqueca do restaurante do 'capixaba' é muito boa. Além disso, tem outros pratos.
Fernando: Acho que vou ao quilo mesmo. Esses restaurantes são caros e eu ando sem muito dinheiro.
Francisco: Está bem. Fazer o que, né?
Fernando: Chama a Telminha. Outro dia a gente foi a uma pizzaria e ela só comeu pizza de atum. Ela deve gostar de peixe.
Francisco: É mesmo. Ela tinha me falado que queria ir ao 'capixaba' um dia desses. Qual é o ramal dela, mesmo?
Fernando: É o 3956.

Francisco: Oi, Telminha. Que tal ir ao 'capixaba' hoje?
Telminha: Legal, Chico. Você já está indo?
Francisco: Daqui a pouquinho.
Telminha: Então, a gente se encontra lá embaixo, na saída do prédio.
Francisco: *Não, senhora*! Eu passo aí, senão você vai levar um tempão para aparecer.
Telminha: Está bem.

NOTE QUE...

· ·

"estou a fim de = estou com vontade de = eu quero muito."

> NA CONVERSAÇÃO...
>
> "NÃO, SENHORA (NÃO, SENHOR)." OU "SIM, SENHORA (SIM, SENHOR)." NEM SEMPRE NOS REFERIMOS A ALGUÉM MAIS VELHO, MAS ENFATIZAMOS O QUE QUEREMOS DIZER. NO CASO DE "NÃO SENHORA/SENHOR" PODE HAVER IRONIA OU BRINCADEIRA. NO CASO DE "SIM, SENHORA/SENHOR" PODE HAVER CRÍTICA.

LIÇÃO A GRAMÁTICA
Verbo: andar; mais-que-perfeito composto; diminutivo e aumentativo

Esses restaurantes são caros e eu **ando** sem muito dinheiro.
andar + complemento

Ela **tinha** me **falado** que queria ir ao 'capixaba' um dia desses.
ter (no imperfeito) + particípio passado do verbo principal

Daqui a **pouquinho**.
pouco + '-inho'

Eu passo aí, senão você vai levar um **tempão** para aparecer.
tempo + '-ao'

Diminutivo

O diminutivo é formado por um substantivo ou adjetivo + -inho/-inha. Ele pode ter os seguintes sentidos: afetivo, pejorativo ou irônico. O significado do diminutivo depende da entonação da pessoa que fala.

Andar + complemento

O verbo 'andar' é regular. 'Andar' + adjetivo = estar ultimamente
Eu ando cansada.
Ele anda estressado.
A gente anda alegre.
Nós andamos com vontade de viajar.
Vocês andam sem ânimo.

Aumentativo

O aumentativo é formado por um substantivo ou adjetivo + -ão/-ona. Ele pode ter os seguintes sentidos: afetivo, pejorativo ou irônico. O significado do aumentativo depende da entonação da pessoa que fala.

Modo Indicativo – Mais-que-perfeito composto

O mais-que-perfeito composto é formado pelo verbo 'ter' no imperfeito + o particípio passado ('-ar' = '-ado'/ '-er/ -ir' = '-ido') do verbo principal
Ele é usado para expressar um fato já concluído antes de outro também passado.

LIÇÃO A CONSTRUÇÃO DO CONTEÚDO

A. Complete o diálogo com os verbos indicados no *pretérito perfeito* (ex.: eu comprei) ou no *mais-que-perfeito composto* (ex.: eu tinha comprado).

Zuleica: Eu ando tão cansada ultimamente! Ontem _____ (TRABALHAR) o dia inteiro.

Elis: Mas, ontem foi domingo. Eu bem que te _____ (LIGAR), mas acho que você _____ (SAIR).

Zuleica: É eu _____ (IR) ao escritório pegar alguns documentos.

Elis: Cuidado, Zu. Não é bom trabalhar tanto assim!

Zuleica: Eu sei. Na sexta, quando você me _____ (PERGUNTAR) se eu _____ (TERMINAR) os relatórios, eu _____ (DIZER) que não. Lembra?

Elis: Agora lembro. Mas, seu chefe _____ (DIZER) que você podia terminar na segunda-feira, não?

Zuleica: Ele _____ (MUDAR) de ideia.

B. Reescreva as orações usado o diminutivo das palavras em itálico.

1. Nosso país é *grande*.

_____

_____

2. Você quer comer um *frango*?

_____

3. Quero beber um *café* gostoso.

_____

4. Sua prima é *bonita*.

_____

5. Tenho uma *pena* deles!

_____

_____

C. Reescreva as orações usando o aumentativo das palavras em itálico.

1. Quero comer um *sanduíche*.

_____

2. O Armando é *charmoso*.

_____

3. O *Paulo* trabalha muito.

_____

4. Ele tem uma *casa* no interior.

_____

5. Nossa, que *carro* legal!

_____

_____

D. **Oral:** Use os verbos indicados para narrar uma situação. Observe na linha do tempo qual ação ocorreu primeiro. Use o *pretérito perfeito* (ex.: eu estudei) e o *mais-que-perfeito* (ex.: eu tinha estudado).

1. ────────┼──────────────────┼──────────────→
           estudar   fazer a prova

2. ────────┼──────────────────┼──────────────→
    sua colega / fazer relatório   você / fazer relatório

3. ────────┼──────────────────┼──────────────→
    você / pagar a conta   seu amigo / pagar a conta do restaurante

LIÇÃO A   AMPLIAÇÃO DO VOCABULÁRIO
Divisão da forma de servir os pratos; tipos de comidas e de restaurantes

FORMA DE SERVIR OS PRATOS

TIPOS DE COMIDA E PRATOS

TIPOS DE RESTAURANTE

aperitivo	arroz (arroz e feijão)	restaurante por quilo
entrada	feijão	restaurante a la carte
prato principal	sopa de feijão, de legumes	self-service
bebida: cerveja, caipirinha, água, refrigerante	ovo	lanchonete
	bife	cantina
sobremesa: bolo, mousse, cafezinho	batata frita	pastelaria
	salada de alface, de tomate, de cebola, mista	pizzaria
	massas: macarrão, lasanha, capelletti	churrascaria

LEMBRA?
HÁ VÁRIAS *COMIDAS* NA UNIDADE 4!

A. 🎧 2/03 Ouça os diálogos. O que cada cliente pediu? Em que tipo de restaurante você acha que ele está?

CLIENTES	PEDIDOS	TIPO DE RESTAURANTE
1. Marcelo e Marcos		
2. Juliana		
3. Viviane		
4. Lopes e Lima		

B.   Simule a ida a um restaurante. Como você pediria por:

1. Um aperitivo / arroz e feijão, bife e salada / cafezinho / conta
2. Uma cerveja / aperitivo / outra cerveja / conta
3. Água com gás / massa (lasanha) / sobremesa (musse de chocolate) / água / conta

C.   Você toma café com frequência? Como é o consumo de café no seu país?

_____
_____
_____
_____
_____
_____
_____
_____
_____
_____
_____

LIÇÃO B   PANORAMA
Costumes

Cada país tem seus costumes, assim também acontece com o Brasil. Vamos ver agora alguns dos costumes brasileiros mais dificilmente entendidos pelos estrangeiros, como o jeitinho brasileiro – maneira de achar solução para tudo – os beijinhos nos cumprimentos e o atraso nos encontros.

Quais são os costumes mais populares no seu país?
Há algum costume, no seu país, que os estrangeiros acham estranho?

LIÇÃO B ⌒ **DIÁLOGO**
2/04

Mitiko:	Eu estava lendo aqui que as brasileiras não saíam de casa com o cabelo molhado. Isso é verdade?
Vera:	Acho que isso foi um costume, mas muito antigo. Eu, por exemplo, sempre saio com o cabelo molhado.
Mitiko:	No Japão, nós temos muitos costumes. O mais estranho para os estrangeiros é não entrar de sapatos em casa.
Vera:	Eu acho esse costume muito bom.
Mitiko:	Você conhece outros?
Vera:	Mais ou menos. Eu estava assistindo a um DVD sobre o Japão, outro dia, quando minha amiga chegou e tive que sair com ela.
Mitiko:	Que filme é esse?
Vera:	Não sei bem, mas até onde assisti, falava sobre comida, vida nas grandes cidades e mostrava alguns costumes.
Mitiko:	Teve algum que você achou estranho?
Vera:	Eu não vi o filme todo, mas é verdade que os homens andam sempre na frente das mulheres?
Mitiko:	Bem, isso era um costume entre os casais. Não era muito romântico, mas o homem ia na frente como proteção.

LIÇÃO B **GRAMÁTICA**
Perfeito x Imperfeito: estar + '-ndo'; superlativo

Eu **estava assistindo** a um DVD sobre o Japão, outro dia, *quando* minha amiga **chegou** e **tive** que sair com ela.
↓   ↓   ↓   ↓
ação contínua no passado   momento em que a ação   ação pontual   ação pontual
                                                          é interrompida

O (costume) **mais estranho** para os estrangeiros é não entrar de sapatos em casa.
↓
superlativo relativo de superioridade

Pretérito Imperfeito

O pretérito imperfeito pode ser simples ou composto.

Eu **estava lendo** aqui que as brasileiras não **saíam** de casa com o cabelo

ação contínua no passado distante   ação contínua no passado distante

molhado.

Eu **lia** sobre os costumes do Brasil. → hábito no passado.

Eu **estava lendo** sobre os costumes do Brasil e **descobri** que os brasileiros

não são pontuais. → a 1ª ação é contínua no passado quando a 2ª ação pontual

ocorre.

· ·

Superlativo

Superioridade

o/ a (substantivo) mais + adjetivo

Inferioridade

o/ a (substantivo) menos + adjetivo

Ele é **o** aluno **mais inteligente** da classe.

Ela é **a** menina **menos pobre** do bairro.

Irregulares

bom – o melhor

mau – o pior

grande – o maior

pequeno – o menor

LIÇÃO B   CONSTRUÇÃO DO CONTEÚDO

A. Complete com os verbos no *pretérito imperfeito* (ex.: trabalhava) para indicar os hábitos que as pessoas tinham.

1. Simone _____ (ANDAR) a cavalo quando era criança. Agora ela tem medo.
2. Pedrinho _____ (TOCAR) flauta muito bem, mas não pratica mais.
3. Graziela e Marina _____ (SER) muito amigas, mas não conversam mais.
4. Nós _____ (GOSTAR) de filmes de terror, mas agora achamos muito idiota.
5. Eu _____
   _____ .

B. Complete as orações com o *pretérito imperfeito* (ex.: amava ou estava amando) e o *pretérito perfeito* (ex.: amei).

1. O que ela _____ (FAZER) quando nós _____ (CHEGAR)?
2. Lucas _____ (VER) o filme e _____ (PERCEBER) depois de dez minutos que não era dublado.
3. Quando a professora _____ (CHEGAR), todos os alunos _____ (ANDAR) pela sala.
4. Eu _____ (ANDAR) na rua e _____ (VER) meu primo na frente do banco.
5. Os políticos _____ (DISCUTIR) quando o presidente do senado _____ (GRITAR).

C. Complete o e-mail com os verbos dados no *pretérito perfeito* ou *imperfeito* e com o *superlativo* dos adjetivos.

De: Regiane Mattos
Para: Lucilene Vieira
Assunto: o texto da aula

Oi, Lucilene. Eu _____ (ver) aqui no texto que, na época, não _____ (ter) estradas boas entre uma cidade e outra e que as pessoas _____ (usar) cavalos ou _____ (ir) a pé. A _____ (boa) estrada era de terra e tinha muitos buracos. Parece que as pessoas não _____ (suportar) mais a situação quando finalmente o prefeito _____ (construir) uma estrada boa na região. Agora o movimento de caminhões e carros é o _____ (intenso) daquela área. Podemos falar sobre essa parte do texto na aula. Que acha? A parte _____ (interessante) a gente não precisa acrescentar ao seminário. Me escreva para decidirmos o que fazer.

Beijos, Regiane.

D. Oral: Use os tópicos abaixo para narrar algo que aconteceu a você ou a alguém que conhece. Use verbos no *pretérito imperfeito simples* (ex.: eu trabalhava) ou *composto* (ex.: eu estava trabalhando) e o *pretérito perfeito* (ex.: eu trabalhei).

1. uma situação desagradável no trabalho
2. uma situação de vergonha na frente de muitas pessoas
3. uma situação de sua escolha

LIÇÃO B **AMPLIAÇÃO DO VOCABULÁRIO**
Costumes brasileiros e expressões

de manhã: tomar um cafezinho ou comer pão com manteiga e tomar café com leite

na hora do almoço: fazer uma refeição com arroz, feijão, carne e salada

em festas: chegar um pouco atrasado

nos finais de semana: almoçar com a família; fazer churrasco com a família e os amigos

nas férias: ir à praia

nas saudações e despedidas: dar beijos no rosto (1, 2 ou 3 beijos, dependendo da região)

tomar todas: beber muito, especialmente bebidas alcoólicas

ser arroz de festa: estar em todas as festas

chorar sobre o leite derramado: lamentar-se por algo que não tem solução/volta ou fato passado

acabar em pizza: quando uma situação não resolvida acaba sem punição, especialmente em casos de corrupção quando os culpados não são punidos

enfiar o pé na jaca: embriagar-se, cometer excessos, cometer um erro

encher linguiça: enrolar, preencher espaço com embromação

pagar o pato: ser responsabilizado por algo que não cometeu

descascar o abacaxi: resolver problema complicado

A. Complete os diálogos abaixo com as palavras e expressões do quadro.

enfiou o pé na jaca		arroz de festa
almoçar	pagar o pato	encher linguiça
dar beijos	churrasco	tomou todas
praia	chorar sobre o leite derramado	

1. Vanessa: O que você vai fazer no fim de semana?
   Patrícia: Ah, vou _____ com a família. Vamos fazer um _____ .
   Vanessa: Que delícia! Posso ir também? Você sabe que sou

   _____ .
   Patrícia: Claro! Não tem problema. Você leva o vinagrete, tá?
   Vanessa: Certo! Combinado!!

2. Raimundo: Aí, cara, não sei o que vou fazer...
   João: O que aconteceu, Raí?
   Raimundo: Fui usar o computador do meu chefe e não estava funcionando... Só quero ver. Vou _____ por uma coisa que não fiz. Eu não devia ter mexido no computador dele ...
   João: Não adianta _____ .
   Relaxa. Vai falar com seu chefe. Explique o que aconteceu, tenho certeza que ele vai entender.

3. Roseli: Richard, essa é a Marília, minha irmã.
   Marília: Oi, Richard, tudo bem? (Marília dá a mão e um beijo no rosto para cumprimentar Richard)

Richard: Ainda não me costumei direito a _____ .
Nunca sei se dou um, dois ou três!
Marília: Aqui, em São Paulo, costumamos dar um beijo só, mas é verdade. Em outras regiões é diferente. Mas, desculpe, você se sentiu incomodado?
Richard: Não, de jeito nenhum! Adoro esse costume brasileiro.

4. Bruno: Você soube do Toninho?
Beto: Não, o que aconteceu?
Bruno: Ele foi a uma festa, _____ e

_____ .

Beto: Sério? Por isso que eu só tomo suco...

5. Filha: Mãe, para onde vamos nas férias?
Mãe: Ah, filha, acho que vamos para a casa da sua tia, na

_____ .

Filha: Legal!
Mãe: Mas antes de pensar nas férias, você deveria pensar em passar de ano. Pare de _____ e acabe a lição de casa, certo?
Filha: Certo...

B. Use duas das expressões dadas em um diálogo. Encene-o com um colega.

LIÇÃO C **PANORAMA**
Convites

As grandes cidades oferecem muitas opções para os turistas e para os visitantes que estão a trabalho, em qualquer lugar do mundo. A vida diurna pode ser muito movimentada, com passeios a parques, museus, feiras, assim como almoços em restaurantes. A vida noturna também tem muita agitação, com bares, restaurantes, casas de shows, teatros, cinemas e lugares para dançar.

O que você mais gosta de fazer na sua cidade?
O que você gosta de fazer quando visita uma cidade grande?

LIÇÃO C 🎧 **DIÁLOGO**
2/05

Márcio: Oi, Gláucia, tudo bem?

Gláucia: Oi, Márcio. Quanto tempo!

Márcio: Pois é. Eu vou aí para São Paulo a trabalho, no mês que vem.

Gláucia: É mesmo? Você nunca esteve aqui, né?

Márcio: Não. Vai ser a primeira vez. O que você recomenda? Eu vou ter um fim de semana livre para passear.

Gláucia: Bem, depende do que você gosta de fazer. São Paulo tem muitas opções.

Márcio: Eu gosto de tudo.

Gláucia: Você é mais do dia ou da noite?

Márcio: Eu sou um tipo diurno. Já esqueceu que a gente corria no calçadão, quando você morava aqui em Maceió?

Gláucia: É mesmo. Tenho saudade da praia.

Márcio: Mas agora vamos falar de São Paulo.

Gláucia: Está bem. Aqui tem vários parques. Você pode ir ao Ibirapuera que é o parque mais famoso. Depois você pode tomar uma água de coco lá mesmo e almoçar em uma cantina italiana no Bixiga.

Márcio: Fica longe do parque?

Gláucia: De carro, não muito.

Márcio: E à tarde?

Gláucia: Há uma feira na Liberdade. Você pode visitar o bairro japonês e comprar lembrançinhas.

Márcio: E à noite?

Gláucia: Bem, como eu sou noturna, posso te levar a um teatro, depois a gente vai jantar na Vila Madalena e mais tarde dançar numa casa famosa. *O que você me diz?*

Márcio: Pena que o fim de semana não é este.

NA CONVERSAÇÃO...

"O QUE VOCÊ ME DIZ?" = "O QUE VOCÊ ACHA?"

LIÇÃO C   **GRAMÁTICA**
Verbos: estar e dizer

Você nunca **esteve** aqui, né?

O que você me **diz**?

•••

Modo Indicativo – Pretérito Perfeito		Modo Indicativo – Presente	
ESTAR		**DIZER**	

•••••••••••••••••••••••••   •••••••••••••••••••••••••

Eu	estive	Eu	digo
Você		Você	
Ele	esteve	Ele	diz
Ela		Ela	
A gente		A gente	
Nós	estivemos	Nós	dizemos
Vocês		Vocês	
Eles	estiveram	Eles	dizem
Elas		Elas	

•••

Os verbos "estar" e "dizer" são irregulares.

LIÇÃO C   **CONSTRUÇÃO DO CONTEÚDO**

A. Complete os diálogos com o verbo ESTAR no *pretérito perfeito* e DIZER no *presente do indicativo*.

1. A: Ela sempre _____ (DIZER) isso!
   B: Eu sei. Eu também _____ (DIZER) sempre para ela que ela precisa parar de repetir a mesma coisa toda hora.

2. A: Você já _____ (ESTAR) no Rio de Janeiro?
   B: Não. Nunca _____ (ESTAR) lá. As pessoas _____ (DIZER) que é uma cidade maravilhosa.

3. A: Ela frequentemente _____ (DIZER) para os funcionários não chegarem atrasados. Mas, às vezes eles têm problemas de transporte.
   B: Eu sei. _____ (ESTAR) no departamento dela hoje e ela comentou comigo.

4. A: Por que eles sempre _____ (DIZER) que não têm tempo de completar o trabalho?
   B: Porque no mês passado eles _____ (ESTAR) na sede da empresa e na reunião os diretores pediram para eles reduzirem os prazos.

B. Complete as orações com suas informações.

1. No ano passado, eu _____ (ESTAR) _____
   _____ .

2. Na semana passada, eu _____ (ESTAR) _____
   _____ .

3. Eu sempre _____ (DIZER) para _____
   _____ .

4. Eu nunca _____ (DIZER) para _____
   _____ .

5. As pessoas _____ (DIZER) que eu sou _____
   _____ .

C. **Oral:** Entreviste três colegas e preencha a tabela. Relate aos/às colegas o que descobriu.

Aluno	Sempre diz para seu/sua _____ (membro da família)	Nunca diz para seu/sua _____ (pessoa do trabalho)	As pessoas dizem sobre ele/ela

Ex.: *A: O que você sempre diz para seu filho?*
B: Eu sempre digo: "Arrume sua cama!" **ou** *Eu sempre digo para meu filho arrumar a cama.*

LIÇÃO C **AMPLIAÇÃO DO VOCABULÁRIO**
Lugares e atividades

> parque: caminhar, correr, jogar
> museu: visitar exposição, conhecer o acervo
> feira de artesanato / de comida / de frutas e hortaliças: comprar, comer
> restaurante: comer, beber, conversar
> bar: comer, beber, conversar, paquerar, encontrar pessoas novas
> casas de shows: assistir a concertos, a shows
> teatro: ver / assistir a peças, musicais
> cinema: ver / assistir a filmes, comer pipoca, tomar refrigerante
> danceteria: dançar, beber, conversar, paquerar, encontrar pessoas novas

A. Com base nas fotos abaixo, escreva quais são os melhores lugares para:

tomar refrigerante	assistir a peças e musicais
assistir a filmes	jogar bola
comprar artesanato	comer pipoca
dançar	dançar
beber	andar de bicicleta
comer	assistir a concertos e shows
encontrar pessoas novas	comprar frutas e hortaliças
visitar exposição	paquerar
conversar	
caminhar	

1. _____

_____

_____

2. _____

_____

_____

3. _____

_____

_____

4. _____

_____

_____

5. _____

_____

_____

6. _____

_____

_____

B. Acrescente pelo menos mais uma opção a cada um dos locais acima.

C. 🎧 2/06 Ouça trechos de diálogos e sons e escreva onde as pessoas estão. O que é possível fazer nesses lugares?

	Onde estão	**O que se pode fazer lá**
1.	_____	_____
2.	_____	_____
3.	_____	_____

LIÇÕES A, B e C **COMPREENSÃO AUDITIVA**

🎧 2/07 Samuel, Marina, Alba, Flávio e seu filho estão aproveitando o que a cidade tem a oferecer. Ouça os diálogos e marque com um (X) a resposta correta.

1. Samuel anda...
   (   ) distraído.   (   ) cansado.

   Samuel conversou com a mulher...
   (   ) antes de ela comer o doce.   (   ) depois de ela comer o doce.

   Samuel vai...
   (   ) ver uma apresentação   (   ) ver uma peça.
        de dança.

2. Marina está...
   (   ) impaciente.   (   ) calma.

   Alba...
   (   ) já esteve na danceteria.   (   ) nunca esteve na danceteria.

   Marina...
   (   ) resolve a situação e entra   (   ) desiste e espera.
        na danceteria.

3. O filho quer comer...
   (   ) carne.   (   ) arroz e feijão.

   O casarão...
   (   ) foi reformado duas vezes.   (   ) sofreu um incêndio e só depois foi reformado.

   Flávio...
   (   ) resolveu não ir ao casarão. (   ) resolveu ir ao casarão.

LIÇÕES A, B e C   **APLICAÇÃO ORAL DO CONTEÚDO**

Entreviste um/a colega sobre lugares que você conhece e convide-o/a para ir até lá.

Ex.:   *A: Você conhece o restaurante Mama Itália?*
B: Não. Nunca estive lá. Que tipo de comida servem?
A: Só massas. Você está a fim de ir?
B: Claro, mas é baratinho?
A: Não, é acessível...
B: Tá. Vamos. Quando quer ir? ...

Restaurante: _____
Tipo de comida: _____
O (a) colega (   ) já esteve lá   (   ) nunca esteve lá
O (a) colega (   ) está a fim de ir   (   ) não está a fim de ir
O restaurante é (   ) baratinho   (   ) carinho   (   ) acessível

Parque: _____
Tipo de atividades: _____
O (a) colega (   ) já esteve lá   (   ) nunca esteve lá
O (a) colega (   ) está a fim de ir   (   ) não está a fim de ir
O parque é (   ) pertinho   (   ) longinho   (   ) muito longe

Bar: _____
Tipo das pessoas que frequentam: _____
O (a) colega (   ) já esteve   (   ) nunca esteve
O (a) colega (   ) está a fim de ir   (   ) não está a fim de ir
O bar é (   ) pequenininho   (   ) grandinho   (   ) muito grande

LEITURA

A.   Você sabe a diferença entre emigrar, imigrar e migrar? Procure a diferença no dicionário, discuta com um colega e coloque sua definição no espaço abaixo:

Emigrar: _____
Imigrar: _____
Migrar: _____

B.   O texto a seguir trata da migração de brasileiros para o Japão. O que você sabe sobre o assunto? Discuta com um colega.

C.   Leia o texto e responda as perguntas:

Made in Brazil para o Japão

Marsílea Gombata

No ano que vem faz cem anos que um navio saiu do Japão e trouxe para o Brasil os primeiros imigrantes japoneses que deram origem à maior comunidade nipônica fora do território japonês.

Foi preciso um século para o sushi se tornar popular entre os brasileiros. E, hoje, com os emigrantes do Brasil para o Japão, costumes brasileiros começam a ganhar o gosto de habitantes do país do sol nascente.

Desde a metade da década de 1980, cerca de 300 mil brasileiros migraram para o Japão – em sua maioria de primeira e segunda geração – superando os 250 mil imigrantes japoneses que vieram para o Brasil.

A cientista social Luci Tiho estudou a fundo o fenômeno e, em seu doutorado, quis mostrar "como está sendo feito o caminho contrário dos imigrantes japoneses".

– Minha mãe era de Kyoto e veio para plantar café aqui – lembra. – Fiz questão de voltar para lá e saber como imigrantes brasileiros enfrentam dificuldades e se adaptam.

Embora a história da imigração japonesa no Brasil seja mais longa que a dos brasileiros no Japão, Luci explica que a globalização ajudou a interação do Japão com outras culturas e, hoje, há diversas influências brasileiras nos hábitos japoneses: por exemplo, em seu estudo, Luci mostra que certas empresas japonesas promovem churrascos para seus funcionários e os japoneses são fãs de caipirinha. Em refeitórios de fábricas, muitos optam pela comida brasileira. Outros, ainda, gostam de pão de queijo, pastel e coxinha.

Os japoneses também gostam de futebol e da Seleção Brasileira, jovens japoneses estão aprendendo capoeira e frequentam aulas de axé. Há os que gostam de carnaval e, também, os que adoram bossa nova.

A sociedade japonesa é fechada e distante. Mas, com a globalização, o Japão tende a mudar, pois precisa incorporar imigrantes por causa de sua baixa taxa de natalidade – analisa Kiyoteru Tsutsui, sociólogo do Centro de Estudos do Japão, da Universidade de Michigan.

Na década de 1980, o país oriental começou a receber imigrantes por falta de mão de obra. A previsão é de que até 2050, a população japonesa – 127 milhões de habitantes – terá redução de 30% e precisará de 400 mil estrangeiros por ano.

Adaptado do site: http://jbonline.terra.com.br/editorias/internacional/papel/2007/11/04/internacional20071104000.html em 04/11/2007

1. Como a globalização ajudou a interação do Japão com outras culturas?

    _____

    _____

    _____

    _____

2. Qual característica da sociedade japonesa é mencionada no texto? O que pode acontecer com a globalização?

    _____

    _____

    _____

    _____

3. Enumere algumas das marcas da sociedade brasileira no Japão.

    _____

    _____

    _____

    _____

    _____

REDAÇÃO

O seu país recebe imigrantes? Quais são as nacionalidades que mais visitam ou imigram para o seu país? Quais costumes de seu país são mais difíceis para os estrangeiros? Com base no texto e nas perguntas acima redija um texto sobre 'pessoas fora de seu território nacional'.

_____

_____

_____

_____

_____

_____

_____

_____

_____

_____

_____

_____

_____

CONSOLIDAÇÃO LEXICAL
Formas no cardápio de servir comidas e bebidas

Coloque o maior número de possibilidades em cada uma das opções abaixo:

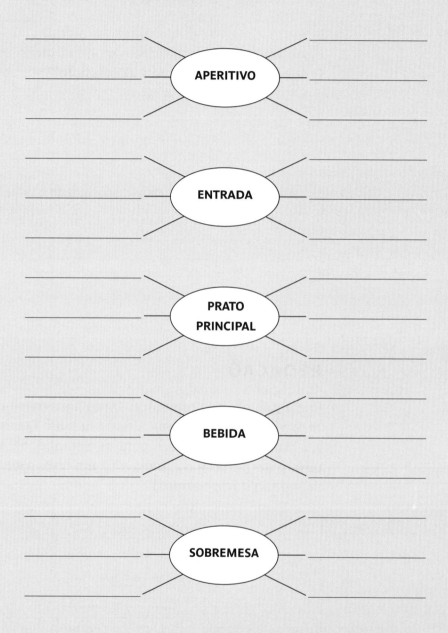

Pronúncia do Português – parte 3

DITONGOS E TRITONGOS

Os ditongos (di = dois) e tritongos (tri = três) são combinações de vogais dentro de uma mesma sílaba. Assim como as vogais isoladas, eles também podem ser orais ou nasais. São pronunciados como um único som, sem pausa entre as vogais.

🎧 **Ouça exemplos de ditongos. Repita em voz alta.**
2/08

Orais:	pai	mau	sei	papéis	meu	viu	foi	dói	fui
Nasais:	mão	vem*	põe	muito					

*Nas terminações – em, o m não é pronunciado. Adiciona-se a vogal i nasalizada.

🎧 **Ouça exemplos de tritongos. Repita em voz alta.**
2/08

Orais:	Paraguai	enxaguei	delinquiu
Nasais:	saguão	delinquem	saguões

🎧 **Exercício: Ouça o diálogo e complete as partes das palavras que estão faltando com ditongos ou tritongos.**
2/08

Manuel: P____l____! Você aqui no aeroporto. V____ viajar?

Paulão: M____s p____s est____ chegando do Rio de Jan____ro. Mas, me fala. Como está a Sora____?

Manuel: Bem. Está em Brasíl____ hoje.

Paulão: E os filhos? Q____s os nomes deles mesmo?

Manuel: Roger____ e Fabríc____. O m____s velho está no Urug____ estudando.

Paulão: Bem, bom te ver. Ah, dep____s de amanhã é meu aniversár____. Passa lá em casa.

Manuel: Fal____. A gente se vê.

VOGAIS *E* E *O* EM POSIÇÃO FINAL

🎧 A posição da vogal na palavra pode alterar sua pronúncia. Observe o comportamento das
2/08 vogais *e* e *o* (seguidas ou não de *s*) átonas no final das palavras. Como elas estão sendo pronunciadas?

verdade	gente	sempre	febre	neste
claro	obrigado	acho	pescoço	braços

> Como se pode observar a vogal *e* final soa como *i* e a vogal *o* final soa como *u*.

🎧 Ouça o texto abaixo. Repita em voz alta. Peça ao professor ou a um(a) colega que observe sua
2/08 pronúncia. Preste atenção nas palavras sublinhadas.

"Nas <u>grandes</u> <u>cidades</u> existem <u>vários</u> <u>tipos</u> <u>de</u> <u>restaurante</u>. Nas áreas mais <u>nobres</u>, um <u>san</u>-
<u>duíche</u> <u>pode</u> custar o <u>mesmo</u> <u>que</u> um <u>prato</u> à <u>base</u> <u>de</u> <u>carne</u> <u>vendido</u> em um local <u>menos</u> <u>privile</u>-
<u>giado</u>."

Revisão das Unidades 9 a 12

Escolha a alternativa correta:

A. (telefone tocando...)
A: O telefone toca, toca, mas _____ atende. Acho que não tem _____ em casa.

1. alguém – ninguém
2. ninguém – alguém
3. ninguém – ninguém

B. (no consultório médico)
A: Onde dói?
B: Estou com dor de _____ , dor de _____ e dor nas _____ .
A: Deixe-me ver. Bem, é só uma gripe. Você está com _____ . Tome este remédio e descanse alguns dias.

1. cabeça – garganta – costas – febre
2. perna – barriga – olhos – febre
3. pé – braços – pescoço – febre

C.
A: Está tudo bem, Norberto?
B: Não, estou _____ . Roubaram meu carro.
A: Tente ficar _____ . Você já foi à polícia fazer o B.O.?
B: Ainda não. Vou agora.

1. calmo – nervoso
2. nervoso – calmo
3. nervoso – calma

D.
A: Toni, você é _____ Física?
B: Mais ou menos. Por quê?
A: Comecei a estudar para a prova, mas estou com uma dúvida.

1. bom na
2. bem em
3. bom em

Complete os diálogos com os verbos adequados. Conjugue os verbos, caso seja necessário.

| tomar | usar | ir | estar | ser | gostar | ficar | ir |
| olhar (imperativo) | andar | estar | ver | dizer | fazer (tempo) | ser | ter |

A.

A: _____ a Daniela! Nossa, como ela está linda!

B: _____ uns três anos que eu não a via. Ela mudou o cabelo, está loira.

B.

A: O que você _____ de fazer quando era criança?

B: Meus avós _____ um sítio e, toda semana, minha família e eu íamos para lá.

C.

A: Olha o Eduardo! Como ele está diferente! Agora ele _____ óculos e _____ mais forte. Será que ele está indo à academia?

B: Acho que sim. Ele _____ mais magro quando adolescente.

D.

A: Você pratica algum esporte?

B: Eu _____ no calçadão nos finais de semana.

E.

A: Está tudo bem, Sandra?

B: Mais ou menos. Estou meio gripada.

A: Você _____ algo para a gripe?

B: Tomei.

F. (ao telefone)

A: E aí, Gaspar? O que você fez nas férias?

B: Eu _____ para o Rio de Janeiro. _____ lá uma semana!

A: Como _____ ?

B: Muito legal. Fui ao Pão de Açúcar, ao Cristo Redentor... E _____ muitas pessoas famosas!

G.

A: Então, eu descobri que clonaram meu cartão de crédito, acredita?

B: O que você fez?

A: _____ ao banco. Acho que agora está tudo bem.

H.

A: Vamos à Festa da Achiropita , querido? Estou com vontade de comer comida italiana. O que você acha?

B: Hum... Vamos! As pessoas _____ que lá é possível provar o melhor da comida italiana: fogazzas, polentas, macarrão, canolli...

A: Eu _____ com vontade de tomar vinho.
B: Vinho e macarronada! Perfeito! Vamos!

Coloque na ordem certa.

a. pediu / a / foi / minha / que / chefe

_____

b. eu / eu / quando / muito / era / me / divertia / criança

_____

Crie perguntas para as respostas abaixo.

a. _____ ?
   Eu faço musculação três vezes por semana.

b. _____ ?
   Às vezes eu tenho dor nas costas.

c. _____ ?
   Foi o médico que receitou.

d. _____ ?
   Adoro romances. O meu favorito é o _____ .

e. _____ ?
   Aquela cobertura está sendo vendida por R$ 300.000,00.

f. _____ ?
   Esse restaurante é baratinho? Eu ando sem muito dinheiro.

g. _____ ?
   Vamos! Estou a fim de ver aquela peça "Trair e coçar é só começar".

h. _____ ?
   Em São Paulo, a Festa de N. S. Achiropita é comemorada nos finais de semana de agosto.

Escreva os opostos:

a. A Valentina está <u>calma</u>.

_____

b. A Mônica está <u>ocupada</u> hoje e tem provas <u>difíceis</u> mais tarde.

_____

c. O trem está <u>cheio</u> e eu estou <u>atrasada</u> para minha consulta.

_____

d. O Beto tem um carro <u>novo</u>.

_____

Troque a pessoa do verbo pela que está em parênteses e faça as mudanças necessárias:

a. Eu preparava o almoço todos os dias. (ELES)

_____

b. Eu ia para a praia todos os finais de semana. (VOCÊS)

_____

c. Eu nunca estive no Rio Grande do Sul. (A GENTE)

_____

d. Ela tinha me falado que ia sair de férias na semana que vem. (ELAS)

_____

Em duplas, pergunte ao/à colega o que ele/a costumava fazer quando era criança. Consiga o maior número de informações possível.

Estou fazendo planos para viajar

UNIDADE 13

LIÇÃO A **PANORAMA**
Planos

É parte da natureza humana fazer planos. Os planos não variam muito e são comuns a todos: planos da vida particular (casamento, casa própria, filhos); planos da vida acadêmica (escolha da faculdade e da carreira a seguir); planos profissionais (escolha da empresa a trabalhar e cargo a ocupar); planos de viagem (desde pequenas viagens no feriado prolongado até viagens fora do país) e, claro, pequenos planos do cotidiano (onde almoçar, comemorações de aniversário etc). No entanto, nem sempre conseguimos realizar nossos planos ou, às vezes, damos mais ênfase a uma área da vida que a outra; porém, o mais importante de tudo é sempre fazer planos.

Você faz muitos planos?
Você concorda com a afirmação de que "o mais importante de tudo é sempre fazer planos"? Por quê?

LIÇÃO A 🎧 DIÁLOGO
2/09

Luis: Que papelada é essa?

Ana: São minhas contas...

Luis: Você tem que pagar tudo isso?

Ana: Não. Estou fazendo planos para viajar.

Luis: Nossa que legal, mas precisa de tanta coisa assim?

Ana: É. Quero ficar uns dois meses fora. Vou em dezembro, quando a escola fecha, e retorno em fevereiro, antes de a escola reabrir.

Luis: Pra onde você vai?

Ana: Estou planejando uma viagem para o Egito e depois quero visitar o Oriente Médio.

Luis: Você enlouqueceu? Com toda aquela violência no Oriente Médio e você quer ir para lá?

Ana: A Carla foi e adorou.

Luís: A Carla é endinheirada e, além disso, tem parentes em Jerusalém.

Ana: Eu sei, por isso estou fazendo tantas contas.

Luis: Mas você não está planejando ir sozinha, está?

Ana: Não. Tenho mais dois amigos interessados na viagem. Quer ir também?

Luis: Não, obrigado. Não sou tão aventureiro assim.

LIÇÃO A **GRAMÁTICA**
Conjunção coordenada conclusiva e derivação

Conjunção coordenada conclusiva

Eu sei, **por isso** estou fazendo tan-
      ↓
      por esse motivo
tas contas.

Derivação

Que **papelada** é essa?
         ↓
      papel + ada = muito papel

Vou em dezembro, quando a escola fecha, e **retorno** em fevereiro, antes
                                              ↓
                                          re + tornar = voltar de novo

da escola **reabrir**.
              ↓
          re + abrir = abrir de novo

Você **enlouqueceu**?
↓
en + louco + ecer = perder a razão/ficar louco

A Carla é **endinheirada** e, além disso (...)
↓
en + dinheiro + ar (+ particípio) = ter muito dinheiro

LIÇÃO A   CONSTRUÇÃO DO CONTEÚDO

A. Escolha a conclusão que melhor completa cada sentença.

1. Muito açúcar faz mal à saúde.	( ) Por isso estou fazendo exercícios em casa.
2. Viajar é ótimo para relaxar.	( ) Por isso comprei uma agenda.
3. Não consigo tempo para ir ao clube.	( ) Por isso estou planejando ir para a Flórida.
4. Sempre esqueço meus compromissos.	( ) Por isso estou trabalhando muito e economizando.
5. Tenho muitos planos para o futuro.	( ) Por isso estou de regime. Agora uso adoçante.

B. Substitua as palavras e expressões sublinhadas por palavras com os sufixos –**ada**, **ar** e **er** ou com os prefixo **re-** e **en-**. Faça as adaptações necessárias.

Laerte: Nossa, o que é aquele <u>monte de mulher</u> reclamando perto da máquina de café?

Nilton: É que a máquina quebrou e não sai nenhum café ou chocolate *light*.

Laerte: Mas, a secretária já enviou o pedido de conserto faz tempo.

Nilton: Então, tem que <u>enviar de novo</u>.

Laerte: Iiiii. Mais <u>um monte de papel</u>. Sempre que tem pedido é isso.

Nilton: Acho que é urgente. As garotas não querem ficar <u>gordas</u>. Eu mesmo vou <u>escrever</u> o pedido de novo.

Laerte: Melhor fazer isso já.

C. **Oral:** Entreviste os colegas. Ache alguém na turma que...

... odeia trabalhar com papelada.

... já enlouqueceu no trânsito.

... relê os e-mails que escreve antes de mandar.

... engorda com facilidade.

... tem amigos endinheirados.

Os entrevistados devem responder SIM ou NÃO e completar a ideia com POR ISSO.

Ex.:   *A: Você odeia trabalhar com papelada?*
B: Não, até gosto. Por isso sou secretária. Minha mesa tem sempre muita papelada.

LIÇÃO A **AMPLIAÇÃO DO VOCABULÁRIO**
Prefixos e sufixos

Prefixos

en-, em*-: dinheiro → endinheirar   re-: abrir → reabrir

louco → enlouquecer   começar → recomeçar

rico → enriquecer   afimar → reafirmar

pobre → empobrecer   organizar → reorganizar

gordo → engordar   * antes de **p** e **b** usa-se **m**, por

magro → emagrecer   exemplo, **emp**obrecer, **emb**urrecer.

Sufixos

-ada: papel → papelada

dente → dentada

laranja → laranjada

banana → bananada

Existem muitos prefixos e sufixos em português. Eles formam substantivos, adjetivos, advérbios e verbos. Para uma lista mais completa, consulte o apêndice deste livro.

A. Adicione o sufixo –ada ou o prefixo re- às palavras abaixo:

1. moço: _____
2. conhecer: _____
3. forno: _____
4. vassoura: _____
5. dinheiro: _____
6. criança: _____
7. escrever: _____
8. mulher: _____
9. ler: _____
10. unir: _____

B. Adicione os prefixos re- ou en- (em-) às palavras abaixo, transformando os substantivos em verbos:

*Exemplo: raiz – **en**raiz**ar***

1. bola: _____
2. candidatar: _____
3. bolor: _____
4. afirmar: _____
5. tirar: _____
6. agendar: _____
7. pilha: _____
8. dívida: _____
9. cara: _____
10. vergonha: _____

C. Complete as frases abaixo com uma das palavras dos exercícios A e B que você acabou de fazer. Não esqueça de conjugar o verbo, quando necessário:

1. Maria Joaquina _____ (PILHA, *pretérito perfeito*) a roupa no armário.
2. Emilly gasta uma _____ (DINHEIRO) com bobagens.
3. Ai, vai chover... Essa parede _____ mais ainda. (BOLOR, *futuro*)
4. O presidente vai se _____ nas próximas eleições. (CANDIDATAR, *infinitivo*)
5. Moreira se _____ (DÍVIDA, *pretérito perfeito*) comprando um carro novo.
6. O padeiro tirou uma _____ (FORNO) de pães quentinhos agora mesmo.
7. Sidney _____ (AGENDA, *futuro*) uma consulta com o médico.
8. Kátia se _____ (VERGONHA, *pretérito perfeito*) do que fez.

LIÇÃO B **PANORAMA**

Passado, presente, futuro: transportes e comunicação

No passado, as pessoas usavam animais como transporte e a comunicação era muito lenta. Levou muito tempo até a invenção da roda. O trem, por exemplo, foi inventado há mais de cem anos, o que não é muito. Porém, essa invenção mudou de forma radical a vida cotidiana, ou seja, a comunicação entre as pessoas aumentou. Dessa época para cá, muita coisa evoluiu, pois são invenções após invenções: carros, aviões, jatos, foguetes. Hoje, sabemos que o homem já foi à Lua e existem sondas viajando para outros planetas, como, por exemplo, Marte. A comunicação mudou também, uma carta que levava dias para chegar, hoje chega em segundos a qualquer lugar do mundo via internet. E no futuro, como será nossa comunicação e para onde estará viajando o homem?

Como a comunicação entre as pessoas acontecia antigamente, além do que foi citado no texto acima?

Como você acha que vai ser o transporte no futuro?

LIÇÃO B 🎧 DIÁLOGO
2/10

Cíntia: Vó, a senhora acha que as pessoas eram mais felizes no passado que agora?

D. Doca: Por que a pergunta, querida?

Cíntia: Porque parece que ninguém tem tempo para ninguém. Todo mundo está sempre correndo, mas fica parado no trânsito. É internet, celular, mas ninguém parece falar com ninguém.

D. Doca: Que pessimismo é esse, menina?

Cíntia: É que ultimamente tenho feito muitas coisas e não tenho tido tempo para os meus amigos.

D. Doca: É, você tem razão, hoje em dia parece que o tempo não espera ninguém, mas antigamente nós tínhamos outros problemas.

Cíntia: Que problemas, vó?

D. Doca: Não tínhamos tanto conforto.

Cíntia: Como assim?

D. Doca: Não tínhamos tantas máquinas como hoje.

Cíntia: Mas, vó, vocês tinham mais tempo livre, não?

D. Doca: Depende. Hoje vocês perdem tempo no trânsito, a gente perdia tempo esperando o transporte público que era reduzido.

Cíntia: Vocês conversavam mais e davam mais atenção às pessoas, não é?

D. Doca: Acho que isso também dependia da pessoa. Uma carta para o exterior, por exemplo, levava uma semana ou mais para chegar e os telefonemas para o exterior, então, eram caríssimos.

Cíntia: É, pensando melhor acho que nada é perfeito, né?

D. Doca: Sabe o que é, Cíntia, toda época tem as suas vantagens e desvantagens.

Cíntia: E o que eu faço com o Dudu?

D. Doca: Quem é Dudu?

Cíntia: Meu novo namorado. Ultimamente, ele não tem tido tempo para mim.

D. Doca: Ah, então era isso? Bem, veja as vantagens desta época, você não precisa se preocupar tanto com o Dudu. Você tem a opção do Beto, do Carlos, do ...

LIÇÃO B **GRAMÁTICA**
Pretérito perfeito composto e superlativo

É que ultimamente **tenho feito** muitas coisas e não **tenho tido** tempo para os meus amigos.

(...) e os telefonemas para o exterior então eram **caríssimos**.

· ·

Pretérito perfeito composto

TER		
Eu	tenho tido	
Você		
Ele	tem tido	
Ela		
A gente		
Nós	temos tido	
Vocês		
Eles	têm tido	
Elas		

O pretérito perfeito composto é formado pelo presente do verbo 'ter' + o particípio passado de outro verbo ('-ar' → ado, '-er/ -ir' → ido ou irregulares*).

Ele é usado para indicar a repetição ou a continuidade de um fato iniciado no passado e que continua no presente. Ele vem acompanhado de adjuntos adverbiais como desde, ultimamente, esses dias, recentemente etc.

Na linguagem do dia a dia, ele é substituído pelo 'presente contínuo'.

Ex.: Tenho trabalhado muito ultimamente.

Estou trabalhando muito ultimamente.

* para os particípios irregulares ver apêndice no final deste livro.

· ·

Superlativo

O superlativo, como vimos na unidade 12, é formado da seguinte forma:

o/ a (substantivo) mais + adjetivo (superioridade)

o/ a (substantivo) menos + adjetivo (inferioridade)

Ele é o aluno mais inteligente da classe.

Ela é a menina menos pobre do bairro.

irregulares

bom – o melhor

mau – o pior

grande – o maior

pequeno – o menor

O superlativo ao lado se chama 'superlativo relativo'. Temos também um outro superlativo que se chama 'superlativo absoluto sintético'. Ele é formado da seguinte maneira:

adjetivo + -íssimo(a)

belo – belíssimo

caro – caríssimo

irregulares

bom – boníssimo, ótimo

mau – péssimo

grande – máximo

pequeno – mínimo

LIÇÃO B **CONSTRUÇÃO DO CONTEÚDO**

A. Complete o diálogo com o pretérito perfeito simples (ex.: eu fiz) ou composto (ex.: *eu tenho feito*).

Lígia: Você _____ (ESTUDAR) muito ultimamente, Pri.

Priscila: É mesmo. _____ (PASSAR) horas em cima dos livros para entrar na faculdade.

Lígia: Você _____ (ESTUDAR) ontem? Eu _____ (LIGAR) pra sua casa, mas ninguém _____ (ATENDER).

Priscila: Claro que _____ (ESTUDAR). É que, desde a semana passada, _____ (IR) à biblioteca diariamente para me concentrar melhor.

Lígia: É... Esses dias _____ (DEDICAR) todo meu tempo aos estudos também.

Priscila: Estudos? Mas, você não estuda.

Lígia: É que _____ (RESOLVER) pesquisar os melhores bares e restaurantes da cidade. Só no fim de semana passado _____ (IR) a quatro lugares diferentes!

Priscila: Muito esperta você...

B.   Complete a crítica de filme abaixo com superlativos relativos (ex.: *o pior*) ou absolutos sintéticos (ex.: *péssimo*).

Sonho de Viver – drama   ☆☆☆☆☆

Sonho de Viver realmente surpreende. É um dos _____ (bom) dramas dos últimos tempos. O orçamento foi _____ (pequeno) do ano para filmes desse porte, mas, mesmo assim, o filme emociona por sua _____ (bela) fotografia e delicadeza na interpretação. O protagonista passa por _____ (mau) momentos em sua vida e acaba em um sanatório, _____ (mau) do país. Lá, ele passa por momentos _____ (difícil) até ser resgatado por uma amiga de infância. *Sonho de Viver* é um filme profundo e sensível.

C.   **Oral:** Entreviste dois colegas e preencha a tabela.

ATIVIDADE	COLEGA 1	COLEGA 2
	(nome)	(nome)
Melhor filme que já viu		
Pior filme que já viu		
Um filme belíssimo		
Um filme longuíssimo		
Tem ido ao cinema ultimamente?	( ) sim ( ) não	( ) sim ( ) não
Viagem mais longa que já fez		
Viagem mais chata que já fez		
Tem viajado ultimamente?	( ) sim ( ) não	( ) sim ( ) não
Um curso ótimo		
Um curso chatíssimo		

LIÇÃO B **AMPLIAÇÃO DO VOCABULÁRIO**
Objetos

Antigos		Modernos	
carruagem	máquina de escrever	ônibus	carro
trem a vapor	telefone	trem elétrico / metrô	tocador de MP3/ MP4
enceradeira	carta	aspirador de pó	computador
ferro a carvão	navio	ferro a vapor / ferro elétrico	celular
fogão a lenha			e-mail / mensagem instantânea
forno		fogão a gás / fogão elétrico	Skype
carro de boi			avião
vitrola		micro-ondas	

A. Ligue os objetos a suas funções e aos adjetivos moderno ou antigo.

vitrola	cozinhar	
trem	passar roupas	
fogão	ir a lugares, transportar pessoas, meio de transporte	
tocador de MP3/4		
e-mail	datilografar relatórios, correspondências	antigo
metrô		
ônibus	digitar relatórios, correspondências, escrever e ler e-mails	
ferro		
carro	falar com outras pessoas de um lugar fixo	
avião		
carta	comunicar, por meio da escrita, com outras pessoas	moderno
máquina de escrever		
celular	tocar discos, ouvir músicas	
computador	baixar e ouvir músicas	
telefone	falar com outras pessoas de qualquer lugar	

B. Com base nas fotos abaixo, escreva o nome dos objetos, se eles ainda são usados e para que são usados. Veja os exemplos:

Ex.1. A vitrola não é mais usada. Ela era usada para tocar discos e ouvir músicas.

Ex.2. O tocador de MP3/ MP4 é usado para baixar e ouvir músicas.

1. _____
_____
_____

2. _____
_____
_____

3. _____
_____
_____

4. _____
_____
_____

5. _____
_____
_____

6. _____
_____
_____

C. **Responda as perguntas:**

1. Qual é o meio de comunicação escrita que você mais utiliza?
_____
_____
_____

2. Você escreve muitos e-mails?
_____
_____
_____

3. Você utiliza um estilo de escrever diferente para cartas, faxes e e-mails? Se sim, por quê?
_____
_____
_____
_____
_____
_____

LIÇÃO C   **PANORAMA**
Os tempos atuais

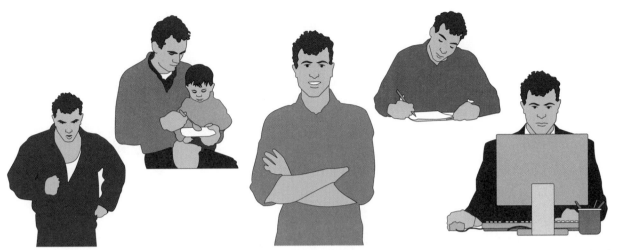

O corre-corre do dia a dia faz com que as pessoas se estressem muito. São muitas atividades: trabalho, escola, academia, família e muitas cobranças: do chefe, do professor, do marido ou esposa e dos filhos. Ao mesmo tempo, a sociedade cria cada vez mais áreas de lazer e divertimentos. Tudo parece acontecer muito rápido e as pessoas sentem que o tempo é reduzido para acompanhar tudo e que o dinheiro ganho evapora rapidamente.

Você acha que existem muitas cobranças nos dias de hoje? Quais são elas?

Qual é a impressão que você tem da forma que o tempo passa?

LIÇÃO C   🎧 **DIÁLOGO**
2/11

Marcos: Susana, onde você gostaria de passar as férias?

Susana: Em Florianópolis. Por quê?

Marcos: Porque você me falou que precisa de férias.

Susana: Eu falei que preciso, mas não posso.

Marcos: Mas, Susana, você tem que fazer planos, do contrário, nunca vai tirar férias.

Susana: Eu tinha feito planos de viagem faz uns dois anos, mas meu chefe me despediu. Ele disse que eu precisava melhorar meu inglês e fazer um curso de informática. Aí, foi aquele corre-corre para arrumar outro emprego.

247

Marcos: Mas conseguiu, não?

Susana: Consegui, mas estou pagando minhas dívidas agora. Além disso, faço aulas de inglês e de espanhol. E meu novo chefe já falou para eu voltar para a faculdade.

Marcos: Tudo bem, mas não custa sonhar.

Susana: Então vai lá... eu faria uma viagem a Cancun, compraria um monte de bugiganga e não estudaria *nem* trabalharia mais.

Marcos: Tudo bem que é sonho, mas não precisa exagerar.

NOTE QUE...

···

'nem' = e não.

LIÇÃO C **GRAMÁTICA**

Futuro do pretérito e pretérito mais-que-perfeito composto

Susana, onde você **gostaria** de passar as férias?
↓
gostar + ia

(...)eu **faria** uma viagem a Cancun, **compraria** um monte de bugiganga e não **estudaria** nem **trabalharia** mais.
↓   ↓   ↓   ↓
verbo irregular*   comprar + ia   estudar + ia   trabalhar + ia

* veja abaixo como transformar os verbos como 'fazer'.

Eu **tinha feito** planos de viagem faz uns dois anos, mas meu chefe **me despediu**.
↓   ↓
1ª ação, no passado, ocorre antes de outra ação no passado   2ª ação no passado

···

Futuro do pretérito	**Pretérito mais-que-perfeito composto**
TRABALHAR	

Eu	trabalhar**ia**
Você	
Ele	trabalhar**ia**
Ela	
A gente	
Nós	trabalhar**íamos**
Vocês	
Eles	trabalhar**iam**
Elas	

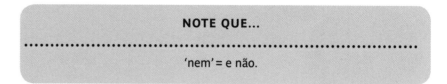

LEMBRA?

VIMOS ESTE TEMPO VERBAL NA UNIDADE 12.

O mais-que-perfeito composto é formado com o verbo 'ter' no imperfeito + o particípio passado ('-ar' = '-ado'/ '-er/ -ir' = '-ido') do verbo principal

Ele é usado para expressar um fato já concluído antes de outro também passado.

···

* Os verbos como 'fazer', 'dizer' e 'trazer' perdem o '-ze', ficando 'far-', 'dir-' e 'trar-'+ os acréscimos acima: '-ia', '-ia', 'íamos', '-iam'.

LIÇÃO C **CONSTRUÇÃO DO CONTEÚDO**

A. Complete o diálogo com os verbos dados no futuro do pretérito (ex.: *eu faria*).

Eda: Rô, recebi um dinheiro bom hoje no emprego.

Roberto: Mesmo? O que vai fazer com ele?

Eda: Não sei. O que você _____ (FAZER)?

Roberto: Eu _____ (TROCAR) de carro e _____ (COMPRAR) uma TV nova. A sua é velhíssima.

Eda: Não quero um carro novo e minha TV funciona muito bem.

Roberto: O seu irmão não _____ (DIZER) isso. Ele _____ (GASTAR) todo o dinheiro com coisas novas para a casa de vocês.

Eda: É, eu _____ (DEVER) perguntar para ele antes de gastar, assim nós _____ (DECIDIR) juntos. Afinal, a casa também é dele.

B. Complete os diálogos com o pretérito perfeito composto (ex.: *eu tenho feito*) ou o mais-que-perfeito composto (ex.: *eu tinha feito*).

1. A: Nossos pais _____ (DISCUTIR) muito ultimamente.
   B: Também acho. Vamos conversar com eles.

2. A: Por que você mandou aquele e-mail todo errado? O Paulo não corrigiu pra você?
   B: Quando o Paulo me avisou, eu já _____ (ENVIAR).

3. A: Por onde você anda? Não o vejo mais por aqui.
   B: _____ (FAZER) visitas a clientes em outras cidades desde que mudei de departamento.
   A: Eu _____ (AVISAR) que seria assim, lembra? Mas, você não acreditou em mim.

4. A: Nossos funcionários _____ (PERDER) muito tempo no trânsito. Eles _____ (CHEGAR) atrasados com frequência. Que devemos fazer?
   B: Não sei. Eu _____ (COMENTAR) com o Armando, mas os outros funcionários disseram que não era problema e ele não fez nada.

C. Oral: Descubra o que os colegas fariam nas situações dadas.

1. Uma mulher chega correndo assustada e diz que precisa do seu carro para levar alguém ao hospital, mas ela está sozinha. O que você faria nessa situação?

2. Você vê o barman colocar o dedo dentro da sua bebida sem querer. Ele não diz nada e entrega a bebida para você. O que você faria nessa situação?

3. Seu melhor amigo pede para ver a resposta da prova porque ele ficou doente e não estudou. Sua professora vê vocês conversando durante a prova. O que você faria nessa situação?

4. Seu chefe lhe pede para fazer um trabalho para o diretor de empresa. Você faz tudo certo, mas seu chefe muda várias coisas antes de mandar o trabalho para o diretor. As mudanças foram péssimas e seu chefe não diz ao diretor que ele foi responsável pelas mudanças. O diretor vem tirar satisfações com você. O que você faria nessa situação?

LIÇÃO C AMPLIAÇÃO DO VOCABULÁRIO
Atividades / Ensino do Brasil

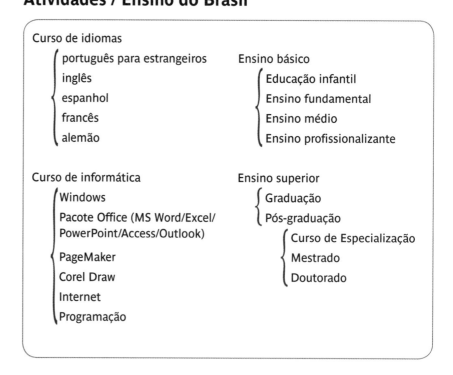

Curso de idiomas
- português para estrangeiros
- inglês
- espanhol
- francês
- alemão

Ensino básico
- Educação infantil
- Ensino fundamental
- Ensino médio
- Ensino profissionalizante

Curso de informática
- Windows
- Pacote Office (MS Word/Excel/ PowerPoint/Access/Outlook)
- PageMaker
- Corel Draw
- Internet
- Programação

Ensino superior
- Graduação
- Pós-graduação
  - Curso de Especialização
  - Mestrado
  - Doutorado

A. Complete a entrevista abaixo com a melhor opção:

especialização	informática	graduação
educacional	idiomas	fundamental

Entrevistador: Boa tarde, sente-se, por favor.

Ana Obrigada.

Entrevistador: Estou aqui com seu currículo e realmente você parece ser a pessoa que estamos procurando. Só gostaria de fazer algumas perguntas.

Ana: Claro!

Entrevistador: Me fale um pouco mais sobre sua formação _____ .

Ana: Bem, eu nasci no Rio, mas moro em São Paulo desde os sete anos. Então, concluí o Ensino _____ em uma escola perto da casa dos meus pais. Minha _____ é em Administração de Empresas, minha _____ é em Marketing, pela Universidade de São Paulo. Pretendo iniciar o Mestrado no ano que vem, também em Marketing.

Entrevistador: Certo. E quanto aos _____ falados?

Ana: Sim, falo inglês e francês fluentemente e estou fazendo um curso de alemão. Estou no nível intermediário.

Entrevistador: Cursos de _____ ?

Ana: Sim, tenho o pacote Office e Corel Draw.

Entrevistador: Muito obrigado, Ana.

B. **Responda as perguntas:**

1. Como é o sistema de ensino em seu país? Ele é muito diferente do brasileiro?

   _____

   _____

2. Quais cursos você fez ou está fazendo? Eles são ou foram importantes para sua carreira? Por quê?

   _____

   _____

C. **Entreviste seu/sua colega. Pergunte detalhes de sua formação educacional. Utilize a entrevista acima e o quadro como modelos.**

LIÇÕES A, B e C   **COMPREENSÃO AUDITIVA**

🎧 2/12 **Ouça três pessoas que estão prestes a começar uma nova fase da vida. Responda as perguntas.**

1. Jean – Entrevista para um novo emprego
   a. O que Carol faria no lugar de Jean?

   _____

   b. Por que Jean comprou um terno novo?

   _____

   c. O que Jean tem feito nos último meses?

   _____

   _____

2. Melina – Primeira participação em um musical
    a. O que o diretor faria no lugar de Melina?

    _____

    b. Por que os ensaios são longos?

    _____

    c. O que Melina tem feito desde o ano passado?

    _____
    _____

3. Ricardo – Mudança de país
    a. O que Teresa faria no lugar de Ricardo?

    _____

    b. Por que Ricardo já consegue comunicar-se em japonês?

    _____

    c. O que Ricardo tem feito quase todos os dias?

    _____
    _____

LIÇÕES A, B e C APLICAÇÃO ORAL DO CONTEÚDO

Faça o exercício com um/a colega. Tente adivinhar se seu/sua colega...

1. S ( ) N ( ) ...faria uma viagem sozinho (a) para o deserto do Saara.
2. S ( ) N ( ) ... tem assistido muita TV ultimamente.
3. S ( ) N ( ) ... tinha pensado em aprender outra língua antes de estudar português.
4. S ( ) N ( ) ...já foi o (a) melhor aluno (a) da classe na infância.
5. S ( ) N ( ) ... faria um curso de dança (qualquer tipo de dança).
6. S ( ) N ( ) ... tem pensado em realizar alguma grande mudança na vida.
7. S ( ) N ( ) ... tinha lido algo sobre o Brasil antes de começar a usar este livro.
8. S ( ) N ( ) ... tem um péssimo hábito que ele (a) normalmente não revela.
9. S ( ) N ( ) ... passaria seis meses sozinho (a) em uma ilha deserta.
10. S ( ) N ( ) ... tem comido muita comida gordurosa.

Depois de assinalar SIM ou NÃO, confirme com seu/sua colega quantas você acertou.

Ex.: *A: Você faria uma viagem sozinha para o deserto do Saara?*
      B: Eu? Nunca. Odeio calor.
      A: Eu sabia! Acertei.

LEITURA
Destaques

A. Leia as criticas de filmes, retiradas da Revista Veja Rio, e responda as perguntas:

**HAIRSPRAY –
EM BUSCA DA FAMA**
Duração117 min.
Censura: Livre.
Gênero: Musical
Cotação: ☆☆☆☆☆
Mais informações: de Adam Shankman (Hairspray, EUA/Inglaterra, 2007).
Ambientada em 1962 na Baltimore natal de John Waters (diretor do filme homônimo de 1988, que originou o musical da Broadway de 2002), a trama mostra o conservadorismo do lugar. Mas Tracy Turnblad (Nikki Blonsky) muda o rumo das coisas. Gorducha e cheia de energia, ela adere à moda dos cabelos armados e tem um sonho: participar de um programa de canto e dança na TV. O galãzinho da atração, Link Larkin (Zac Efron, de High School Musical), encanta-se com seu gingado e a ajuda a chegar lá. A fofa vira estrela e modelo de comportamento. Há letras engajadas e ritmo suingado num musical divertido e empolgante. John Travolta, em papel menor, rouba a cena como a mãe da protagonista.
CINEMAS EXIBINDO ESTE FILME
UCI New York City Center Sala 11

Horário: 14h35, 17h10, 19h50, 22h30. Domingo (18) e terça (20)

MEU MELHOR AMIGO
Duração96 min
Censura: Livre
Gênero: Comédia
Cotação: ☆☆☆☆☆
Mais informações: de Patrice Leconte (Mon Meilleur Ami, França, 2006).
Arrogante e antipático, François (Daniel Auteuil) só tem olhos para sua loja de antiguidades em Paris. Como as amizades dele se restringem aos colegas de profissão, a sócia decide fazer uma aposta: François terá dez dias para apresentar o melhor amigo. Como o comerciante ficou enfurnado nos negócios a vida toda, a tarefa será quase impossível. Mas eis que surge o boa-praça Bruno (Dany Boon). Falastrão e solitário, esse humilde taxista vai adicionar simpatia e doçura no amargo cotidiano de François. Diretor de pérolas como Um Homem Meio Esquisito (1989), o francês Patrice Leconte traz agora uma sentimental comédia de apelo popular sem descambar nas emoções fáceis. Divertida no ponto certo, a fita

ganha brilho com a surpreendente atuação do desconhecido Boon que, acredite, rouba a cena do versátil Auteuil.
CINEMAS EXIBINDO ESTE FILME
Estação Barra Point Sala 2
Horário: 15h30, 19h30st
Estação Ipanema Sala 2
Horário: 13h15, 15h15, 17h15, 19h15, 21h15

A FAMÍLIA DO FUTURO
Duração102 min
Censura: Livre
Gênero: Animação
Cotação: ☆☆☆☆☆
Mais informações: de Stephen Anderson (Meet the Robinsons, EUA, 2007).
Animação por computadores com graça, agilidade e colorido farto sob a grife dos estúdios Disney. Na trama, o órfão Lewis chegou aos treze anos com a criatividade de um pequeno gênio. Durante uma apresentação numa feira de ciências,surge o estranho Wilbur, que levará Lewis a conhecer as maravilhas do mundo do futuro.
CINEMAS EXIBINDO ESTE FILME
Cinemark Downtown Sala 4
Horário: (em 3D, dubl.): 12h05. Quarta (21) e quinta (22) não haverá sessão CI Kinoplex

Adaptado de http://vejabrasil.abril.com.br/rio-de-janeiro/a/filmes/

1. Você gosta de assistir a filmes no cinema? Qual foi o último filme a que assistiu? Do que se tratava?

    _____

    _____

    _____

2. A que tipo de filmes você tem assistido ultimamente?

    _____

    _____

    _____

3. Dentre os filmes apresentados acima, qual deles você gostaria de assistir? Por quê?

    _____

    _____

    _____

REDAÇÃO

Qual foi o melhor ou o pior filme a que você já assistiu? Escreva uma crítica para um jornal, revista ou blog brasileiro.

_____

_____

_____

_____

_____

_____

_____

CONSOLIDAÇÃO LEXICAL
Tipos de filmes

Inclua os tipos de filmes que você conhece. Quais são os de que mais gosta?

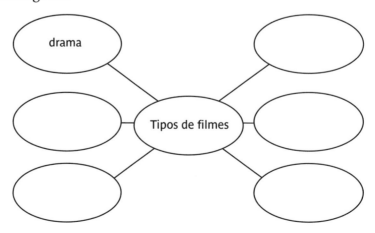

UNIDADE 14 *Alô? Quem fala?*

LIÇÃO A **PANORAMA**
Comunicação

Hoje em dia entrar em contato com alguém ficou muito fácil, temos: telefone, celular, e-mail, Messenger, Skype etc. Quando a pessoa para a qual telefonamos não se encontra, temos a opção de deixar recado. O recado pode ser deixado em secretária eletrônica, caixa postal ou para a pessoa que atendeu ao telefone.

Qual é o meio que você usa para encontrar as pessoas com quem você quer falar?
Você costuma deixar recado em secretárias eletrônicas?

LIÇÃO A 🎧 DIÁLOGO
2/13

Sueli:	Alô!
Fernando:	Alô. Por favor, a Carla.
Sueli:	Ela não está. Quer deixar recado?
Fernando:	Não, obrigado. Eu ligo depois.
	(mais tarde)
Sueli:	Alô!
Fernando:	Alô. Por favor, a Carla está?
Sueli:	Ela ainda não chegou. Você gostaria de deixar recado?
Fernando:	Por favor, ela tem celular?
Sueli:	Não. Ela não gosta de celular.
Fernando:	Você a vê ainda hoje?
Sueli:	Vejo, sim.
Fernando:	Bem, então, diga que o Fernando ligou.
Sueli:	Tudo bem, Fernando. Ela tem o seu número, né?
Fernando:	Tem, sim. Obrigado.
Sueli:	De nada.

LIÇÃO A **GRAMÁTICA**
Pronomes pessoais I

Você a vê ainda hoje? (a = Carla)

Pronomes pessoais retos (sujeito)	Pronomes pessoais oblíquos (objeto direto)	
Eu	me	1. Os pronomes 'o(s)' e 'a(s)' funcionam como **objeto direto**.
Você		Pedro: - Eu vi o Paulo ontem.
Ele	o, a (lo, la, no, na)	Clara: - Verdade? Eu **o** vi na semana passada (o = Paulo)
Ela		
A gente		2. Quando o verbo terminar em '**z**', '**s**', ou '**r**' os pronomes 'o(s)', 'a(s)' mudam para 'lo(s)'ou 'la(s)'.
Nós	nos	Exemplo:
Vocês		verbo terminado em **z**: fiz + a = fi-la
Eles	os, as (los, las, nos, nas)	Eu fiz a lição = Eu fi-la. (Não é usado na linguagem
Elas		oral)

verbo terminado em **s**: fazei**s** + o = fazei-lo

   Fazeis o bolo. = Fazei-lo. (Não é usado na linguagem oral)

verbo terminado em **r**: dize**r** + a = dizê-la

   Eles vão dizer a verdade. = Eles vão dizê-la.

3. Quando o verbo termina em som nasal, os pronomes 'o(s)', 'a(s)' mudam para 'no(s)', ou 'na (s)'.

Exemplo:

verbo terminado com som nasal: vira**m** + os = viram-nos

   Eles viram os ladrões. = Eles viram-nos. (Não é usado na linguagem oral)

verbo terminado com som nasal: põe + a = põe-na

   Ela põe a caneta dentro da bolsa. = Ela põe-na dentro da bolsa. (Não é usado na linguagem oral)

LIÇÃO A   CONSTRUÇÃO DO CONTEÚDO

A. No bilhete abaixo, substitua as palavras grifadas por pronomes pessoais (sujeito, objeto direto).

Lenira,

Ontem finalmente consegui comprar o computador. O computador tem uma configuração fantástica. Vou enviar a configuração por e-mail, assim você pode avaliar a qualidade. Os preços estavam ótimos. Vou enviar os preços também. Peguei o fax com manual. Eu li o manual rapidinho e os técnicos já instalaram o fax. Colocaram o fax ao lado da foto copiadora. Depois eu ligo para combinarmos a instalação dos programas. Eu aviso você quando o técnico marcar a visita.

Um abraço,

Joana M.

B. No diálogo seguinte há quatro pronomes pessoais usados de forma errada. Ache-os e substitua-os pelos pronomes pessoais corretos.

Lígia: Chico, o que aconteceu com seu celular? Eu ligo e só dá ocupado.

Chico: Não sei. Vou leva-o para consertar. No mês passado ele teve o mesmo problema.

Lígia: Mas, não explicaram nada?

Chico: Na verdade, minha mulher levou-no para consertar. Mas, ela não perguntou qual era o problema.

Lígia: Você vai à loja na hora do almoço?

Chico: Vou. Quer vir comigo? Assim, a gente come aquela lasanha que você gosta.

Lígia: Ótimo. Vou devorar-la inteira. Mas, posso convidar o Lucas? Ele chamou eu para almoçar hoje.

Chico: Claro.

C. **Oral:**

1. Faça as seguintes perguntas a um(a) colega. Para responder use os verbos dados e os pronomes pessoais oblíquos.

Ex.:   *A: O que você acha da Madonna?*
         B: Eu a admiro pela ousadia.

admirar	detestar	invejar	adorar
não entender	compreender		não conhecer

O que você acha da/do _____ ?
(nome de artista)

O que você acha da/do _____ ?
(nome de político)

O que você acha da/do _____ ?
(nome de personagem histórico)

O que você acha da/do _____ ?
(nome de atleta)

O que você acha da/do _____ ?
(nome de personalidade)

O que você acha da/do _____ ?
(sua opção)

LIÇÃO A   AMPLIAÇÃO DO VOCABULÁRIO
Nível de formalidade – recados

Ao pedir para anotar um recado

Imperativo (por exemplo: Diga para ...)   [informal]

Por favor + imperativo / imperativo + por favor [+ formal]

Você pode ... [informal] / Você poderia ... [formal]

Ao perguntar se a pessoa quer deixar recado

Você quer ... ? [informal] / Você gostaria de ... ? [formal]

Você deve ... [informal] / Você deveria ... [formal]

A. Informal ou formal? Que tipo de linguagem deve ser usada com as pessoas abaixo?

1. chefe: _____
2. esposa / esposo: _____
3. filhos: _____
4. professor: _____
5. colegas de trabalho: _____
6. pai / mãe: _____
7. pessoas que você acabou de conhecer: _____
8. amigos: _____

B. Forme frases usadas ao telefone com as palavras/expressões abaixo:

Você	gostaria de	me ajudar?	para ele /ela	me ligar mais tarde?
Por favor,	quer	pedir	um momento	no celular dele/dela
	pode	aguardar	mais tarde	
	poderia	ele/ela	que eu liguei?	
	diga para	anotar	um recado	
	deveria	deixar	me ligar?	
	deve	ligar	por favor	

1. _____
2. _____
3. _____
4. _____
5. _____
6. _____
7. _____
8. _____
9. _____
10. _____

C. Pratique estes diálogos ao telefone com um/a colega.

Aluno A   **Aluno B**

1.

Atenda ao telefone do Sr. Abreu.

Peça para falar com o Sr. Abreu, do departamento de Marketing.

Diga que ele não está e se ofereça para anotar um recado.

Aceite e diga o recado.

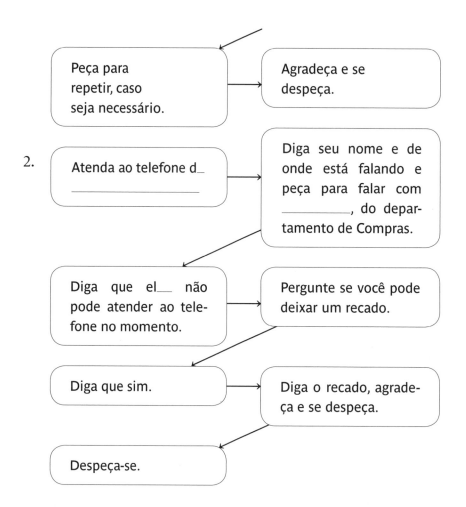

Peça para repetir, caso seja necessário.

Agradeça e se despeça.

2.

Atenda ao telefone d_ _____

Diga seu nome e de onde está falando e peça para falar com _____, do departamento de Compras.

Diga que el_ não pode atender ao telefone no momento.

Pergunte se você pode deixar um recado.

Diga que sim.

Diga o recado, agradeça e se despeça.

Despeça-se.

D.   Utilize os modelos dados em B, mas use uma linguagem mais informal. Pratique com um/a colega.

LIÇÃO B **PANORAMA**
Telefonemas para empresa

Quando você telefona para um local comercial, normalmente a telefonista ou recepcionista atende ao telefone e fala o nome da empresa, depois se identifica, falando o seu nome e só depois cumprimenta, dizendo 'bom dia', 'boa tarde' ou 'boa noite'. Depois disso, em caso de empresa grande, a telefonista transfere sua ligação para o ramal do funcionário com quem você deseja falar.

O que as pessoas falam ao atender um telefonema comercial no seu país?
Sua empresa utiliza ramais para os funcionários?
Você costuma ligar para locais comerciais no Brasil? Quais?

LIÇÃO B 🎧 **DIÁLOGO**
2/14

Jaqueline:	WTCZ, Jaqueline, boa tarde.
Caio:	Boa tarde, Jaqueline. Eu gostaria de falar com o Sr. Costa. É o Caio da Zuppo Ltda.
Jaqueline:	Um momento, sr. Caio. O ramal dele está ocupado. O senhor poderia ligar mais tarde?
Caio:	Não posso. Vou entrar em uma reunião agora, mas, por favor, diga-lhe para ligar para o Caio Zuppo, no meu celular, o mais rápido possível.
Jaqueline:	Tudo bem, sr. Caio. Eu lhe darei o recado.

LIÇÃO B **GRAMÁTICA**
Pronomes pessoais II

Diga-**lhe** para ligar para o Caio Zuppo. (Diga para o sr. Costa)

Eu **lhe** darei o recado. (Eu darei o recado para o sr. Costa)

· ·

Pronomes pessoais retos (sujeito)	Pronomes pessoais oblíquos (objeto indireto) + preposições: a, até, contra, de, em, entre, para, por, sem	
Eu	para mim	O pronome 'lhe(s)' funciona como **objeto indireto**, ou seja, é usado com um verbo + preposição.
Você	lhe (para você)	
Ele / Ela	lhe (para ele/ela)	Pedro: Você pode **dar** este pacote **para** a Luzia.
A gente	lhe (para a gente)	
Nós	nos (para nós)	Clara: (para Luzia) Luzia, o Pedro me pediu para **lhe** dar este pacote.
Vocês	lhes (para vocês)	(lhe = para a Luzia)
Eles / Elas	lhes (para eles/elas)	Luzia: Obrigada, Clara.
		Clara: De nada.

LIÇÃO B   **CONSTRUÇÃO DO CONTEÚDO**

A. Substitua as palavras sublinhadas por pronomes pessoais oblíquos.

1. A: Maria, eu pedi <u>para você</u> deixar a encomenda no escritório. O que aconteceu?
   B: Não tive tempo, desculpa.

2. A: Este livro é muito legal. Quem deu este presente <u>para você</u>?
   B: Não é meu, não. É da Joana. O Jorge deu o livro <u>para ela</u> de presente de aniversário.

3. A: Nossos gerentes ainda não sabem?
   B: Não. Quem vai contar <u>a eles</u>?

4. A: O Marcos disse <u>a nós</u> que não vai terminar o curso.
   B: Nossa. Por quê?

B. Complete o diálogo com pronomes pessoais oblíquos (para mim, lhe, nos, lhes).

A: Mariano, por que você não _____ ligou?
B: Mas, eu te liguei. Ninguém atendeu.
A: Eu estava dando aula.
B: É que eu nunca lembro quando você está dando aulas.
A: Eu já _____ falei algumas vezes.
B: Já falou sim, mas com uma vida louca como a sua, fica impossível lembrar.
A: Então, acho melhor eu _____ telefonar.
B: Concordo. Você pode ligar _____ a qualquer hora.
A: Ou eu poderia ligar para a Samanta. Ela também entende do assunto.
B: Pode ser, mas qualquer coisa _____ ligue.
A: Pode deixar. Qualquer dúvida, eu ligo. Obrigado.

C. **Oral:** Trabalhe em pares ou em grupos. Pergunte aos/às colegas o que eles/as dariam de presente para as pessoas da sala. Na sua vez de responder use os pronomes pessoais oblíquos (lhe, lhes, nos) ou a preposição **PARA**, como no exemplo.

Ex.:   A: Leia, o que você daria de presente para o Luiz (ou para a Mônica e para o Agenor)?
       B: Eu <u>lhe</u> daria um carro (ou Eu lhes daria um carro).
       A: Por quê?
       B: Porque ele toma três ônibus para chegar aqui.

LIÇÃO B   AMPLIAÇÃO DO VOCABULÁRIO
Expressões usadas ao telefone I

Não conseguindo falar ao telefone

O telefone está ocupado.

A ligação caiu.

Não consigo completar a ligação. A linha sempre cai.

Está chamando, mas ninguém atende.

O telefone está tocando. Quem vai atendê-lo?

Acabou a bateria do meu celular.

Preciso carregar a bateria do meu celular.

A. Coloque as frases abaixo na sequência correta.

1. O Paulo ainda está aí?
   Se ele voltar ainda hoje, peça que me ligue em casa. Acabou a bateria do meu celular.
   Boa tarde e até amanhã.
   Zuppo, Ângela, boa tarde.
   Um momento, Sr. Caio... Está chamando, mas ninguém atende.
   Oi, Ângela, é o Caio novamente. A ligação caiu.
   Pois não, Sr. Caio. Boa tarde.
   Olá, Sr. Caio.

A: _____

B: _____

A: _____

B: _____

A: _____

B: _____

A: _____

B: _____

B. Complete as frases abaixo com o que achar adequado.

1. (telefone tocando)
   C: O telefone está tocando... _____

   _____

   A: Eu atendo! Alô?
   B: Alô! Mônica? Aqui é o Renan...
   A: O que é esse barulho?
   B: É o meu celular. A bateria está acabando. _____

   _____

   A: Alô?.... alô?

2.   Carlos: Nívea, você conseguiu falar com o pessoal da Alemanha?
     Nívea: Não, senhor. _____

     _____

     Carlos: Você poderia tentar novamente mais tarde?
     Nívea: Sim, claro.

LIÇÃO C   **PANORAMA**
Ao telefone

No Brasil, normalmente, nós não nos identificamos ao atender ao telefone. Também, a pessoa que liga, às vezes, pergunta 'Quem está falando?' ou simplesmente diz o nome da pessoa com quem quer falar, como por exemplo, 'A Ana está?' Quando você liga para um lugar e a ligação cai em outro lugar, costumamos nos desculpar e dizer 'foi engano'.

O que você diz, no seu país, quando liga para um lugar?
Quando você atende ao telefone, você sempre se identifica, falando o seu nome?

LIÇÃO C   🎧 **DIÁLOGO**
          2/15

Sílvia: Alô!
Sérgio: Alô! A Solange está?
Sílvia: Solange? Aqui não tem ninguém com este nome.
Sérgio: Ah, desculpe, foi engano.

Camila:	Alô!
Sérgio:	Alô! A Solange está?
Camila:	Está, um momento.
Solange:	Alô!
Sérgio:	Oi, Sô. Tudo bem?
Solange:	Oi, Serginho. Tudo bem e você?
Sérgio:	Tudo. Sô. Eu estou te ligando para te lembrar de que a festa do Betão é amanhã.
Solange:	Amanhã? Mas amanhã eu ainda estou sem carro.
Sérgio:	Sem problema. Você vai comigo. A que horas passo aí pra te pegar?
Solange:	Às 9hs. Está bom pra você?
Sérgio:	Ótimo. Combinado, então.

LIÇÃO C **GRAMÁTICA**

Pronomes pessoais III

Eu estou **te** ligando para **te** lembrar de que a festa do Betão é amanhã. (O 'te' refere-se ao sujeito 'tu' e não 'você', como no diálogo, mas ele é muito usado na linguagem oral.).

Você vai **comigo**.

....

Pronomes pessoais retos (sujeito)	Pronomes pessoais oblíquos (objeto indireto)
Eu	comigo
Você	com você
Ele / Ela	com ele/ela
A gente	com a gente
Nós	conosco
Vocês	com vocês
Eles / Elas	com eles/elas

LIÇÃO C   **CONSTRUÇÃO DO CONTEÚDO**

A. Complete o diálogo com os pronomes pessoais oblíquos *comigo, com você(s), conosco, com ela/ele, com a gente, com elas/eles.*

Miguel: Aonde você está indo, Roberta?

Roberta: Vou passar na farmácia para comprar um remédio e depois vou dar uma caminhada no parque. Quer vir _____ ?

Miguel: Caminhar _____ ? Não sei. Estou um pouco cansado.

Roberta: É. Vai ser legal. Vou encontrar meus amigos da aula de dança na frente do parque em meia hora.

Miguel: Mas, você vai caminhar _____ ? Pensei que você fosse sozinha.

Roberta: Qual o problema? Deixa de frescura e venha caminhar _____ _____ . A gente vai conversando e não sente o tempo passar.

Miguel: Você me convenceu. Vou colocar os tênis. Só um minuto.

B. Observe a figura e escolha a alternativa correta para cada questão.

Situação 1.   O que você acha que o homem está dizendo?

        ( ) "Não trago mais vocês comigo."

        ( ) "Garçom, quero falar com você."

        ( ) "Vocês querem brincar com ela?"

Situação 2.   O que você acha que a cliente está dizendo?

        ( ) "Quer almoçar conosco?"

        ( ) "Podemos entrar com ele?"

        ( ) "Onde estamos?"

Situação 3.   O que você acha que a moça está dizendo?
(   ) "Por favor, garçonete."
(   ) "O que você quer?"
(   ) "Venha almoçar conosco."

Situação 4.   Imagine-se nesse restaurante. Quem está com você? O que estão comendo?

_____

_____

_____

C.   **Oral:** Você e seus/suas colegas estão combinando de ir a um churrasco juntos/as. Algumas pessoas possuem carros, outras não. Decidam quem vai com quem. Quem tem carro, oferece carona. Quem não tem, pede carona. Use os pronomes pessoais oblíquos com a preposição COM.

Ex.:   *A: Quem quer ir comigo?*
B: Eu não preciso. Vou com ela.
C: Nós vamos todos em um carro. Alguém quer ir conosco? Ainda tem um lugar.

LIÇÃO C   AMPLIAÇÃO DO VOCABULÁRIO
Expressões usadas ao telefone II

> Alô! Quem fala?
>
> Alô! Quem está falando?
>
> Foi engano. / Desculpe, acho que caiu em outro lugar.
>
> Com quem você quer falar? / Com quem você gostaria de falar?
>
> Você quer deixar recado? Você gostaria de deixar recado?
>
> Eu ligo depois. / Eu ligo mais tarde.
>
> Você poderia pedir para ele / ela me ligar mais tarde?

A.   Coloque as frases abaixo na sequência correta.

1. É 5888-8885
   Sem problemas.
   Alô? Quem fala?
   Com a Márcia. Ela está?
   Acho que você ligou no número errado. Não tem ninguém aqui com esse nome.
   Ah, desculpe, foi engano.
   É a Clarisse. Com quem você quer falar?
   Qual é o número aí?

A: _____
B: _____
A: _____
B: _____
A: _____
B: _____
A: _____
B: _____

2. Não, eu ligo mais tarde. Obrigado.
    Alô, por favor, o Pedro está?
    Alô?
    Não, ele saiu. Quer deixar recado?

A: _____
B: _____
A: _____
B: _____

B. Complete as frases abaixo com o que achar adequado.

1. A: _____
    B: Bom dia, posso falar com a Catarina, por favor?

2. A: Alô?
    B: Alô, _____ , a Joana está?
    A: Não, ela saiu. _____
    B: Você poderia pedir para ela _____ ?
    A: Claro!

C. Crie um diálogo mais formal e outro mais informal ao telefone utilizando pelo menos 4 das expressões estudadas nesta unidade.

_____
_____
_____
_____
_____
_____
_____
_____
_____
_____
_____
_____
_____

LIÇÕES A, B e C **COMPREENSÃO AUDITIVA**

🎧 Escute as conversas telefônicas a seguir e assinale (V) ver-
2/16 dadeiro e (F) falso para cada frase.

1. (   ) Nestor não pediu para Bianca ligar para ele.
   (   ) Bianca vai ligar de novo no dia seguinte.
   (   ) Nestor vai para a entrevista sozinho.

2. (   ) Michel ligou de madrugada.
   (   ) Kiko é muito amigo de Michel.
   (   ) Kiko vai sair com o pessoal da faculdade.

3. (   ) Manuel está no quarto.
   (   ) João combinou de buscá-lo no hotel.
   (   ) João precisa recarregar a bateria do celular.

LIÇÕES A, B e C **APLICAÇÃO ORAL DO CONTEÚDO**

**Ligue para um (a) colega da turma e encene as duas situações
abaixo. Use o maior número de pronomes pessoais oblíquos.**

Situação 1:
Convide-o (a) para fazer algo com você. (situação informal)

Situação 2:
Seu (sua) colega é, na verdade, seu (sua) colega de trabalho ou
professor (a) da faculdade. (situação formal)

LEITURA

A. Você gosta de falar ao telefone? Quanto tempo você gasta em
média ao telefone?

_____

_____

_____

_____

_____

B. Leia o texto abaixo e responda as perguntas.

Mulheres passam cinco anos ao telefone, diz estudo

da Ansa, em Berlim

As mulheres, ao longo de sua vida, passam em média quatro
anos e nove meses falando ao telefone, segundo um estudo
publicado pela revista alemã "Bild".

O estudo, realizado por cientistas britânicos, indica que os homens passam 18 meses a menos do que as mulheres ao telefone. Uma mulher, durante a sua vida, faz 288 mil telefonemas com uma duração média de dez minutos.

Homens e mulheres alegam pretextos semelhantes para encerrar a comunicação e habitualmente se referem à campainha que tocou ou à urgência de necessidades fisiológicas.

Retirado de http://www1.folha.uol.com.br/folha/ciencia/ult306u14044.shtml em 25/11/07

B. De acordo com o trecho acima, as mulheres falam mais ao telefone do que os homens. Você concorda com esta afirmação? Por quê?

_____
_____
_____
_____
_____
_____
_____
_____

REDAÇÃO

Com base no texto acima, escreva uma redação e discuta: quem você acha que fala mais em situações formais, como na empresa, os homens ou as mulheres? Explique as razões

_____
_____
_____
_____
_____
_____
_____
_____
_____
_____
_____
_____
_____
_____

CONSOLIDAÇÃO LEXICAL

Complete os diálogos ao telefone abaixo.

ATT, MARIANA, BOM DIA!

GOSTARIA DE DEIXAR RECADO?

ACHO QUE VOCÊ LIGOU NO NÚMERO ERRADO.

COM QUEM VOCÊ GOSTARIA DE FALAR?

ALÔ! QUEM ESTÁ FALANDO?

Quer ir ao cinema comigo na quinta?

UNIDADE 15

LIÇÃO A **PANORAMA**
Bate-papo

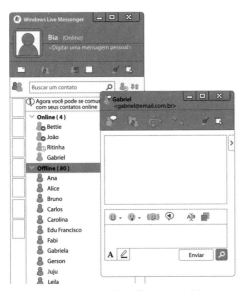

Hoje em dia, os adolescentes, no Brasil, usam o Messenger e o Skype para conversar, mas estes programas de bate papo não estão restritos aos adolescentes, eles são usados por pessoas das mais variadas faixas etárias.

Você já usou ou usa o Messenger, o Skype ou outro programa de bate papo?

O que você acha deles?

Qual recurso você mais utiliza para se comunicar no dia a dia?

LIÇÃO A 🎧 DIÁLOGO
2/17

Sandra:	Oi, você está aí?
Solange:	Estou.
Sandra:	Só queria te contar uma coisa.
Solange:	Conta.
Sandra:	Vou sair com o Paulo.
Solange:	Jura? Como assim?
Sandra:	Bem, ele me ligou ontem e me perguntou: "Quer ir ao cinema comigo na quinta?" Aí eu disse: "Não posso."
Solange:	Por quê?
Sandra:	Charme.
Solange:	E aí?
Sandra:	Bem, aí ele me disse: "A gente pode ir na sexta, então!"
Solange:	E ...
Sandra:	Eu disse: "Na sexta, me convidaram para uma festa."
Solange:	Que horror! Que mentirosa!
Sandra:	Um pouco de charme não faz mal.
Solange:	E aí?
Sandra:	Aí ele me perguntou: "E no sábado, você vai sair?" E eu disse: "à tarde, sim, mas, à noite, ainda não tenho compromisso."
Solange:	Pobre Paulo.
Sandra:	Então, a gente vai ao cinema no sábado à noite

Paulo:	Oi, você está aí?
Júlio:	Estou um pouco ocupado. Por quê?
Paulo:	Só queria te contar uma coisa.
Júlio:	Conta logo.
Paulo:	Vou sair com a Sandra.
Júlio:	Legal.
Paulo:	Mas foi difícil, cara.
Júlio:	Difícil como?
Paulo:	Primeiro eu perguntei para ela se ela queria ir ao cinema comigo na quinta e ela disse que não podia.
Júlio:	Ah, ...
Paulo:	Aí, eu disse que a gente podia ir na sexta.
Júlio:	Ah, ...
Paulo:	Aí ela disse que a tinham convidado para uma festa.
Júlio:	Você devia ter desistido. Que menina difícil!
Paulo:	Não, claro que não. Eu perguntei se ela iria sair no sábado e ela me disse que à tarde sim, mas que à noite ela ainda não tinha compromisso.
Júlio:	E você insistiu?
Paulo:	É. Então, a gente vai ao cinema no sábado.

LIÇÃO A   **GRAMÁTICA**

Discurso direto e indireto: perguntas e declarações

Discurso direto	Discurso indireto
Pergunta	**Pergunta**
Indicativo – Presente ⟶	**Indicativo – Pretérito Imperfeito**
Bem, ele me ligou ontem e me perguntou: "**Quer** ir ao cinema comigo na quinta?"	Primeiro eu perguntei para ela **SE** ela **queria** ir ao cinema comigo na quinta(...).
Indicativo – Futuro ⟶	**Indicativo – Futuro do Pretérito**
Aí, ele me perguntou: "E no sábado, você **vai sair**?"	Eu perguntei **SE** ela **iria sair** no sábado (...).
Declaração	**Declaração**
Indicativo – Presente ⟶	**Indicativo – Pretérito Imperfeito**
Aí eu disse: "Não **posso**."	... ela disse **QUE** não **podia**.
Indicativo – Pretérito Perfeito ⟶	**Indicativo – Mais-que-perfeito composto**
Eu disse: "Na sexta me **convidaram** para uma festa."	Aí ela disse **QUE** a **tinham convidado** para uma festa.(= Aí ela disse **QUE** a **haviam convidado** para uma festa. ⟶ não é usado na linguagem oral)

LIÇÃO A   **CONSTRUÇÃO DO CONTEÚDO**

A.   Passe as frases a seguir para o discurso indireto.

1.   Marilda: "Não vou mais *mandar* torpedos para você."
Marilda _____

2.   Sérgio: "As pessoas responsáveis pela lan house *estão* presentes?"
Sérgio _____

3.   Sidney: "*Fiz* uma aula inteira pelo Skype."
Sidney _____

4.   Lineide: "Para quem você *está* mandando essa mensagem?"
Lineide _____

5.   Melina: "Eu tenho todos os programas para conversar on-line."
Melina _____

B.   Quando estamos narrando um evento, muitas vezes não usamos DISSE, PERGUNTOU etc. Leia os diálogos e complete as frases com discurso indireto.

1.   Mauro: Oh, meu Deus! Esqueci minha mochila! Estou perdido. Que faço?
Lucas: Não sei.

Quando Mauro entrou no metrô, percebeu que_____ a mochila.

2. Júlia: Nosso chefe vai chegar em dois minutos. Anda logo, Renato. Acho que não conseguiremos falar com ele.
    Renato: Estou pronto. Vamos.
    Eu pedi para o Renato se apressar porque achei que não _____ falar com nosso chefe.

3. Lília: Você sabe nadar?
    Pedro: Sei.
    Lília: Ainda bem.
    Quando nosso bote virou, dei graças a Deus que o Pedro _____.

4. Sandra: Você vai chegar para o jantar?
    Amauri: Vou chegar umas 7 da noite.
    Minha esposa me perguntou_____para o jantar. Eu disse a ela que_____umas 7 da noite.

C. **Oral:** Fale as frases dadas a um/a colega. Ele/a, por sua vez, deve relatar à sala o que lhe foi dito ou perguntado usando o discurso indireto.

Ex.:   *Sueli: Onde você mora, Paulo?*
        Paulo: A Sueli me perguntou onde eu morava.
1. Você dará aulas de português um dia?
2. Onde o (a) professor (a) estudou?
3. O país tem muitas oportunidades de crescimento.
4. Eu não morei em muitos países.
5. Logo, usaremos os computadores para todos os afazeres domésticos.
6. Os funcionários da minha empresa recebem vários benefícios.

7. _____
    (pergunta – futuro do presente do indicativo)

8. _____
    (declaração – pretérito perfeito do indicativo)

9. _____
    (pergunta – presente do indicativo)

10. _____
    (declaração – futuro do presente do indicativo)

LIÇÃO A   **AMPLIAÇÃO DO VOCABULÁRIO**
Comunicação via computador

atividades		recursos
escrever, enviar, receber, ver	⟶	e-mail
bater papo/ conectar/ enviar arquivos	⟶	Messenger
bater papo/ ligar pelo	⟶	Skype
pesquisar/ ler/ entrar no	⟶	site
navegar na	⟶	internet
ter, entrar na, ler	⟶	página na internet
ter, entrar no, ler	⟶	blog

A.   Complete os diálogos abaixo com a melhor opção.

ligar para	e-mail	ler	entrar no
Messenger	escrever	receber	ver

1.   Chefe: Você já enviou o _____ para a filial na Argentina, Margarida?
Margarida: Ainda não. Estou acabando de _____ , senhor.
Chefe: Certo. Quando _____ uma resposta, me avise, ok?

2.   A: A internet está ligada?
B: Está sim. Você quer usar?
A: Quero _____ meus e-mails e falar com um amigo pelo _____ .
B: Quem?
A: Como você é curiosa!
B: Espera só um minutinho, deixa eu acabar de _____ essa matéria na página do jornal.

3.   A: Mari, o Skype está ligado? Preciso _____ o Paolo, na Itália.
Mari: Está sim. Peça a ele para _____ meu blog! Coloquei umas fotos bem legais da gente lá.
A: Tá certo...

LEMBRA?

'TÁ' É COMO NORMALMENTE FALAMOS 'ESTÁ'.

B.   Responda as perguntas abaixo.

1.   Você recebe/ envia muitos e-mails? Quantos? Eles são, em sua maioria, profissionais ou pessoais?

_____

_____

_____

_____

2. Você tem o costume de navegar na internet em suas horas vagas? Em que tipo de *sites* costuma entrar?

_____

_____

_____

_____

_____

_____

_____

_____

LIÇÃO B   **PANORAMA**
Recados

O recado é uma mensagem curta escrita ou oral. É comum o uso de recados no nosso dia a dia. Quando escritos, os recados também costumam ser via celular e, neste caso, recebem o nome de torpedo.

Você costuma enviar ou receber muitos recados? Se sim, para quem?

Você envia ou recebe muitos torpedos?

LIÇÃO B   🎧 **DIÁLOGO**
2/18

Lurdes: Si, por favor, ligue para o seu pai e veja se ele quer ir à festa da Sônia hoje à noite. Estou atrasada, tchau.

Simone: Tchau.

(*mais tarde*)

Simone: Oi, pai, a mãe me pediu pra ligar pra ver se o senhor quer ir à festa da Sônia hoje à noite.

Pedro: Diga a sua mãe que eu gostava dessas festas da Sônia, mas agora não as suporto mais. Prefiro ficar em casa. Ah, Si, peça uma pizza para depois das 10hs.

(*mais tarde*)

Lurdes: Oi, Si. Ligou pro seu pai?

Simone: Liguei.

Lurdes: E ele vai à festa?

Simone: Não. Ele disse que gostava dessas festas da Sônia, mas não as suporta mais.

Lurdes: O quê? Mas *eu* quero ir à festa.

Simone: Bem, ele mandou eu pedir uma pizza para depois das 10hs.

Lurdes: Então, envie um torpedo para ele e diga que ele vai comer a pizza sozinho.

LIÇÃO B   GRAMÁTICA

Discurso direto e indireto: ordens e declarações

Discurso direto	Discurso indireto
Imperativo	**Infinitivo**
Si, **ligue** para o seu pai e **veja** se ele quer ir à festa da Sônia hoje à noite.	Oi, pai, a mãe me <u>pediu</u> pra **ligar** para **ver** se o senhor quer ir à festa da Sônia hoje à noite.
Si, **peça** uma pizza para depois das 10hs.	Ele <u>mandou</u> eu **pedir** uma pizza para depois das 10hs.

Indicativo – Pretérito Imperfeito $\longrightarrow$	Indicativo – Pretérito Imperfeito
Indicativo – Presente	
(verdades permanentes) $\longrightarrow$	Indicativo – Presente
Diga a sua mãe que eu **gostava** dessas festas da Sônia, mas agora não as **suporto** mais.	Ele disse que **gostava** dessas festas da Sônia, mas não as **suporta** mais.

LIÇÃO B   CONSTRUÇÃO DO CONTEÚDO

A. Passe as frases a seguir para o discurso direto.

1. Luciano me pediu para entrar no blog dele e ler a crônica sobre a internet.
   Luciano: "_____
   _____"

2. Bruno disse que quando era adolescente, passava muitas horas em frente ao computador.
   Bruno: "_____
   _____"

3. Caio mandou eu me conectar no Skype para economizar com a conta telefônica.
   Caio: "_____
   _____"

4. Eugênio perguntou se eu gosto de entrar em salas de bate-papo e *sites* de relacionamento.
   Eugênio: "_____
   _____"

5. Zenaide pediu para eu não falar mais sobre problemas do *site* com o gerente e sim com ela.
   Zenaide: "_____
   _____"

B. Reescreva o diálogo a seguir em forma de narração, passando as falas de discurso direto para indireto.

Mara: Geraldo, por favor, pegue estes textos aqui e coloque no *site*.

Geraldo: Eu fazia este trabalho, Mara, antes de o José chegar. Agora, quem faz é ele.

Mara: Tudo bem, obrigada. Chame o José na minha sala então.

Geraldo: Ele está fora do país.

Mara: Bem, então ligue para ele e avise que precisamos dos serviços dele com urgência.

_____
_____
_____
_____
_____
_____
_____
_____
_____
_____
_____
_____
_____
_____
_____

C. **Oral:** Dê 5 ordens a um/a colega. Use tanto a linguagem formal (por favor) quanto a informal. O/A colega deve relatar para a turma o que lhe foi ordenado.

Ex.: *Lúcio: Cátia, por favor, coloque minha bolsa sobre a mesa.*
Cátia: O Lúcio me pediu para colocar sua bolsa sobre a mesa.

LIÇÃO B   AMPLIAÇÃO DO VOCABULÁRIO
Comunicação escrita e oral

verbo		meios
dar, receber, transmitir, escrever, passar	⟶	recado (s)
dar, receber, transmitir, escrever, passar	⟶	mensagem (ns)
fazer, aceitar, recusar	⟶	pedido (s)
fazer, receber, aceitar, recusar	⟶	encomenda (s)
fazer, receber, aceitar, recusar, adiar	⟶	convite (s)
escrever, enviar (mandar), receber	⟶	torpedo (s)
fazer, receber, atender, transferir	⟶	ligação (ões)

A. O que é, o que é?

No escritório

1. Você escreve. Você transmite. Você dá. Você passa. Você recebe.

   _____

2. Você atende. Você faz. Você recebe. Você transfere.

   _____

3. Você faz. Você aceita. Você recusa.

   _____

4. Você adia. Você recusa. Você aceita. Você recebe. Você faz.

   _____

5. Você manda. Você escreve. Você recebe. Você envia.

_____

6. Você aceita. Você recusa. Você faz. Você recebe.

_____

B. Quais são os locais em que você se comunica usando um dos meios de comunicação acima? E com quem você se comunica?

Ex.: Ligação: No trabalho, na rua (celular), em casa. Normalmente ligo para meus amigos, esposa, marido...

1. _____
   _____

2. _____
   _____

3. _____
   _____

4. _____
   _____

5. _____
   _____

6. _____
   _____

C. Coloque a palavra mais adequada no texto.

transmitir	encomenda	convite	torpedo
transferência	pedido		

Fazer HOJE!!!!

✓ _A _____ pela Fedex chega hoje! Aceitar!_

✓ _Aceitar o _____ do chefe para almoçar com os clientes do Paraná._

✓ _Ativar a _____ de chamadas para a mesa do Tadeu nos meus dias de folga._

✓ _Fazer o _____ das peças que estão faltando._

✓ _____ o seguinte recado para a Fabiana: O pedido número 8543 foi cancelado._

✓ _Mandar um _____ para a esposa. Vamos viajar hoje!!!!_

LIÇÃO C   **PANORAMA**
Eventos

As grandes empresas costumam promover eventos. Normalmente, dá muito trabalho e leva muito tempo organizar todas as atividades, conseguir o local e verificar todos os detalhes do evento. Há também muitas pessoas envolvidas, desde os convidados até as pessoas que preparam a comida a ser servida.

Você já participou de algum evento? Você já organizou algum evento? Quais são as principais coisas de que um evento precisa para ter sucesso?

LIÇÃO C   🎧 **DIÁLOGO**
2/19

Taís: Márcio, a Clara me disse, há pouco, que está tudo bem para o evento da semana que vem.

Márcio: Quase tudo, Taís.

Taís: Como quase, Márcio? Ela não me disse isso.

Márcio: O que você perguntou à Clara?

Taís: Como assim?

Márcio: Você perguntou pra ela se faltava algo?

Taís: Não. Eu apenas lhe perguntei se estava tudo bem com os preparativos do evento.

Márcio: Está tudo bem, mas faltam alguns detalhes.

Taís: Por exemplo?

Márcio: Precisamos fechar com o hotel a comida que vai ser servida e ver se a aparelhagem, como microfones, computadores e projetores do hotel funcionam bem.

Taís: Ah, ainda bem. Não são muitas coisas.
Márcio: Como eu disse, faltam alguns detalhes.
Taís: Bem. Confio em você. Deixo tudo em suas mãos. Você é meu braço direito, certo?

LIÇÃO C **GRAMÁTICA**
Posição dos pronomes que atuam como objetos

Em linguagem oral:	**Em linguagem escrita:**
sujeito + pronome objeto + verbo	sujeito + verbo + pronome objeto (observe o uso do hífen)
Márcio, a **Clara me disse**, há pouco, que está tudo bem pra o evento da semana que vem.	A **Clara disse-me**, há pouco, que está tudo bem.
Você **lhe perguntou** se faltava algo?	**Você perguntou-lhe** se faltava algo?

Palavras que atraem o pronome em linguagem oral e escrita:

sujeito + palavra que atrai o pronome (não, apenas etc) + pronome objeto + verbo.

Ela <u>não</u> me disse isso.

Eu <u>apenas</u> lhe perguntei se estava tudo bem com os preparativos do evento.

Outras palavras que atraem o pronome: **ambos, todo, tudo, alguém, qualquer, outro, que, quem etc***

* ver lista completa no apêndice

LIÇÃO C **CONSTRUÇÃO DO CONTEÚDO**

A. Complete o diálogo com pronomes pessoais oblíquos nas posições que julgar mais adequadas usando também as palavras em parênteses.

Vinícius: Gi, eu não _____ (CONTEI) sobre minha conversa com a Elena, contei?

Gisele: Não. O que ela _____ (DISSE)? Que você deve _____ (ESQUECER)?

Vinícius: Mais ou menos isso. Ela _____ (FALOU) que não quer mais receber ligações, mensagens, torpedos e convites meus.

Gisele: Você vai _____ (OBEDECER)? Afinal, você não fez nada. Ela está completamente enganada. Vou_____ (MANDAR) um torpedo dizendo que quero falar com ela. Marco um encontro. Aí, você aparece lá.

Vinícius: Boa ideia. Alguém _____ (DISSE) que ela irá à academia hoje. Combine com ela lá e eu apareço.

Gisele: Pra que servem os amigos?

B. Corrija erros que achar com os pronomes objetos.

1. Eu ainda não dei-te meu endereço de e-mail.
2. Vou sempre dizê-la a verdade para que nossos negócios sejam claros.
3. Ambos deram-me o mesmo presente.
4. Os web designers acharam-o muito simples. Querem um *site* com mais recursos.
5. Nós apenas transferimo-lo para o Rio de Janeiro após o término do projeto.

C. **Oral:** Siga as figuras e narre o que está acontecendo. Use as palavras indicadas.

enviar
mensagem
lhe

receber
torpedo

mandar
levar
documentos

perguntar
lhe

responder
dormir

LIÇÃO C **AMPLIAÇÃO DO VOCABULÁRIO**
Expressões com partes do corpo

deixar nas mãos (de alguém) **ser o braço direito** Exemplo: Confio em você. **Deixo** tudo **em suas mãos**. Você é **meu braço direito**, certo? **ser todo ouvidos** Exemplo: Pode falar qual é o seu problema. **Sou todo ouvidos**.	**estar com a pulga atrás da orelha** Exemplo: Ouvi dizer que a minha empresa está com problemas. Meu chefe anda calado. Acho que vai ter cortes. **Estou com a pulga atrás da orelha**.

---

estar de olho em

Exemplo: Adoro comprar sapatos. **Já estou de olho em** um par que vi na semana passada. Só estou esperando receber o pagamento para comprá-lo.

estar com dor de cotovelo

Exemplo: A Mariana está namorando o meu ex-namorado. Quando ela me contou, não fiquei entusiasmada porque não gosto mais dele. Ela me disse que **estou com dor de cotovelo** porque estou sozinha. Você também acha?

ter olho gordo

Exemplo: O Ricardo está sempre querendo saber o que eu comprei e quanto paguei para depois comprar algo parecido. Mas nunca parece estar satisfeito com o que comprou, parece querer o meu. Eu sinto que ele **tem olho gordo**. Não gosto disso.

entrar com o pé esquerdo

Exemplo: Por favor, Lucas, chega de azar! Você tem que **entrar** no Ano-Novo **com o pé** direito e não com o **esquerdo**.

A.   Ligue as expressões às definições.

1. deixar nas mãos (de alguém)
2. ser o braço direito
3. ser todo ouvidos
4. estar com a pulga atrás da orelha
5. estar de olho em
6. estar com dor de cotovelo
7. ter olho gordo
8. entrar com o pé esquerdo

a. ter desejo, com intentos sobre (alguém ou algo)
b. ter desejo ardente de possuir ou conseguir alguma coisa de outrem; inveja, cobiça
c. estar com suspeita de alguma coisa; desconfiado
d. poder decisório; domínio, controle, cuidado
e. ter despeito provocado pelo ciúme ou pelo fato de se ter sofrido alguma decepção amorosa
f. estar com azar, muito mal
g. prestar total atenção
h. ser principal e eficaz auxiliar; braço forte

B.   Complete as frases abaixo com a melhor expressão do quadro. Conjugue os verbos, se necessário.

braço direito   deixar nas mãos   dor de cotovelo
a pulga atrás da orelha   ser todo ouvidos   estar de olho

1. A: Letícia, olha só que vestido lindo!
   B: É mesmo... mas olha o preço.
   A: Ai, _____ nele há tanto tempo. Será que eles aceitam cartão de crédito?

2. Pat: Van, preciso falar com você.
   Van: Claro! _____ . O que foi?
   Pat: É o Júlio. Não sei mais o que fazer para ele me chamar pra sair.
   Van: _____ de Deus. Vai dar tudo certo, amiga!
   Pat: Espero que sim.

3. A: Mateus, você sabe que você é meu _____ aqui na empresa, não é?

B: Poxa, obrigado, sr. Avanir.

A: Por isso quero que você me faça um favor. Estou com _____ quanto a um de nossos funcionários. Você pode ficar de olho nele para mim, por favor?

B: Claro, pode deixar.

4. Paulo: Ah, cara, estou chateado.

Júlio: O que foi?

Paulo: Desisti da Sandra. Ela não é nada daquilo que eu imaginava. Lembra aquele dia que nós fomos ao cinema? Depois disso estou tentando falar com ela e ela nem me liga ou responde os meus recados. Pensando bem, acho que ela nem é tão bonita assim e...

Júlio: iiii, acho que você está é com _____ .

Paulo: Você está louco! Bem, talvez só um pouco...

C. Você já passou por uma situação na qual começou com o pé esquerdo? Como foi? Acabou dando certo no final?

_____

_____

_____

_____

LIÇÕES A, B e C **COMPREENSÃO AUDITIVA**

🎧 2/20 Ouça os diálogos e marque V (verdadeiro) ou F (falso) para cada frase.

1. ( ) O chefe da Carminha pediu para ela refazer a proposta de orçamento.

( ) A colega da Carminha gosta muito dela e a apoia.

( ) A colega da Carminha disse: "Ela sai todos os dias mais cedo do que os outros funcionários".

2. ( ) A recepcionista disse que o entregador não podia deixar a encomenda na recepção.

( ) A recepcionista perguntou ao entregador sobre o remetente.

( ) Marlene mandou a recepcionista abrir o pacote na recepção.

3. ( ) A esposa disse: "Vou chamar o técnico hoje".

( ) A esposa disse: "O som está falhando".

( ) A esposa disse: "Não vou conseguir ouvir direito minha irmã".

LIÇÕES A, B e C **APLICAÇÃO ORAL DO CONTEÚDO**

Troque opiniões com um/a colega sobre as seguintes afirmações. Ao final da discussão relate à sala o que foi discutido.

"As relações pessoais estão enfraquecendo porque resolvemos tudo por e-mail, vídeo conferência e outros recursos tecnológicos".

"O tempo que economizamos com a tecnologia nos permite passar mais tempo com as pessoas de que gostamos".

"Quem não sabe operar computadores bem, não conseguirá sucesso na vida acadêmica e no mercado de trabalho".

"Antigamente era mais difícil conhecer pessoas de outras cidades ou países, mas a tecnologia agora nos permite fazer muitos amigos de verdade".

LEITURA

A. Você já fez alguma aula de idiomas pela web? Se sim, como foi a experiência? Se não, você faria?

_____

_____

Aulas de inglês já migram para a web

Professores particulares usam MSN e Skype com os alunos virtuais
Filipe Serrano

Se a falta de tempo e o trânsito são grandes obstáculos para quem quer aprender inglês, que tal experimentar aulas pelo MSN ou Skype? Nem sempre dá certo, mas, se o aluno for esforçado e o professor conhecer as especificidades do ensino à distância, o resultado pode ser positivo.'Nada substitui o cara a cara, mas a facilidade e a agilidade superam a diferença de não ver o professor', diz o empresário Leandro Oliveira Felizali, 34 anos, que começou a fazer aulas por Skype há três semanas. As aulas on-line se baseiam tanto em conversas escritas ou por voz, em geral utilizando programas como o MSN e o Skype, que possibilitam se comunicar de forma instantânea e sem custos adicionais além da conexão à internet. A principal vantagem é que não é preciso se deslocar para uma escola de inglês ou até a casa do professor particular. Além disso, há mais flexibilidade de horários. Por isso, quem tem optado pelas aulas virtuais são pessoas que trabalham muito e têm pouco tempo para estudar.Para os professores, poder dar aula sem sair de casa e nos horários mais diversos é vantajoso e resulta em economia para o aluno, já que uma aula particular via MSN ou Skype em geral custa menos do que uma presencial. Segundo Roberto Palhares, diretor da Associação Brasileira de Ensino à Distância (ABED), a falta de contato físico não diminui necessariamente a eficiência das aulas, mas ele qualifica a proposta de aulas particulares virtuais como 'uma aventura'. 'Depende muito do professor. Se estiver disposto, pode fazer um bom trabalho. Mas ele tem que ter uma base pedagógica forte e avaliar a evolução do aluno', diz Roberto. Já os alunos que optarem por fazer um curso virtual precisam ter disciplina para estudar sozinhos e não se distrair com TVs, rádio, internet e gente em volta.

Adaptado de http://www.estado.com.br/suplementos/info/2006/11/06/info-1.93.8.20061106.20.1.xml em 29/11/2007

B. Responda as perguntas.

1. De acordo com o texto, como são as aulas pela web? Quais são os pontos positivos e negativos?

_____

_____

_____

2. Se você nunca fez aulas pela web, com base no texto que você acabou de ler, você faria uma a fim de experimentar?

_____

_____

_____

_____

REDAÇÃO

O que você acha da tecnologia que substitui o homem? O homem em contato quase diário com a máquina relaciona-se com as pessoas de forma diferente de quando havia menos máquinas? Com base nos textos e questões acima redija uma redação sobre 'a tecnologia e o homem moderno'.

_____

_____

_____

_____

_____

_____

_____

CONSOLIDAÇÃO LEXICAL
Comunicação escrita e oral

Risque as opções que não combinam.

1. e-mail	bater papo enviar	receber pesquisar	escrever ler
2. Messenger	receber mensagens bater papo	escrever mensagens pesquisar	enviar mensagens enviar arquivos
3. Skype	escrever mensagens conectar ao	enviar mensagens ligar pelo	bater papo ler
4. *Site*	pesquisar ler	bater papo entrar no	enviar navegar no
5. Internet	ter uma conexão com a navegar na ler ter		entrar na ligar pela
6. páginas na internet	traduzir ler	navegar em ter	entrar nas ligar pela
7. blog	entrar no ler	navegar em ter	traduzir ligar pelo
8. recado/mensagem	entrar transmitir	receber escrever	ter passar
9. pedido	ter aceitar	fazer recusar	receber dar
10. encomenda	fazer ler	receber aceitar	ter recusar
11. convite	fazer receber	entrar aceitar	ler recusar
12. torpedo	escrever mandar	ler aceitar	enviar receber
13. ligação	escrever fazer	ter atender	receber passar

Imagine fazer uma viagem de bicicleta!

UNIDADE 16

LIÇÃO A PANORAMA
Viagem

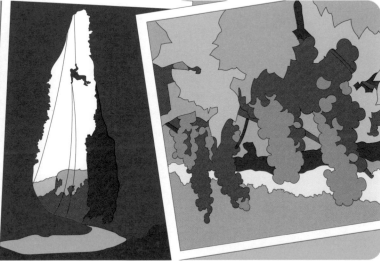

O turismo é uma viagem ou excursão. Há vários tipos de turismo, como: o turismo rural, o cicloturismo, o ecoturismo, o enoturismo e o espeleoturismo entre outros. O turismo rural é feito em áreas agrícolas. O cicloturismo é aquele feito com bicicleta. O ecoturismo é voltado para a apreciação da natureza. O enoturismo é aquele em que ocorre visita a áreas que produzem vinho. E o espeleoturismo é aquele que explora cavernas e grutas.

Você gosta de viajar?
Que tipo de turismo você gosta de fazer? Por quê?
Você já fez algum dos turismos citados acima?

LIÇÃO A 🎧 DIÁLOGO
2/21

Pedro: Que revista é essa que você está lendo?

Carla: É uma revista sobre turismo.

Pedro: Que legal! Você está pensando em viajar?

Carla: Estou, sim. Quer ir junto?

Pedro: Depende do lugar e de quando.

Carla: Meu último cicloturismo foi para São Francisco Xavier.

Pedro: Ciclo o quê?

Carla: Cicloturismo. É uma viagem curta ou longa de bicicleta.

Pedro: De bicicleta?

Carla: É. Por que o espanto?

Pedro: Imagine fazer uma viagem de bicicleta!

Carla: É maravilhoso! Você sente uma liberdade incrível. Além disso, andar de bicicleta é ótimo para a saúde.

Pedro: Desculpe, Carla, mas para a saúde prefiro ir à academia.

Carla: Que pena! Você não gosta de aventuras?

Pedro: De jeito nenhum. Sou do tipo caseiro ou acomodado. Gosto mesmo de conforto.

LIÇÃO A GRAMÁTICA
Regência verbal e nominal

Regência verbal	Regência nominal
Você está **pensando em** viajar? Além disso, **andar de bicicleta** é ótimo para a saúde. Você não **gosta de aventuras**? Desculpe, Carla, mas para a saúde prefiro **ir à** academia. **Sou do tipo** caseiro ou acomodado.	É uma **revista sobre turismo**. (= É uma **revista de turismo**) É uma **viagem** curta ou longa **de bicicleta**. Além disso, andar de bicicleta é **ótimo para a saúde**.

LIÇÃO A CONSTRUÇÃO DO CONTEÚDO

A. Complete o diálogo com os verbos abaixo no tempo verbal correto e acrescente a preposição adequada.

andar	gostar	ir (2)	à	de	em	a
ser	pensar(2)		do	em	de	

Alan: Meu, eu tenho que _____ cidade de Brotas.

Adolfo: O que tem lá?

Alan: Ecoturismo de aventura. Você _____ rafting?

Adolfo: Na verdade, prefiro fazer viagens mais culturais. Você nunca _____ ir para Minas Gerais ver as estátuas do Aleijadinho? É ótimo para aprender um pouco de História do Brasil.

Alan: Depois que eu ficar velho eu _____ esses lugares. Eu _____ tipo "vamos curtir a vida". Entende?

Adolfo: Entendo. Mas eu estou _____ conhecer Machu Pichu. O problema é que tenho que _____ avião. Isso não dá.

Alan: Acho que você é muito medroso, cara. Vamos fazer rafting em Brotas e você vai mudar de ideia.

Adolfo: Um dia. Quem sabe?

B. Complete as frases com suas próprias informações.

Adoro ler livros sobre _____.

Acho viagens de _____
muito desconfortáveis.

Conhecer outros países é ótimo para _____
_____.

Não aprecio muito revistas sobre _____.

Viajar sozinho é péssimo para _____
_____.

C. Oral: Entreviste seus colegas e descubra quem...

	Nomes	Motivo
... não pensa em sair do país.	_____	_____
... não gosta de andar de bicicleta.	_____	_____
... é do tipo caseiro.	_____	_____
... não lê revistas de negócios.	_____	_____
... gosta de viagens de trem.	_____	_____
... acha que viajar é ruim para descansar.	_____	_____

LIÇÃO A AMPLIAÇÃO DO VOCABULÁRIO
Tipos de viagem e lugares para hospedagem

Viagens	
pacote turístico	viagem de turismo
por conta própria	viagem de lua de mel
excursão	viagem de fim de semana
individual	viagem no feriado
com grupo	viagem no feriado prolongado
viagem de negócios	(feriado prolongado = ponte)

Hospedagem	
hotel 5 estrelas (4 estrelas;	balneário
3 estrelas e 2 estrelas)	pousada
hotel fazenda	pensão
SPA	albergue

A. Você está pensando em viajar? Descreva...

Tipo de viagem: _____

Hospedagem: _____

Lugar(es) de interesse:_____

Quantos dias: _____

Quantas pessoas irão com você: _____

Quanto você está disposto(a) a gastar: _____

B. Escolha o roteiro de viagem que mais lhe agrada de acordo com os critérios escolhidos em A:

VIAGENS 'MUITO PRAZER'

Gramado Resort & Spa – 8 dias e 7 noites
Hotel Resort
Localizado no centro de Gramado
Apartamento Luxo
Diária com meia pensão
Ideal para casais em lua de mel
a partir de R$ 1.588,00

Aproveite os roteiros especiais e assista de perto aos Carnavais carioca e paulista!
Rio de Janeiro e São Paulo – 5 dias e 4 noites
Opções de hospedagem: Hotel 2 estrelas e albergue
Café da manhã opcional
a partir de R$ 2.798,00

Fernando de Noronha e Natal
8 dias e 7 noites
Natal: Hotel 3 estrelas e
Fernando de Noronha. Pousada
Com café da manhã
a partir de 10 x 212,80 =
R$2.128,00

Belo Horizonte e as Cidades
Históricas Mineiras
4 dias e 3 noites
Hotel 4 estrelas
Com café da manhã
a partir de R$1.168,00

Campos do Jordão
3 dias e 2 noites
Hotel fazenda
Com café da manhã
a partir de R$250,00

C. Por que você escolheu esse roteiro? Caso nenhum dos roteiros acima seja o que você deseja, crie seu próprio roteiro de viagem abaixo.

_____

_____

_____

_____

_____

_____

LIÇÃO B PANORAMA
Reservas

Quem quer fazer uma boa viagem, antes de sair de casa, precisa organizar várias coisas, como, por exemplo, fazer uma lista das principais coisas a serem levadas; comprar passagem ou revisar o carro; reservar hotel e fazer as malas com, pelo menos, um dia de antecedência.

Você costuma organizar sua viagem com antecedência?
Você é organizado/a?
Que coisas você faz antes de viajar?

LIÇÃO B 🎧 DIÁLOGO
2/22

Telefonista:	Hotel da Costa, bom dia. Com quem gostaria de falar?
Suzana:	Reservas, por favor.
Telefonista:	Um momento.
Atendente:	Bom dia. Meu nome é Patrícia. Como posso ajudá-la?
Suzana:	Eu gostaria de saber qual o preço de um quarto duplo.
Atendente:	A diária do quarto duplo custa R$ 105,00 e mais 10% de taxa de serviço.
Suzana:	O café da manhã está incluído?
Atendente:	Está.
Suzana:	Qual é a forma de pagamento?
Atendente:	No balcão: cheque, cartão de crédito ou em dinheiro. Pagamento antecipado: cartão de crédito ou transferência bancária.
Suzana:	Tem desconto se eu pagar antecipadamente?
Atendente:	Tem. Se a senhora preencher a ficha on-line e pagar com antecedência, a taxa de 10% não será cobrada.
Suzana:	Então, vou fazer a reserva on-line. E se eu sair antes?
Atendente:	Neste caso, podemos descontar das coisas que a senhora consumir no hotel.
Suzana:	Tudo bem, então. Você pode me passar o *site*?
Atendente:	Claro! www.costahotel.ht.com.br. Quando a senhora chegar, peça para falar com a Patrícia.
Suzana:	Obrigada.

LIÇÃO B GRAMÁTICA
Futuro do Subjuntivo – verbos regulares

Tem desconto **se** eu **pagar** antecipadamente?

Se a senhora **preencher** a ficha on-line e pagar com antecedência, a taxa de 10% não será cobrada.

E **se** eu **sair** antes?

Quando a senhora **chegar**, peça para falar com a Patrícia.

Uso e formação

Uso: O futuro simples do subjuntivo indica acontecimento incerto no futuro. A incerteza no futuro fica mais clara em frases com SE. Frases com QUANDO tem mais probabilidade de ocorrer. O verbo da oração principal pode ficar no presente ou no futuro do presente do indicativo.

Exemplo: **Se** a senhora **preencher** a ficha on-line e pagar com antecedência, a taxa de 10% não **será** cobrada.

Se a senhora **preencher** a ficha on-line e pagar com antecedência,a taxa de 10% não é cobrada.

Formação: Substitui-se a terminação –*ram* da terceira pessoa do plural do pretérito perfeito simples do indicativo pelas seguintes terminações para as três conjugações (-ar/ -er e -ir): -*r*, -*rmos*, -*rem*

Exemplo: eles paga*ram* → se eu paga*r*; nós paga*rmos*; eles paga*rem*

eles preenche*ram* → se eu preenche*r*; nós preenche*rmos*; eles preenche*rem*

eles saí*ram* → seu eu sai*r*; nós sai*rmos*; eles saí*rem*

Veja abaixo os verbos conjugados:

Futuro do Subjuntivo					
PAGAR/CHEGAR		**PREENCHER**		**SAIR**	
Eu	pagar/chegar	Eu	chegarem	Eu	sair
Você		Você		Você	
Ele	pagar/chegar	Ele	chegarem	Ele	sair
Ela		Ela		Ela	
A gente		A gente		A gente	
Nós	pagarmos/chegarmos	Nós	preenchermos	Nós	sairmos
Vocês		Vocês		Vocês	
Eles	pagarem/chegarem	Eles	preencherem	Eles	saírem
Elas		Elas		Elas	

LIÇÃO B CONSTRUÇÃO DO CONTEÚDO

A. Circule a forma correta para completar a frase.

1. Se ela **pagar / pagarem** com cartão de crédito, o pacote sai mais barato.
2. Quando nós **preencheram / preenchermos** o formulário, eles entregarão o passaporte.
3. Se os trens **sairão / saírem** muito cedo, podemos pegar um táxi até a estação.
4. Se você **perder / perderia** seus documentos, avise o consulado de seu país.
5. Quando o ônibus **partirá / partir**, ligue no meu celular para avisar.
6. Se os turistas não **chegarem / chegariam** na hora, teremos que avisar o museu.

B. **Encontre as partes que melhor completam as orações principais.**

1. (   ) Eles voltarão aqui muitas vezes...
2. (   ) Todos nós viajaremos na quinta...
3. (   ) Está esperando notícias do Paulo? Eu te aviso...
4. (   ) Peça mais uma toalha...
5. (   ) Por favor, avise-nos...

a. quando você falar com a camareira.
b. quando ele ligar.
d. quando o número do voo aparecer na tela.
c. se a empresa emendar o feriado.
e. se gostarem daqui.

C. **Oral: Complete as perguntas com o futuro do subjuntivo e o futuro ou o presente do indicativo. Depois faça as perguntas a um(a) colega.**

1. O que você _____ (FAZER) se _____ (chover) no fim de semana?
2. Quando o curso de português _____ (ACABAR), você _____ (CONTINUAR) estudando?
3. Se você _____ (VIAJAR) nos próximos anos, para onde _____ (IR)?
4. O que você _____ (PRETENDE) fazer quando o inverno/verão _____ (CHEGAR)?
5. Quando você _____ (chegar) aos _____ anos, onde _____ (quer) estar? *ou* o que _____ (querer) estar fazendo?

LIÇÃO B   AMPLIAÇÃO DO VOCABULÁRIO
Hotel

Descrição dos quartos	Serviços e instalações oferecidos
quarto *single* (para uma pessoa)	café da manhã
quarto duplo (para duas pessoas)	meia pensão
quarto triplo (para três pessoas)	TV a cabo
suíte (apartamento com sala de estar e quartos separados)	frigobar
	cofre
suíte *single*	ar condicionado
suíte dupla	telefone
....	acesso a internet
Geral	traslado
diária	ventilador de teto
hospedagem	despertador
acomodações	serviço de quarto
espaço para eventos	
com / sem taxa de serviço	

A.   Ligue as opções às definições

quarto single	local para congressos, reuniões de negócios etc
quarto duplo	café da manhã e outra refeição (almoço ou jantar) inclusos
quarto triplo	transporte geralmente do aeroporto/hotel e hotel/aeroporto
suíte	cada noite dormida no estabelecimento
meia pensão	acomodação para três pessoas
taxa de serviço	apartamento com sala de estar e quartos separados
frigobar	acomodação para uma pessoa
traslado	refrigerador compacto
diária	acomodação para duas pessoas
espaço para eventos	importância adicionada ao valor das despesas dos hóspedes, normalmente de 10%

B.   Trabalhe com um(a) colega.

Aluno A: Você quer mais informações sobre o pacote descrito abaixo.

Aluno B: Você trabalha na agência de turismo (vá para a página seguinte para obter todas as informações sobre o pacote).

Utilizem as frases apresentadas ou criem outras, caso necessário.

Aluno A: cliente

FORTALEZA

Paulo Fridman/SambaPhoto

8 dias e 7 noites a partir de R$898,00

Cliente: Eu gostaria de saber...
Qual o valor....?
No quarto tem....?
O/A _____ está incluso/a no valor do pacote?

Aluno B: **atendente da agência de turismo**

O que está incluso:

Transporte aéreo: ida e volta.

Hospedagem: 7 noites de hospedagem com café da manhã. Hotel 3 estrelas localizado na praia de Iracema. Apartamento com frigobar. Taxas inclusas.

Preços por pessoa em reais:

Duplo: 998,00
Individual: 1.368,00
Triplo: 958,00
Quádruplo: 928,00
Crianças de 2 a 6 anos: 638,00
Crianças de 7 a 12 anos: 638,00

Traslado: Aeroporto / Hotel / Aeroporto.

Atividades: Passeios aos principais pontos turísticos da cidade. Passeio ao Beach Park incluso.

Importante: Pacotes com hospedagem em Resorts não incluem City tour.

Atendente da agência de turismo: Para quantas pessoas?

Passe um número de fax que enviaremos os preços ainda hoje.

Temos um pacote especial para...

São _____ dias em quarto _____ .

LIÇÃO C **PANORAMA**
Lembranças ou Souvenires

Viajar é bom, mas fazer compras na viagem é ainda melhor. No entanto, às vezes, obrigações com as lembranças ou souvenires tornam-se cansativas. Claro que essa é uma forma de dizer aos familiares e amigos 'eu me lembrei de você'. Por isso, viajar sem trazer lembrancinhas é praticamente inadmissível.

Quando você viaja, você compra lembranças para seus familiares e amigos?

O que você acha desse costume?

Você fica chateado/a quando um familiar ou amigo(a) viaja e não traz nada para você?

LIÇÃO C 🎧 DIÁLOGO
2/23

Doralice:	Vamos voltar pro hotel, Cristina, os meus pés estão me matando.
Cristina:	Eu avisei você que iríamos andar bastante.
Doralice:	Mas eu não consigo dar nem mais um passo.
Cristina:	Já que estamos na feirinha de artesanato, vamos aproveitar e comprar um calçado mais confortável para você.
Doraline:	Cris, não vai combinar com a minha roupa.
Cristina:	Ninguém aqui vai reparar na sua roupa. Além disso, temos que comprar muitas lembrancinhas. Veja a lista. Não estamos nem na metade.
Doralice:	Então, você vai e eu fico sentada aqui.
Cristina:	Nada disso. Você tem que me ajudar a escolher.
Doralice:	Está bem. Eu vou, mas antes, vamos tomar uma água de coco e ver os preços daqueles chinelos de praia.
Cristina:	Fechado.

LIÇÃO C GRAMÁTICA
Verbos e expressões

Verbos: avisar; conseguir; aproveitar; combinar e reparar

Eu **avisei** você que iríamos andar bastante. (= informar)

Mas eu não **consigo** dar nem mais um passo. (= não ser possível)

Vamos **aproveitar** e comprar um calçado mais confortável para você. (= tirar vantagem)

Cris, não vai **combinar** com a minha roupa. (= ficar bonito, harmonizar)

Ninguém aqui vai **reparar** na sua roupa. (= notar, perceber)

Expressões

Nada disso. (= De jeito nenhum)

Fechado. (= Combinado)

LIÇÃO C   CONSTRUÇÃO DO CONTEÚDO

A. Use as palavras abaixo para substituir as palavras grifadas. Conjugue os verbos, caso seja necessário.

> aproveitar   conseguir   reparar   avisar
> combinar   nada disso   fechado

1. A: Vamos passar uma semana no SPA?
   B: <u>Combinado</u>.

2. O Lúcio pediu para te <u>informar</u> que aquele albergue está lotado.

3. Não sei se <u>será possível</u> ficar em uma pousada com acesso à internet.

4. A recepcionista <u>notou</u> que estamos carregando malas demais.

5. A: Quero fazer um tour de ônibus pela cidade.
   B: <u>De jeito nenhum</u>! Estou esgotada.

6. Por que não <u>tiramos vantagem disso</u> e fazemos um passeio de barco?

7. Boné não <u>fica bonito</u> com terno. Pelo menos não nesse país.

B. Complete as frases com as suas informações.

1. Em meu país, _____ (ROUPA) não combina com _____ (ROUPA).

2. Eu sempre reparo _____ quando vou às compras.

3. Às vezes quando viajo, aproveito para _____
   _____.

4. Eu geralmente não consigo _____ quando estou fora de casa.

5. Fico furioso (a) quando não me avisam _____
   _____.

C. **Oral: Combine com um/a ou dois/duas colegas um pequeno** *tour* **pela sua cidade. Proponha lugares para visitar, coisas para fazer. Use as expressões "nada disso" e "combinado" para resolver os detalhes.**

LIÇÃO C   AMPLIAÇÃO DO VOCABULÁRIO
Tipos de lembranças

Material	
madeira	pedra
couro	tecido
barro	metal
plástico	vidro

Artigos	
camiseta	caneca
boné	cartão postal
quadro	estatueta
incenso	bolsa/sacola
pinga	canivete
café	chaveiro
caneta	

A.   Responda.

1.   Dos objetos acima, qual(is) você gostaria de ganhar como lembrança?

_____

_____

_____

2.   O que você normalmente dá de lembrança quando volta de viagem? Por quê?

_____

_____

_____

B.   🎧 Ouça os diálogos e complete o quadro.
2/24

	Viagem para...	Lembrancinha
1. Esmeralda	_____	_____
2. Ana Cristina	_____	_____
3. Charles	_____	_____

LIÇÕES A, B e C   APLICAÇÃO ORAL DO CONTEÚDO

Você e alguns/umas colegas são responsáveis pela divulgação de um hotel em sua cidade, estado, região ou país. Vocês estão discutindo detalhes para depois criar o *site* do hotel. Após definir a localidade, discutam, dentre outros, os tópicos a seguir. Use as palavras e expressões dadas.

Pensar em	gostar de	ótimo para	SPA
Aproveitar	diária	lembranças	revista sobre
Se + perder	quando + viajar	reparar	conseguir

- Para que tipo de viagem o hotel é ideal
- Opções de atividades quando chover, fizer sol etc
- Tipos de acomodação disponíveis
- Souvenires disponíveis para venda no hotel

Apresente para o grupo/professor o que o você/ vocês definiu/ definiram.

LIÇÕES A, B e C COMPREENSÃO AUDITIVA

🎧 Três pessoas estão ligando para uma agência de viagens. Escute os diálogos e complete as anotações de viagem de cada uma delas.

2/25

1. *Viagem para:* _____ (local)
   Viagem de: _____ (propósito, intento)
   Características das acomodações: _____
   _____
   _____
   Visitas programadas: _____
   _____
   _____

2. *Viagem para:* _____ (local)
   Viagem de: _____ (propósito, intento)
   Características das acomodações: _____
   _____
   _____
   Visitas programadas: _____
   _____
   _____

3. *Viagem para:* _____ (local)
   Viagem de: _____ (propósito, intento)
   Características das acomodações: _____
   _____
   _____
   Visitas programadas: _____
   _____
   _____

LEITURA

A. Você vai ler um artigo sobre ecoturismo. O que você sabe sobre o assunto? Você já fez uma viagem dessas? Discuta com um(a) colega.

Ecoturismo é uma forma de turismo voltada para a apreciação do ecossistema (sistema que inclui os seres vivos e o ambiente). Ele procura conciliar a exploração turística com o meio ambiente e oferecer aos turistas um contato íntimo com os recursos naturais e culturais da região. O objetivo é a formação de uma consciência ecológica.

Abrolhos – BA

Localizado a aproximadamente 75 quilômetros da costa da Bahia, o Arquipélago de Abrolhos é formado por cinco ilhas e pelo Parcel de Abrolhos. Atualmente, é um Parque Nacional protegido pelo IBAMA. A temperatura de suas águas cristalinas oscila entre os 24 e 28 graus. Possui mais de 160 espécies de peixes, crustáceos e moluscos.

Há uma versão para o nome de abrolhos – Segundo a tradição nos meios náuticos, o nome Abrolhos provém da advertência Abra os Olhos, contida em antigas cartas náuticas portuguesas, aos navegantes daquela região, devido aos perigos que ela oferece por causa da grande quantidade de recifes submersos.

Para que o lugar fosse preservado, em 1983 foi criado o Parque Nacional Marinho dos Abrolhos, proibindo qualquer tipo de pesca e caça na região. Hoje o parque é fiscalizado pelo Ibama (Instituto Brasileiro do Meio Ambiente e Recursos Renováveis). A maior ilha e a única habitada é a Santa Bárbara que possui um farol de fabricação francesa inaugurado em 1861, instalado no ponto mais alto do arquipélago. Os moradores de Abrolhos são os estagiários do Ibama, do Projeto Baleia Jubarte, o faroleiro e uma guarnição da marinha. Não há hotel na ilha e o desembarque de turistas só é permitido na ilha Siriba e sempre acompanhado por um guia do Ibama que ministra uma palestra sobre a fauna do arquipélago. Para os mergulhadores, a melhor época para se conhecer o lugar é no verão, quando as águas continuam quentes, mas muito mais claras, aumentando sensivelmente a visibilidade durante o mergulho.

Agora, para o turista em geral, o período de julho a novembro mostra o show da Baleia Jubarte. Nesta época do ano, essas baleias migram para Abrolhos para se reproduzirem. Para conhecer e mergulhar nas águas do Parque Nacional Marinho de Abrolhos é essencial máscara, *snorkel* e nadadeiras. O acesso ao Parque é efetuado através de 15 embarcações cadastradas (lanchas rápidas e escunas) para a visitação ao arquipélago, onde são dadas informações sobre o parque e orientações precisas sobre como os visitantes devem se comportar ali.

Outra atividade de interesse que pode ser desfrutada é a caminhada, com o acompanhamento de técnicos do Ibama, por uma trilha na Ilha Siriba. Nesse passeio, o visitante toma consciência da fragilidade do ecossistema local, num agradável e amigável contato com os atobás.

http://www.revistaturismo.com.br/Ecoturismo/ecoturismo.htm
adaptado do *site*: http://www.revistaturismo.com.br/Ecoturismo/abrolhos.html
Abr/01

B.   **Responda:**

1. Quais os melhores períodos para visitar Abrolhos?

_____
_____
_____

2. Quais são as principais atrações de Abrolhos?

_____
_____
_____

3. Você gostaria de fazer uma viagem para Abrolhos? Por quê?

_____
_____
_____

REDAÇÃO

Imagine que você terá alguns dias de folga em breve e quer aproveitar para viajar. Aonde você iria? Imagine também os detalhes (Ex. Como chegar lá, hospedagem, número de pessoas que irão com você, o que você gostaria de fazer ao chegar lá.).

_____
_____
_____
_____
_____
_____
_____
_____
_____
_____
_____

CONSOLIDAÇÃO LEXICAL
Regência verbal e nominal

Complete o início das frases da Coluna 1 com os melhores complementos da Coluna 2.

Coluna 1	Coluna 2
1. Estou pensando...	a. ...a pé é ótimo para a saúde. ...de carro não é saudável. ...à beira-mar é o meu passatempo favorito.
2. Andar...	b. ...de ir ao cinema? ...de passear de carro? ...de café?
3. Você gosta....	c. ...em ir à academia. ...em estudar mais agora que estou de férias. ...em você.
4. Maria disse que prefere ir....	d ...do tipo aventureiro. ...do tipo calado. ...do tipo brincalhão.
5. Durval é....	e. ...ao cinema. ...à praia. ...para casa.

Pronúncia do Português – parte 4

O SOM DAS CONSOANTES *T* E *D*

🎧 Ouça as seguintes palavras. Preste atenção nas sílabas grifadas.
2/26

telefone	tarifa	tinha	autor	tudo	tapete
dedo	escada	dia	dor	dúvida	saudade

Qual a diferença de pronúncia das consoantes *t* e *d* em relação às vogais que as acompanham?

🎧 Ouça mais uma vez o contraste:
2/26

*ta*rifa – *ti*nha   *de*do – sauda*de*

> Regra: Antes das vogais *i* e *e* (com som de *i*) as consoantes *t* e *d* sofrem alteração na pronúncia.
> Produz-se mais ar e os lábios são projetados para frente.

🎧 Exercício: Leia o seguinte diálogo e grife as consoantes *t* e *d* que sofrem essa alteração. Depois ouça a gravação para conferir. Após corrigido, pratique o diálogo com um/a colega.
2/26

Odete: Cláudio, o que há de errado com sua internet*?

Cláudio: Eu tenho tido muitos problemas de conexão. Por quê?

Odete: Eu mandei um e-mail e ele voltou. Você tinha me dito que estava funcionando.

Cláudio: Mais tarde vou chamar o técnico. Estou ligando, mas ninguém atende.

Odete: Eu vou te ligar mais tarde então. Gostaria de resolver um assunto aqui do trabalho.

Cláudio: Ai, Odete. Trabalho? Não estou com vontade de trabalhar. Hoje é sexta e já passam das sete da noite. Estou indo pegar meu carro. Segunda a gente discute isso, tá?

Odete: Você está certo. Preciso aprender a 'desligar' do trabalho um pouco.

> *Com algumas exceções (plurais e letra *m*, por exemplo), no português a maioria das palavras termina com som de vogal. Por isso, para os brasileiros é difícil pronunciar uma palavra que termina com uma consoante. Nesses casos, na fala, adiciona-se o som da vogal *i*.

A PRONÚNCIA DO *R*

A consoante *r* possui basicamente duas pronúncias possíveis e em algumas situações pode não ser pronunciada.

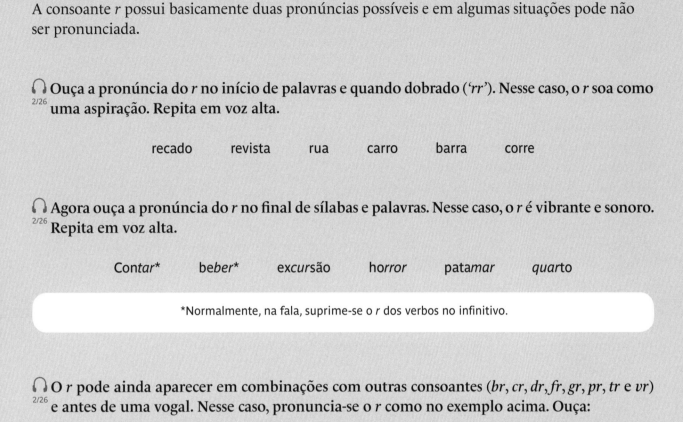

⌂ Ouça a pronúncia do *r* no início de palavras e quando dobrado ('*rr*'). Nesse caso, o *r* soa como
2/26 uma aspiração. Repita em voz alta.

recado	revista	rua	carro	barra	corre

⌂ Agora ouça a pronúncia do *r* no final de sílabas e palavras. Nesse caso, o *r* é vibrante e sonoro.
2/26 Repita em voz alta.

Con*tar**	be*ber**	ex*cur*são	ho*rror*	pata*mar*	*quar*to

*Normalmente, na fala, suprime-se o *r* dos verbos no infinitivo.

⌂ O *r* pode ainda aparecer em combinações com outras consoantes (*br*, *cr*, *dr*, *fr*, *gr*, *pr*, *tr* e *vr*)
2/26 e antes de uma vogal. Nesse caso, pronuncia-se o *r* como no exemplo acima. Ouça:

*pr*imeiro	ca*ro*	aventu*ra*	at*ra*sado

Exercício: Utilize o diálogo do exercício anterior para praticar as diferentes pronúncias da consoante *r*.

Revisão das Unidades 13 a 16

Escolha a alternativa correta:

A. (na lanchonete)
A: Um café com adoçante, por favor.
B: Agora você usa adoçante, Marcelo?
A: Comecei semana passada. Estou engordando, _____ estou cortando o açúcar.

1. além disso
2. por isso
3. porque

B.
A: Você _____ viajar?
B: Adoro! Estou _____ ir para Fernando de Noronha.

1. gosta para – pensando em
2. gosta de – pensando em
3. gosta em – pensando de

C.
A: Você não vai _____ a família para o Natal?
B: Vou sim. O problema é que minha casa é pequena e minha família é grande. Eu tenho muitos sobrinhos e não tem lugar para a _____ brincar. Preciso _____ e comprar uma casa maior.

1. reunir – criançada - endinheirar
2. unir – crianças – ficar rico
3. reunir – criança - redinheirar

D.
A: Solange, estou esperando uma ligação. _____ o Adriano ligar, transfira para meu escritório, por favor?
B: Claro, Sofia.

1. quanto
2. quando
3. caso

Complete os diálogos com os verbos adequados. Conjugue os verbos, caso seja necessário.

poder   mandar   pagar   ter   bater   enviar
parcelar   gostar   ligar   transferir   estar   receber

A.

A: Nossa, Silvana, você sumiu! Quanto tempo!

B: É verdade. É que ultimamente _____ trabalhado muito e não tenho tido tempo para ligar para os amigos. Desculpe. Mas vamos marcar alguma coisa pra esse final de semana, o que você acha?

A: Fechado!

B.

A: LCT, Solange, bom dia.

B: Bom dia, eu _____ falar com a Sra. Sofia Pereira?

A: Um minuto, por favor. Ela não está, você _____ de deixar recado?

B: Sim, peça para ela me ligar quando possível? Meu nome é Adriano, da GRF, e meu celular é 8888-8786.

A: Certo. Eu lhe darei o recado.

C.

A: Henrique, você gosta de _____ papo pelo MSN e pelo Skype?

B: Gosto, mas durante a semana não posso. Na empresa onde trabalho é proibido o uso desses programas.

A: Que pena, Henrique! E você pode _____ e-mails pessoais?

B: Também não.

A: Mas eu posso te _____ , não posso?

B: Desculpe, mas só em casos urgentes.

A: Certo. Bem, a gente se fala no final de semana, então.

D.

A: Correios...

B: Um minuto, por favor.

A: Uma encomenda para Victoria Abreu.

B: Ela não está. Eu posso _____ a encomenda por ela?

A: Pode sim, basta colocar seu nome completo e RG aqui.

E.

A: O Pedro acabou de me ligar. Disse que a Paula está dando uma festa na casa dela!

B: Legal! Vamos?

A: Vamos sim, eu só preciso _____ um torpedo pro Junior, avisando pra ele nos encontrar lá.

F.
A: LCT, Solange, bom dia.
B: Bom dia, eu gostaria de falar com a Ângela, por favor.
A: Um momento, eu vou _____ a ligação.
B: Obrigada.

G. (no shopping)
A: Olha, Vivi! Que vestido lindo!
B: Faz tempo que você _____ de olho nesse vestido, né?
A: Faz. O problema é que ele é muito caro. Meu marido me mata se eu gastar tanto dinheiro em um vestido.

H. (em uma loja)
A: Dinheiro, cheque ou cartão?
B: Se eu _____ com cartão, você _____ em duas vezes sem juros?
A: Sim, senhora.
B: Certo, aqui está.

Passe do discurso direto para o indireto.

a. A Pérola ligou e me perguntou: Quer ir ao shopping comigo mais tarde?

_____

b. Eu disse: Posso sim, a que horas?

_____

c. Bento: Marta, ligue para nosso fornecedor e pergunte se ele ainda tem a peça de que precisamos.

_____

d. Everaldo: Eu gostava de bater papo pelo MSN, mas agora não tenho mais tempo.

_____

Crie perguntas para as respostas abaixo.

a. _____ ?
   Não vou comprar, não. Está caríssimo! Vou esperar um pouco mais.

b. _____?

Tenho viajado sim. Acabei de chegar da Chapada e amanhã vou para Fernando de Noronha. Tenho que aproveitar minhas férias.

c. _____?

Eu tinha planejado ir para a praia no feriado, mas meu carro quebrou.

d. _____?

Adoro comédias e filmes de suspense.

e. _____?

Ele ainda não chegou. Gostaria de deixar recado?

f. _____?

A diária do quarto para uma pessoa custa R$ 150,00 com café da manhã.

g. _____?

Quando eu receber a promoção que estou esperando, comprarei um carro novo.

h _____?

Nada disso.

Substitua as palavras grifadas por pronomes pessoais (sujeito, objeto direto ou objeto indireto).

a. Você viu a Cida? Se você vir ela, diga a ela que a Joana pediu para enviar para a Joana o orçamento.

_____

b. Recebi um e-mail sobre um curso de especialização ótimo! Vou mandar o e-mail para você. Você não quer fazer o curso com eu?

_____

c. Você e eu poderia ir para a praia nesse final de semana. Vamos chamar o Adauto e o Ricardo para ir com você e eu?

_____

d. O Manuel disse a nós que não está conseguindo falar com a Lurdes. A ligação sempre cai.

_____

Passe para um registro mais formal:

a. Você quer deixar recado? _____

b. Você pode aguardar um momento? _____

c. Diga pra ela me ligar? _____

Em duplas, pergunte ao/à colega onde ele/a gostaria de passar as próximas férias e por quê. Consiga o maior número de informações possível.

Os patins foram inventados por um belga em 1760

UNIDADE 17

LIÇÃO A **PANORAMA**
Invenções

A humanidade sempre esteve em busca de novos meios para melhorar a sua condição de limitação. Assim, muitas invenções surgiram para facilitar a vida das pessoas e vencer obstáculos. Dizer quais foram as melhores invenções da humanidade seria muito arriscado, pois poderíamos citar algumas invenções em detrimento de outras. Mas vamos citar cinco importantes invenções: a bicicleta foi criada pelo engenheiro alemão Karl Von Drais em 1817; o telefone, pelo escocês Alexandre Graham Bell em 1875; a lâmpada elétrica incandescente, pelo americano Thomas Edison em 1878; o rádio, pelo italiano Guglielmo Marconi em 1895 e o avião, pelo brasileiro Alberto Santos Dumont em 1906.

Das cinco invenções citadas acima, qual a mais importante na sua opinião?

Na sua opinião, quais são as três invenções mais importantes do nosso século?

LIÇÃO A  DIÁLOGO
2/27

Wagner: Nossa que concentração! O que você está fazendo?

Carlos: Cara, estou lendo sobre a História dos transportes sobre rodas. É muito interessante.

Wagner: Deve ser mesmo. Você está há horas aí lendo.

Carlos: É que tem coisas surpreendentes. Você conhece a História da invenção dos patins?

Wagner: Claro que não, né?

Carlos: Sei lá, você podia saber.

Wagner: Não sei e agora estou curioso.

Carlos: Bem, os patins foram inventados por um belga em 1760.

Wagner: Invenção antiga, hein!

Carlos: É, mas o legal é que a invenção só foi levada a sério em 1863.

Wagner: E o que tem de legal nisso?

Carlos: Legal é modo de dizer, é engraçado.

Wagner: O que é engraçado?

Carlos: As pessoas não levaram a invenção a sério porque o belga Joseph Merlin não conseguia ficar em pé nos patins para demonstrar a sua invenção.

Wagner: Coitado do cara.

LIÇÃO A GRAMÁTICA
Voz passiva I – tempos simples

Bem, os patins **foram inventados** por um belga em 1760.

É, mas o legal é que a invenção só **foi levada** a sério em 1863.

···

Voz ativa	Voz passiva
A humanidade **inventa** muitas máquinas.	Muitas máquinas **são inventadas** (pela humanidade).
A humanidade **inventou** muitas máquinas.	Muitas máquinas **foram inventadas** (pela humanidade).
José **criava** muitos brinquedos.	Muitos brinquedos **eram criados** (por José).
José **criará** outros brinquedos.	Outros brinquedos **serão criados** (por José).

Uso: A voz passiva é usada quando o objeto é mais importante do que o sujeito ou quando o sujeito não deve aparecer.

Formação: Forma-se a voz passiva com o verbo ser ou estar + o particípio passado do verbo principal. O tempo verbal da voz ativa deve ser o mesmo na voz passiva.

Exemplo com verbo **estar**: A polícia prendeu João. João **está preso**. (estado: situação em que João se encontra)

Exemplo com verbo **ser**: A polícia prendeu João. João **foi preso** (pela polícia). (ação: a polícia executou a ação de prender João)

Não se esqueça de que o 1º verbo deve concordar com o novo sujeito e o 2º concorda em gênero (feminino/ masculino) e número (singular/ plural) com o sujeito.

LIÇÃO A   **CONSTRUÇÃO DO CONTEÚDO**

A. Complete as frases com a forma correta do verbo na voz passiva.

1. Uma nova casa _____ (CONSTRUIR) ao lado da minha no ano que vem.

2. Quando cheguei ao aeroporto, _____ (RECEBER) por meu primo e minha irmã.

3. O maior jornal da cidade _____ (LER) por 300 mil pessoas todos os dias.

4. Quando eu era estudante, sempre _____ (CONVIDAR) para festas. Agora, não saio muito.

5. Ontem à noite, meu programa favorito ___ (INTERROMPER) pelo plantão especial do jornal.

B. Complete os diálogos com os verbos dados na voz correta: ativa ou passiva.

1. A: A Jaqueline _____ (ESCREVER) este artigo ontem.
   B: Mas, então quem _____ (REDIGIR) aquele outro ali?
   A: Aquele outro ali _____ (ESCREVER) pelo Juca.

2. A: Quando o ladrão _____ (LEVAR) sua moto?
   B: Ela _____ (ROUBAR) ontem, em frente de casa.

3. A: Você não _____ (PAGAR) a conta de água?
   B: Nossa! Esqueci. É que na casa onde eu morava as contas _____ _____ (PAGAS) pela minha colega. Ainda não me acostumei.

4. A: Você _____ (OUVIR) sobre o acidente?

B: Não. O que _____ (ACONTECER)?
A: Uma senhora _____ (ATINGIR)
por um carro aqui na esquina. Ela _____
(LEVAR) para o hospital.
B: Que horror!

5. A: Você _____ (MANDAR) a proposta
de projeto para eles amanhã de manhã?
B: Eu _____ (TERMINAR) mais tarde,
mas quem a _____ (ENVIAR) será o
departamento do Pedro.
A: O projeto _____ (ENVIAR) pelo
departamento do Pedro?

C. **Oral:** Complete as perguntas com as vozes ativa ou passiva e
faça-as a dois colegas. Quem sabe mais? Todas as respostas devem ser dadas na voz passiva.

1. Por quem _____ (NOME DE UM LIVRO)
_____ (ESCREVER)?

2. Por quem _____ (NOME DE UMA
MÚSICA) _____ (COMPOR)?

3. Quem _____ (GOVERNAR) nosso país
_____ (DATA/PERÍODO)?

4. Quem _____ (INVENTAR)
_____ (UMA INVENÇÃO)?

5. Onde _____ (OBJETO)
_____ (INVENTAR)?

6. _____
_____ ?

LIÇÃO A   **AMPLIAÇÃO DO VOCABULÁRIO**
Mais invenções

Máquinas	Aparelhos
máquina de lavar roupa	(aparelho de) televisão = TV
máquina de lavar louça	aparelho de barbear = barbeador
máquina de costura	(aparelho de) som
aspirador de pó	(aparelho de) telefone
geladeira	ventilador
secadora de roupas	ar-condicionado
aparador / cortador de grama	(aparelho de) vídeo
computador	(aparelho de) DVD

Não existe uma distinção muito clara entre 'máquina' e 'aparelho'. Muitas vezes esta distinção está no nome 'máquina de lavar' ou 'aparelho de som'; outras vezes a diferença ocorre pelo tamanho, ou seja, normalmente a máquina é maior do que o aparelho.

A.   Associe as palavras relacionadas às invenções.

TV	_____
lava-louças	_____
barbeador	_____
cortador de grama	_____
lavadora de roupas	_____
telefone	_____
aspirador de pó	_____
geladeira	_____
ventilador	_____
ar-condicionado	_____
computador	_____
secadora de roupas	_____
vídeo	_____
DVD	_____

(1) falar	(14) comida
(2) seriados	(15) relatórios
(3) ligar	(16) mandar
(4) e-mails	(17) pratos
(5) limpar	(18) barba
(6) casa	(19) fita
(7) lavar	(20) secar
(8) filmes	(21) escrever
(9) calor	(22) cortar
(10) com amigos	(23) assistir
(11) roupas	(24) barbear
(12) fazer	(25) DVDs
(13) talheres	

Forme pelo menos 5 frases com algumas das palavras que você relacionou.

_____

_____

_____

_____

_____

_____

_____

_____

_____

_____

B. Com que finalidade as invenções abaixo são usadas?

1. A lavadora de roupas é usada para _____
   _____

2. O computador é usado para _____
   _____

3. A TV é usada para _____
   _____

4. O vídeo ou o DVD é usado para _____
   _____

5. O ventilador ou o ar-condicionado é usado para _____
   _____

6. A geladeira é usada para _____
   _____

7. O telefone ou o celular é usado para _____
   _____

8. A secadora de roupas é usada para _____
   _____

9. O aspirador de pó é usado para _____
   _____

10. O cortador de grama é usado para _____
    _____

C. Quais aparelhos e máquinas você mais utiliza no seu dia a dia?

_____
_____
_____

LIÇÃO B **PANORAMA**
Máquinas

Muitas pessoas têm facilidade para lidar ou trabalhar com máquinas. Estas pessoas são mais práticas, gostam das coisas mais concretas. As pessoas que têm mais dificuldades para lidar ou trabalhar com máquinas são menos práticas e conseguem lidar com coisas abstratas ou teóricas. Mas, é claro que isso não é uma regra.

E você? Trabalha com máquinas? Gosta de lidar com máquinas?
Tem facilidade ou dificuldade com coisas concretas? E abstratas?

LIÇÃO B 🎧 **DIÁLOGO**
2/28

Alex: Karin, você pode me ajudar aqui com este computador? É a terceira vez que ele fecha o arquivo que eu estou usando.

Karin: Claro. Alex, você está com muitos programas abertos. Este computador não tem memória para tantos programas.

Alex: Será que é por isso que ele fecha?

Karin: Claro que sim. Este computador tem sido consertado com frequência. O problema é que nunca o atualizam.

Alex: Viu? Outra vez e agora os programas estavam fechados.

Karin: Bem, eu não sou técnica de computador, mas acho melhor você reinicializar a máquina.

Alex: Por que não compram um computador novo?

Karin: Por que você não pergunta pro chefe?

LIÇÃO B **GRAMÁTICA**
Voz passiva II – tempos compostos

Este computador **tem sido consertado** com frequência.

••

José **está criando** um brinquedo novo.	Um brinquedo novo **está sendo criado** (por José).
José **estava criando** um brinquedo diferente.	Um brinquedo diferente **estava sendo criado** (por José).
José **vai criar** uma história.	Uma história **vai ser criada** (por José).
José **tem criado** muitas histórias.	Muitas histórias **têm sido criadas** (por José).
José **tinha criado** várias histórias.	Várias histórias **tinham sido criadas** (por José).

••

Uso: ver lição **A** desta unidade.

Formação: Nas construções com dois verbos, mantém-se o 1º verbo e usa-se o verbo ser ou estar + o particípio passado do verbo principal.

Exemplo: Eles **têm consertado** este computador com frequência.
                      ↓   ↓
               1º verbo   2º verbo

O 1º verbo **tem** é mantido e depois se usa o verbo ser ou estar + o particípio passado do verbo principal. Ou seja, este computador **tem sido consertado** com frequência. Não se esqueça de que o 1º verbo deve concordar com o novo sujeito e o 3º verbo concorda em gênero (feminino/ masculino) e número (singular/ plural).

LIÇÃO B **CONSTRUÇÃO DO CONTEÚDO**

A. Reescreva os diálogos na voz passiva.

1. A: Quando os professores <u>vão criar as provas</u>?
   B: Eles já as estão elaborando.
   A: _____
   _____
   B: _____
   _____

2. A: Quando mandei o e-mail, eles já <u>tinham recebido o carrega-mento</u>.
   B: Então, por que ainda <u>estão enviando aqueles pedidos</u>?
   A: _____
   _____
   B: _____
   _____

3. A: A Mirtes <u>tem corrigido muitas teses para publicação</u>.
   B: Eu sei. Quando passei na casa dela, ela <u>estava corrigindo a tese mais longa</u>.
   A: _____
   _____
   B: _____
   _____

B. Complete as frases com os verbos dados nas vozes ativa ou passiva. Use tempos compostos.

1. Quem _____ (CRIAR) este figurino lindo? Já dá para ver que ficará fantástico quando estiver pronto.
2. O seu serviço _____ (FAZER) pela Joana quando você mudar de empresa?
3. O que eles _____ (DISCUTIR) quando você entrou na sala de reunião?
4. Eu ia explicar para meu chefe sobre as faltas, mas quando falei com ele, ele disse que sua secretária já _____ (MENCIONAR) isso.
5. Muitas medidas _____ (TOMAR) ultimamente para melhorar a qualidade do ensino nesta instituição.
6. Não sei o que _____ (RESOLVER) se ela não participar da conferência.
7. O técnico _____ (CONSERTAR) a máquina de lavar quando o cliente chegou para buscá-la.

C.   Oral: Descreva as situações abaixo usando verbos compostos na voz passiva. Crie uma história para cada situação. Compare suas histórias com as dos colegas.

1.

2.

3.

4.

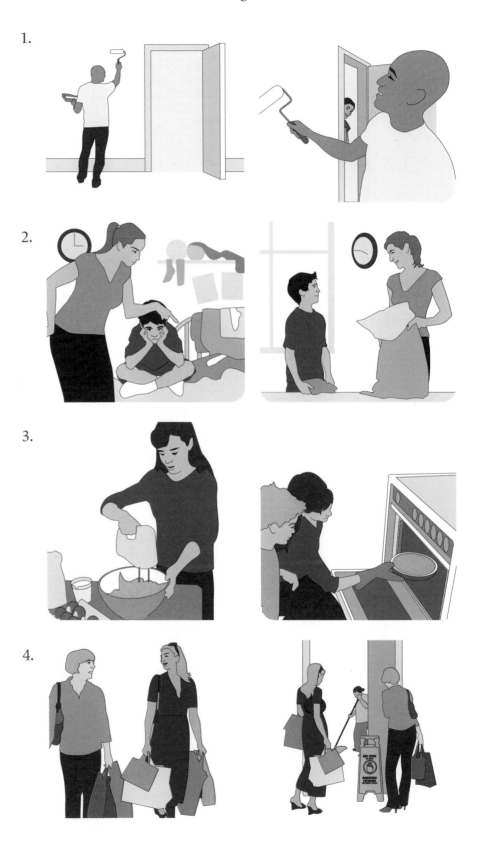

LIÇÃO B   AMPLIAÇÃO DO VOCABULÁRIO
Eletroeletrônicos

geral		computação	
câmera digital	calculadora	computador	impressora
filmadora	pilha	monitor	webcam
home theater	bateria	mouse	microfone
pda / handheld		teclado	alto-falantes
		torre	

equipamentos de som	telefonia
CD player portátil	aparelho telefônico / telefone
tocador de MP3 / MP3 player	celular
tocador de MP4 / MP 4 player	fax

A. Preencha o quadro de acordo com as definições.

VERTICAL

1. O _____ é um computador de dimensões reduzidas, com agenda e possibilidade de conexão com um computador pessoal e uma rede sem fios – wi-fi – para acesso a correio eletrônico e internet.

7. A _____ é uma fonte de energia portátil que se consome à medida que se utiliza.

10. As _____ de hoje são eletrônicas e são construídas por vários fabricantes, em diversas formas e tamanhos. Elas são usadas para guardar endereços, telefones etc das pessoas que conhecemos. As mais modernas e avançadas são programáveis e podem apresentar gráficos.

HORIZONTAL

2. A _____ é uma câmera para usar com o Skype e o MSN para ver a pessoa com quem você está conversando via computador.

3. O _____ é um aparelho compacto que permite a você ouvir e ver clipes de música.

4. O _____ é usado para falar com as pessoas em qualquer parte do mundo.

5. A _____ é usada para imprimir arquivos feitos no computador.

6. O _____ é usado para a transferência remota de documentos através da rede telefônica.

8. A _____ é usada para fotografar. Com ela, você pode escolher as melhores fotos.

9. O _____ é usado para assistir filmes com alta qualidade sonora no conforto do seu lar.

				10.	5.										
2.															7.
		6.													
	4.														
		8.													
				1.											
3.															
				9.											

B. 🎧 2/29 Ouça os diálogos e complete.

diálogo   **eletroeletrônico**

1. _____

2. _____

3. _____

4. _____

LIÇÃO C **PANORAMA**
Consertos

Máquinas possuem motores e estes têm um bom tempo de vida útil, se bem cuidados. Mas alguns motores já vêm com defeitos, e precisam ser trocados, ou quebram quando alguma coisa errada foi feita. Para consertar um motor de qualquer máquina, você tem que levar a máquina a uma assistência técnica ou chamar um técnico para que ele conserte o motor.

Quais máquinas você possui que já precisaram de conserto?
Você sabe fazer reparos rápidos?

LIÇÃO C 🎧 DIÁLOGO
2/30

Antônio:	Cara, que chuva! Não é melhor você parar o carro?
Henrique:	Talvez. Os para-brisas não estão dando conta da água.
Antônio:	Então, liga o pisca alerta e para mais a frente.
Henrique:	Mas talvez essa chuva seja passageira.
Antônio:	Não dá para ver quanto de água tem nessa pista. O problema é que se você for e tiver uma enchente, você pode perder o carro.
Henrique:	Será?
Antônio:	Eu não arrisco mais em dias de chuva. Eu perdi um carro assim.
Henrique:	Mesmo?
Antônio:	É. O problema é que eu achei que dava, mas entrou água no motor. Tive que chamar o guincho e o conserto foi um absurdo. O motor pifou.
Henrique:	Bem, vamos parar mais ali a frente. Parece que outros motoristas pensam como você. Veja quantos carros parados!
Antônio:	É melhor prevenir do que remediar.

NOTE QUE...

'pifar' tem o mesmo significado de 'quebrar'. É usado para máquinas e aparelhos.

NOTE QUE...

"É melhor prevenir do que remediar" = provérbio usado quando imaginamos uma situação que pode trazer um problema. Ele quer dizer: Melhor fazer algo antecipadamente (prevenir) do que ter que consertar (remediar) o problema que poderia acontecer.

LIÇÃO C **GRAMÁTICA**
Futuro do Subjuntivo – Verbos irregulares

O problema é que se você **for** e **tiver** uma enchente, você pode perder o carro.

Uso e formação

Uso: O futuro simples do subjuntivo indica acontecimento incerto no futuro. O verbo da oração principal pode ficar no presente ou no futuro do presente do indicativo

Formação: Substitui-se a terminação –*ram* da terceira pessoal do plural do pretérito perfeito simples do indicativo pelas seguintes terminações para as três conjugações (-ar/ -er e -ir): -*r*, -*rmos*, -*rem*

LEMBRA?

O FUTURO DO SUBJUNTIVO APARECE NA UNIDADE 16!

Exemplo: eles fo*ram* → se eu for; nós fo*rmos*; eles fo*rem*

eles tive*ram* → se eu tiver; nós tive*rmos*; eles tive*rem*

eles vie*ram* → seu eu vier; nós vie*rmos*; eles vie*rem*

Veja abaixo os verbos conjugados:

IR (= SER)		TER		VIR	
Eu	for	Eu	tiver	Eu	vier
Você		Você		Você	
Ele	for	Ele	tiver	Ele	vier
Ela		Ela		Ela	
A gente		A gente		A gente	
Nós	formos	Nós	tivermos	Nós	viermos
Vocês		Vocês		Vocês	
Eles	forem	Eles	tiverem	Eles	vierem
Elas		Elas		Elas	

LIÇÃO C CONSTRUÇÃO DO CONTEÚDO

A. Complete os diálogos com a forma correta dos verbos dados.

1. A: Você não _____ (COMPRAR) o barbeador elétrico?
   B: Vou. Quando eu _____ (TER) dinheiro.

2. A: Meu carro quebrou. Não _____ (PODER) ir ao cinema.
   B: E se a gente _____ (IR) de metrô? Eu não me incomodo.
   A: Se você _____ (QUERER) andar a pé tudo bem. O metrô fica longe do cinema.

3. A: E seus primos? Quando _____ (VIR) para São Paulo?
   B: Não sei, mas quando eles _____ (VIR), eu te aviso.

4. A: Será que algum dia _____ (SER) famosa?
   B: Espero que sim. Se você _____ (SER) famosa um dia, não se esqueça dos amigos.

B. Encontre na coluna B a parte que melhor completa a coluna A.

Coluna A

1. Quando eu for mais velho (a)...
2. Se eu tiver que aprender outra língua...
3. Se ETs vierem para a Terra....
4. Quando eu for para o Japão...
5. Se um dia eu tiver que parar de trabalhar...

Coluna B

( ) quero morar na praia.
( ) não vou entender uma única palavra.
( ) vou cuidar bem da minha saúde.
( ) quero ir embora com eles.
( ) pretendo contratar um professor particular.

C. Oral: Agora complete as frases da coluna A com sua opinião e discuta-as com os colegas.

LIÇÃO C AMPLIAÇÃO DO VOCABULÁRIO
Carros

Peças e acessórios
farol
volante
para-brisas
câmbio manual / automático
lanternas
carroceria
porta-malas
quatro portas, duas portas
vidros elétricos / manuais
carpetes para assoalho do carro
engate
alarme
acendedor de cigarro
porta-luvas
direção hidráulica / manual
trava
insulfilme

Geral

mecânico	carro flex (com dois	carro usado
consertos e	tipos de combustível:	teste drive
manutenção	álcool e gasolina)	garantia de ___ anos
assistência técnica	carro zero quilômetro	ou ___ kms

Impostos

licenciamento
IPVA
emplacamento

A. Identifique, no desenho abaixo, as seguintes peças e acessórios.

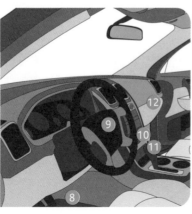

farol	volante
para-brisas	câmbio
lanternas	carroceria
porta-malas	portas
vidros	carpetes
engate	porta-luvas
direção	acendedor de cigarro

B.   Veja as expressões abaixo. Quais delas são usadas para:

Comprar um carro?

Levar o carro ao mecânico?

1. _____

a. Gostaria de ver o.....

b. Esse carro é flex?

c. Quais são os opcionais?

d. Novo ou usado?

e. Quanto tempo de garantia?

f. Esse modelo, com todos os opcionais, fica em R$ ....

g. Gostaria de fazer um teste drive?

h. Quanto é?

i. Esse modelo funciona tanto a gasolina como a álcool.

j. Posso fazer um teste drive?

2. _____

k. Meu carro está com um barulho estranho...

l. Gostaria de fazer uma revisão geral no carro.

m. Quanto você cobra para...?

n. Preciso colocar/ trocar...

o. Meu carro ainda está na garantia!

C.   Quais das expressões no exercício B são usadas...

1. para obter mais informações sobre o veículo? _____

_____

para obter o preço?_____

_____

para dar mais informações sobre o estado do veículo?_____

_____

2. pelo vendedor? _____

cliente? _____

LIÇÕES A, B e C COMPREENSÃO AUDITIVA

🎧 Ouça os três diálogos a seguir e preencha com as informações corretas.

2/31

1. Máquina/aparelho com defeito: _____
Defeito: _____
Solução: _____

2. Máquina/aparelho com defeito: _____
Defeito: _____
Solução: _____

3. Máquina/aparelho com defeito: _____

   Defeito: _____

   Solução: _____

LIÇÕES A, B e C **APLICAÇÃO ORAL DO CONTEÚDO**

Discuta as seguintes questões com um/a colega. Você concorda ou discorda?

1. "Muitas máquinas foram criadas para facilitar nossas vidas, mas acabamos por nos tornar reféns delas".

2. "Pouca coisa tem sido feita para melhorar a condição de vida das classes mais baixas".

3. "Não serão tomadas medidas suficientes para preservar o meio ambiente. O planeta Terra será destruído."

4. "Quando as pessoas não aguentarem mais a vida estressante do mundo globalizado em que vivemos, elas diminuirão o ritmo de trabalho e passarão mais tempo com a família ou fazendo atividades que lhes dão prazer".

5. "Se alguém me pedir para passar um dia sem ver meus e-mails e sem usar o celular, eu vou à loucura".

LEITURA

A. **Para renovar a carteira de motorista, os motoristas precisam fazer os cursos de primeiros socorros e direção defensiva. Leia o texto abaixo.**

Novas regras para renovação de CNH

A partir de 28 de junho de 2005, os motoristas que possuem Carteira Nacional de Habilitação (CNH) há mais de sete anos, ou seja, anterior a 22/11/1999, que precisarem renovar suas carteiras terão que fazer os cursos de Primeiros Socorros e Direção Defensiva.

Essa medida faz parte da **resolução 168/04**, aprovada pelo Contran (Conselho Nacional de Trânsito), em dezembro de 2004, prevista no Código de Trânsito Brasileiro.

Essa exigência atinge apenas esses motoristas porque o curso já é exigido desde 21 de janeiro de 1998, quando entrou em vigor o novo Código de Trânsito Brasileiro.

Lembramos que a realização do exame médico é o primeiro procedimento a ser obedecido. O Detran disponibiliza no *site* o endereço das clínicas credenciadas.

O conteúdo a ser estudado para a prova deverá ser o seguinte:

1 – Noções de Primeiros Socorros no Trânsito:
(de acordo com a res. 168/04, Anexo II do Contran)
– Sinalização do local do acidente;
– Acionamento de recursos: bombeiros, polícia, ambulância, concessionária da via etc;
– Verificação das condições gerais da vítima;
– Cuidados com a vítima.

2 – Direção defensiva – Abordagens do Código de Trânsito Brasileiro
(de acordo com a res. 168/04, Anexo II do Contran)
– Conceito – condições adversas;
– Como evitar acidentes;
– Cuidados na direção e manutenção de veículos;
– Cuidados com os demais usuários da via;
– Estado físico e mental do condutor;
– Normas gerais de circulação e conduta;
– Infrações e penalidades;
– Noções de respeito ao meio ambiente e de convívio social no trânsito: relacionamento interpessoal e diferenças individuais.

http://www.detran.sp.gov.br/renovacao/renovacao.asp

B. **Responda as questões abaixo.**

1. Você dirige / tem carta de habilitação para dirigir no país?

   _____
   _____
   _____

2. O que você acha da nova lei?

   _____
   _____
   _____

3. Você acha que a nova lei ajudará os motoristas? Se sim, em que sentido?

   _____
   _____
   _____
   _____
   _____
   _____
   _____
   _____

REDAÇÃO

Como é o trânsito em seu país? E os motoristas, como dirigem? Escreva sobre as diferenças e semelhanças entre as leis de trânsito de seu país e as que você leu no texto "Novas regras para renovação de CNH", incluindo as respostas que você deu no exercício B acima.

_____

_____

_____

_____

_____

_____

_____

_____

_____

_____

_____

_____

_____

_____

_____

_____

CONSOLIDAÇÃO LEXICAL
Carros

Em sua opinião, o que um carro precisa ter? Ele precisa ter direção hidráulica? Ser de uma cor específica? Escolha o modelo que mais lhe agrada e escreva os acessórios necessários.

Vou para outro setor na nova empresa

UNIDADE 18

LIÇÃO A **PANORAMA**
Emprego

Sonhar em encontrar um trabalho que se adapte às suas preferências e qualificações está se tornando algo tão improvável quanto ganhar na loteria sem jogar. Com o mercado de trabalho em constante mudança, quem provavelmente terá que se adaptar será você. De acordo com especialistas em mercado de trabalho, a palavra-chave do futuro é 'neofilia', ou seja, o gosto pelo novo e pela mudança.

Você já mudou de emprego alguma vez?
Você gosta de novidades no trabalho?
Você procura se atualizar dentro da sua área de trabalho?

LIÇÃO A 🎧 **DIÁLOGO**
2/32

Maria:	Então, feliz com a troca?
Marcos:	Não sei ainda. Vou para outro setor na nova empresa.
Maria:	São desafios. Isto é bom.
Marcos:	Também acho. O salário é bem melhor. Talvez eu compre um carro novo.
Maria :	Que legal! Isso já é motivo para ficar feliz, mas você não me parece muito animado.
Marcos:	Eu gosto daqui. Afinal de contas são quinze anos de trabalho. Conheço todo mundo.
Maria:	Tomara que o chefe escolha uma pessoa como você para nos gerenciar.
Marcos:	Não se preocupe Maria, daqui a uma semana vocês nem vão mais se lembrar de mim.
Maria:	O que é isso, Marcos? Nós vamos sentir muito a sua falta sim, mas eu torço para que você progrida cada vez mais. Você foi um excelente gerente e colega de trabalho. Você merece ir para uma empresa melhor.
Marcos:	Obrigado, Maria. Estou começando a pensar como você: nos desafios e no progresso.

LIÇÃO A **GRAMÁTICA**
Presente do Subjuntivo I – Verbos regulares

Talvez eu **compre** um carro novo.

Tomara que o chefe **escolha** uma pessoa como você para nos gerenciar.

Eu **torço para que** você **progrida** cada vez mais.

• •

Uso e formação

Uso: O presente do subjuntivo pode indicar:

1. presente: É melhor que eu não **fale** com você.

2. futuro: Que Deus o **conserve** assim, sempre bom com todos!

Formação: O presente do subjuntivo dos verbos é formado substituindo-se a terminação –*o* da primeira pessoa do singular do presente do indicativo pelas seguintes terminações:

a. 1ª conjugação (-ar): -e, -e, -emos, -em.

b. 2ª e 3ª conjugação (-er/-ir): -a, -a, -amos, -am.

Esta regra não pode ser aplicada aos verbos: dar, ir, ser, estar, querer, saber e haver que ficam como o imperativo: dar → dê; ir → vá; ser → seja; estar → esteja; saber → saiba e haver → haja. (ver verbos irregulares conjugação na 'Lição B e C' desta unidade.)

Expressões: O presente do subjuntivo é usado com as expressões: Talvez.../ Tomara que.../ Espero que .../ Tenho medo que .../ Temo que .../ Duvido que .../ Torço para que ... e outras expressões com 'que'.

••

Presente do Subjuntivo

COMPRAR		ESCOLHER		PROGREDIR	
Eu	compre	Eu	escolha	Eu	progrida
Você		Você		Você	
Ele	compre	Ele	escolha	Ele	progrida
Ela		Ela		Ela	
A gente		A gente		A gente	
Nós	compremos	Nós	escolhamos	Nós	progridamos
Vocês		Vocês		Vocês	
Eles	comprem	Eles	escolham	Eles	progridam
Elas		Elas		Elas	

LIÇÃO A   CONSTRUÇÃO DO CONTEÚDO

A.   Escolha a forma verbal mais adequada para completar as frases.

1. Tomara que o chefe não me **escolhe / escolha** para gerenciar aquele projeto.
2. Duvido que sua mãe **compre / compra** aquela TV enorme.
3. Esperamos que vocês **progridem / progridam** sempre e **consigam / consiguem** o que almejam.
4. Com as mudanças no setor, talvez eles **mexam / mexem** no nosso salário.
5. Todos nós estamos torcendo para que os noivos **mudam / mudem** para cá.
6. Você duvida que eu **saia / saio** daqui pulando em um pé só?
7. Jorge quer muito que seus funcionários **falam / falem** o que pensam.

B.   Complete o diálogo com os verbos dados no presente do subjuntivo.

Bia: Ai, Monique. Estou tão desolada. Vai ter uma promoção no trabalho, mas não sei se tenho chances.

Monique: Espero que _____ (CONSEGUIR). Você merece.

Bia: É. Tomara que a diretora me _____ (ESCOLHER). Duvido que ela _____ (PROMOVER) o Fabrício. Ele não se dedica como eu.

Monique: A promoção já é sua. Estou torcendo para que você _____ _____(APROVEITAR) essa nova fase da sua vida.

Bia: Se eu mudar para o outro departamento, vou dar entrada em um apartamento. Já está na hora, não acha?

Monique: Mais do que na hora.

C. **Oral:** Faça as seguintes perguntas a um/a colega.

Sugestão de verbos:

mudar	alterar	acontecer	promover
passar	melhorar	sair	observar	demitir
	contratar	aumentar	diminuir	

No seu emprego / área de atuação:

O que você espera que aconteça?
O que você duvida que aconteça?
O que você torce muito para que aconteça?
O que você acha que talvez aconteça?

LIÇÃO A AMPLIAÇÃO DO VOCABULÁRIO
O mercado de trabalho no futuro

Setores de maior probabilidade de crescimento

- Informática
- Saúde
- Meio Ambiente
- Turismo, Lazer e Entretenimento
- Biotecnologia
- Administração
- Tecnologia da Informação
- Terceiro Setor
- Educação

....

Áreas de Futuro (com possibilidade de crescimento)

- Turismo
- Hotelaria
- Sistema de Informações (Informática)
- Comunicação Social
- Moda
- Administração
- Gastronomia
- Logística
- Marketing
- Telecomunicações
- Comércio Exterior e Relações Internacionais

"Profissões do Futuro"

- Administradores de Comunidades Virtuais
- Engenheiros de Rede
- Gestor de Segurança na internet
- Coordenadores de Projetos
- Consultor de Carreiras
- Coordenadores de Atividades de Lazer e Entretenimento
- Designer e planejador de Games
- Gestor de Patrocínios
- Gestor de Empresas do Terceiro Setor
- Especialista na preservação do Meio Ambiente
- Engenharia Genética
- Gerentes de Terceirização
- Gestor de Relações com o Cliente
- Especialista em Ensino a Distância (EAD)
- Tecnólogo em Criogenia

Fonte: http://www.universia.com.br/materia/materia.jsp?id=906

A. Categorize os setores de acordo com as profissões abaixo
Siga o exemplo:

_____Meio Ambiente_____

Especialista na preservação do Meio Ambiente

Gestor de Empresas do Terceiro Setor

Turismo
Hotelaria
Gastronomia
Coordenadores de Atividades de Lazer e Entretenimento

Designer e planejador de Games
Telecomunicações
Especialista em Ensino a Distância (EAD)
Sistema de Informações
Administradores de Comunidades Virtuais
Engenheiros de Rede
Gestor de Segurança na internet

Administradores de Comunidades Virtuais
Logística
Gestor de Patrocínios
Gerentes de Terceirização
Gestor de Relações com o Cliente
Administração
Marketing
Coordenadores de Projetos
Consultor de Carreiras

B. **Responda as perguntas abaixo.**

1. Você concorda com a divisão e as profissões listadas acima? Por quê? O que você acha que talvez aconteça?

_____
_____

2. Qual profissão você exerceria sem ser a que você exerce hoje? Por quê?

_____
_____
_____
_____
_____
_____
_____
_____

LIÇÃO B   **PANORAMA**
Fenômenos da Natureza

O clima do nosso planeta está mudando. Este fenômeno também conhecido por alteração ou mudança climática diz respeito à variação do clima no mundo ao longo do tempo. Essas variações referem-se a mudanças de temperatura e outros fenômenos climáticos. As causas dessas mudanças são naturais, mas, na atualidade, alguns cientistas acreditam que a ação do homem no planeta está contribuindo para o conhecido 'aquecimento global', que é o aumento da temperatura média dos oceanos e do ar perto da superfície da Terra.

O que você sabe sobre outros fenômenos da natureza, como: efeito estufa e chuva ácida?

O que você acha sobre o aquecimento global antropogênico (derivado das atividades humanas)?

LIÇÃO B   🎧 **DIÁLOGO**
2/33

Tatiana: Danilo, a sua professora explicou direito o 'efeito estufa'?

Danilo: Acho que sim. Por quê?

Tatiana: Eu acho que a minha não explicou ou eu não entendi.

Danilo: É simples. Vamos estudar. Procure no dicionário a definição da palavra.

Tatiana: No dicionário?

Danilo: Claro! O dicionário às vezes traz as explicações de forma mais fácil.

Tatiana: Procuro em efeito ou em estufa?

Danilo: Veja em efeito porque a combinação é 'efeito estufa'.

Tatiana: Está bem. Achei ... aqui diz o seguinte: "Efeito proveniente da absorção, pela atmosfera, da radiação solar que, aquecendo a superfície do planeta, produz irradiação que permanece nas camadas atmosféricas interiores, elevando, em consequência, o seu nível térmico."

Danilo: Entendeu?

Tatiana: Entendi, mas o que significa 'térmico'?

Danilo: 'Térmico' significa 'calor'.

Tatiana: Agora entendi melhor, mas vou ter que copiar senão vou esquecer.

Danilo: Pena que na prova a gente não possa levar o dicionário, né?

Tatiana: Na verdade, eu acho uma pena que você não esteja na minha sala.

Danilo: O que é isso Tati, você acha que eu daria cola pra você?

Tatiana: Claro que sim.

Danilo: Nada disso. Não quero que você seja preguiçosa. Espero que você vá bem na prova com os seus próprios conhecimentos.

Tatiana: Ai, Danilo, como você é certinho!

LIÇÃO B   GRAMÁTICA
Presente do Subjuntivo II – Verbos irregulares A

Pena que na prova a gente não **possa**[1] levar o dicionário, né?

Na verdade, eu acho uma **pena que** você não **esteja** na minha sala.

Não quero que você **seja** preguiçosa. **Espero que** você **vá** bem na prova com os seus próprios conhecimentos.

[1] Embora o verbo 'poder' seja irregular, ele segue a regra descrita na 'Lição A' desta unidade, assim como o verbo 'ir', conjugado abaixo.

• •

Formação: Os verbos irregulares: dar, ir, ser, estar, querer, saber e haver ficam como o imperativo, no presente do subjuntivo: dar → dê; ir → vá; ser → seja; estar → esteja; saber → saiba e haver → haja.

• •

ESTAR		SER		IR	
Eu	esteja	Eu	seja	Eu	vá
Você		Você		Você	
Ele	esteja	Ele	seja	Ele	vá
Ela		Ela		Ela	
A gente		A gente		A gente	
Nós	estejamos	Nós	sejamos	Nós	vamos
Vocês		Vocês		Vocês	
Eles	estejam	Eles	sejam	Eles	vão
Elas		Elas		Elas	

LIÇÃO B **CONSTRUÇÃO DO CONTEÚDO**

A. Complete as frases com os verbos indicados e acrescente a sua opinião.

1. Espero que em cinquenta anos, o mundo _____ (ESTAR)
   _____ .

2. Não acho que as pessoas _____ (SABER) _____
   _____ .

3. Tomara que em um futuro próximo todas as pessoas _____
   (PODER) _____ .

4. Talvez eu _____ (IR) _____
   _____ .

5. É uma pena que não _____ (HAVER) _____
   _____ .

6. Quero que meu país _____ (SER) _____
   _____ .

7. Espero que as pessoas nunca mais _____ (DAR) _____
   _____ .

B. Complete os diálogos com os verbos no presente do subjuntivo.

1. A: Vamos embora antes que _____ (SER) muito tarde.
   B: Ainda temos muito tempo. Não se preocupe.

2. A: Espero que as pessoas _____ (SABER) o que estão
   fazendo com a natureza.
   B: É. E eu espero que meus netos _____ (PODER) saber
   o que é tomar um banho de mar.

3. A: Será que eles vão à festa?
   B: Tomara que _____ (IR). Eles são muito legais.

4. A: Você sabe se há alguma chance de limparmos o rio nos próximos dez anos?
   B: Talvez _____ (HAVER) uma chance. Mas o governo
   tem que investir mais.

5. A: Seria bom nós sairmos agora. Antes que eu _____
   (ESTAR) muito cansado para andar até em casa.
   B: Tudo bem. Espero que se _____ (RECUPERAR) do
   cansaço logo.

C. Oral: Encontre entre os colegas alguém que...

	Nome	Detalhes
... saiba falar quatro línguas.	_____	Quais? Onde aprendeu?
... talvez vá viajar para o Brasil em breve.	_____	Quando? Objetivo da viagem?
... possa falar algo sobre a história do Brasil.	_____	O quê? Onde aprendeu?
... seja conhecedor de música brasileira.	_____	Quais cantores ou músicos?
... esteja fazendo algo para preservar o meio ambiente.	_____	O quê? Quando começou a fazer isso e por quê?

LIÇÃO B **AMPLIAÇÃO DO VOCABULÁRIO**
Natureza

Clima		**Tipos de chuva**	**Geral**	
temperatura	{ grau Celsius	temporal	enchente	cerração (nevoeiro denso)
	{ grau Fahrenheit	tempestade	seca	camada de ozônio
aquecimento global		chuva de verão	deslizamento	erosão do solo
efeito estufa		garoa	desmatamento	
ondas de calor		chuvisco	maré alta / maré baixa	
		chuva ácida	nevoeiro = névoa = neblina	

A. Nomeie as fotos abaixo.

1. _____

2. _____

3. _____

4. _____

5. _____

341

B. Escreva as legendas de acordo com as definições abaixo. As legendas estão no exercício A que você acabou de fazer. Procure no dicionário, caso seja necessário.

1. _____

substantivo feminino
agitação atmosférica violenta, muitas vezes acompanhada de chuva, granizo, vento, raios e trovões; temporal, procela

2. _____

substantivo feminino
Rubrica: meteorologia.
nevoeiro espesso, denso; neblina

3. _____

substantivo feminino
estiagem prolongada; falta de água

4. _____

substantivo feminino
Rubrica: geologia.
desgaste e/ou arrastamento da superfície da Terra pela ação mecânica e química da água corrente, vento, gelo, intemperismo, transporte ou outros agentes geológicos

5. _____

substantivo feminino
grande abundância ou fluidez no volume de águas, por causa do excesso de chuvas, subida de maré etc.; cheia, inundação
Ex.: a _____ de 1988 arrasou a cidade

C. Responda.

1. Quais fenômenos ambientais podem ser causados pelo homem? Quais ocorrem no Brasil?

_____
_____
_____

2. Como esses fenômenos afetam o modo de vida das pessoas?

_____
_____
_____

3. E no seu país, há fenômenos semelhantes? Quais?

_____
_____

LIÇÃO C **PANORAMA**
Impostos

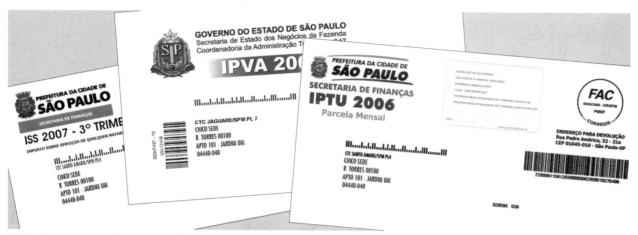

O Brasil é um dos países com maior taxa tributária do mundo. Os impostos no Brasil são divididos em: impostos municipais (cidades), estaduais (estados) e federais (nação). Um dos impostos municipais mais conhecidos entre os brasileiros é o IPTU (Imposto sobre Propriedade Predial e Territorial Urbana); um dos estaduais mais conhecidos é o IPVA (Imposto sobre Propriedade de Veículos Automotores) e um imposto federal bem conhecido é o IR (Imposto sobre a Renda e proventos de qualquer natureza).

Você já conhecia os impostos citados acima?

Quais são os impostos mais conhecidos no seu país?

Quais são os impostos que você paga no seu país?

Quais são os impostos que você paga no Brasil (Se você morar no Brasil)?

LIÇÃO C ⌒ **DIÁLOGO**
2/34

José: Já está na época de fazer o imposto de renda?

Érika: Imposto de renda em outubro, José?

José: Ah, é verdade. A declaração é em abril ou maio, né?

Érika: É. Como você é desligado!

José: Mas por que toda esta concentração e essas contas todas?

Érika: Estou fazendo o orçamento de dezembro e janeiro.

José: Nossa! Já?

Érika :   Se eu deixar para dezembro, não vai dar certo. Espero que eu tenha dinheiro suficiente para pagar tudo.

José: E o décimo terceiro?

Érika: Estou contando com ele. Mas, em janeiro, temos: IPTU, IPVA, o seguro do carro e a matrícula das crianças na escola.

José: Tomara que o seu décimo terceiro dê para tudo porque você sabe que o meu já está comprometido com os presentes de Natal e a viagem de férias das crianças.

Érika: Espero que vocês queiram viajar para outro lugar este ano. Assim talvez sobre um pouco do seu décimo terceiro.

José: Outro lugar quer dizer o apartamento da praia, né?

Érika: Claro. Tomara que faça muito sol. Algum problema?

José :   Nenhum. Duvido que você saiba, mas as crianças preferem a praia. Você é que gosta de ir para o Sul, na casa dos seus pais.

Érika: Tudo bem, querido. Foi só uma sugestão.

LIÇÃO C   GRAMÁTICA
Presente do Subjuntivo II – Verbos irregulares B

Espero que eu **tenha**[1] dinheiro suficiente para pagar tudo.

Tomara que o seu décimo terceiro **dê** para tudo.

Assim **talvez sobre**[2] um pouco do seu décimo terceiro.

Tomara que faça muito sol.

Duvido que você **saiba**, mas as crianças preferem a praia.

[1] Embora o verbo 'ter' seja irregular, ele segue a regra descrita na 'Lição A' desta unidade.

[2] O verbo sobrar é regular e segue a regra descrita na 'Lição A' desta unidade.

••

Formação: Os verbos irregulares: dar, ir, ser, estar, querer, saber e haver ficam como o imperativo, no presente do subjuntivo: dar → dê; ir → vá; ser → seja; estar → esteja; saber → saiba e haver → haja.

TER		DAR		SABER	
Eu	tenha	Eu	dê	Eu	saiba
Você		Você		Você	
Ele	tenha	Ele	dê	Ele	saiba
Ela		Ela		Ela	
A gente		A gente		A gente	
Nós	tenhamos	Nós	demos	Nós	saibamos
Vocês		Vocês		Vocês	
Eles	tenham	Eles	deem	Eles	saibam
Elas		Elas		Elas	

LIÇÃO C **CONSTRUÇÃO DO CONTEÚDO**

A. Encontre a parte que melhor completa as frases.

1. Talvez eu tenha... (   )
2. Espero que o governo dê... (   )
3. Duvido que os contadores saibam... (   )
4. Tomara que o presidente faça... (   )
5. Espera-se que as pessoas vão... (   )
6. Pena que sobre... (   )
7. Talvez nós demos... (   )

a. condições para o país crescer.
b. algo para reduzir os impostos.
c. um jeito de melhorar a produtividade.
d. tanto alimento nos restaurantes.
e. mais tempo para me dedicar a ajudar o próximo.
f. mais a eventos que discutem problemas ambientais.
g. tudo sobre os impostos de todos os tipos de empresa.

B. Complete os diálogos a seguir com os verbos indicados nos tempos verbais corretos.

1. A: Mas você não _____ (TER) nenhuma moeda?
    B: Espera. Talvez eu _____ (TER). Vou procurar.

2. A: Com tantas contas para pagar, não _____ (SOBRAR) nada para viajarmos.
    B: Espero que _____ (SOBRAR). Não tiro férias há cinco anos.

3. A: Vocês _____ (SABER) se os impostos que uma microempresa paga são iguais aos de uma empresa limitada?
    B e C: Não que nós _____ (SABER). Mas é melhor perguntar a um contador.

4. A: A minha irmã ainda não _____ (FAZER) a declaração de imposto de renda. O prazo limite para mandar pela internet é hoje. Acredita?
    B: Duvido que ela _____ (FAZER) isso hoje. Quando saí do escritório ela ainda tinha um monte de trabalho para terminar.

5. A: Acho que não _____ (DAR) tempo de passarmos no banco para pagar esse DARF.
    B: Tomara que _____ (DAR) porque estou sem computador e não poderei usar o internet banking.

C. **Oral:** Discuta com um/a colega as opiniões dadas pelas pessoas abaixo. Você concorda com elas? Se não concorda, como mudaria as frases para torná-las coerentes com sua opinião?

"Não espero que o governo faça nada pelo país. Nós, os cidadãos, é que temos que fazer algo."

"Tomara que os deputados e senadores saibam o que estão fazendo porque eu não tenho obrigação de ficar seguindo seus passos. Tenho minha vida para cuidar."

"Duvido que um dia o Brasil tenha condições de competir com os países desenvolvidos. Pelo menos, não enquanto tivermos essa carga tributária absurda."

LIÇÃO C **AMPLIAÇÃO DO VOCABULÁRIO**
Impostos

Pagar	Receber	Declarar
tarifa	tarifa	imposto de renda
tributo	tributo	
imposto	taxa	
taxa	imposto	
multa	multa	

A. Classifique os impostos abaixo em imposto, multa ou taxa.

> IPTU   de juros   IPVA   de água e esgoto   de câmbio
> de 5% ao mês   de importação   de frete   de condomínio   ICMS
> de renda   único   de trânsito   por atraso no pagamento

imposto	taxa	multa
_____	_____	_____
_____	_____	_____
_____	_____	_____
_____	_____	
	_____	

B. Complete os espaços abaixo com *pagar, receber* ou *declarar*. Conjugue os verbos, se necessário.

1. A: Ah, não... _____ uma multa de trânsito. Tenho que _____ R$ 85,13 por excesso de velocidade, você acredita? Eu nunca corro, você sabe!
   B: Ah, claro... nunca.

2. Antônio: Gaspar? O motoboy esteve aqui. _____ os impostos.
   Gaspar: E a gente vai ter dinheiro para _____ tudo?
   Antônio: Espero que sim.

3. Rosa: Valentina, você já _____ a restituição do imposto de renda do ano passado?
Valentina: Ainda não. Quem sabe no próximo lote.

4. Lurdes: Querido, você já _____ o imposto de renda deste ano?
Manuel: Ainda não. Acho que vou pedir para um contador nos ajudar. Estou muito ocupado.

C. 🎧 _{2/35} Agora, ouça os diálogos e confira suas respostas.

LIÇÕES A, B e C   COMPREENSÃO AUDITIVA

🎧 _{2/36} Ouça os três diálogos a seguir e complete o exercício.

1. Nelson: "Espero que _____"
Lucas: "Tomara que _____"
Nelson: "Duvido que _____"
Lucas: "Espero que _____"
2. Gislaine: "Espero que _____"
Hugo: "É uma pena que _____"
Gislaine: "Estou torcendo para que _____"
Hugo: "Não acredito que _____"
3. Alex: "Espero que _____"
Hamilton: Espero que _____"
Hamilton: "Talvez _____"
Alex: "Meus amigos duvidam que _____"

LIÇÕES A, B e C   APLICAÇÃO ORAL DO CONTEÚDO

Você e um/a colega vão improvisar três diálogos baseados nas situações abaixo. Em todos eles, as estruturas fornecidas na caixa devem ser usadas.
Estruturas para usar nos diálogos

Tomara que...	Espero que...	É uma pena que...
Duvido que...	Talvez...	Acredito que...

Situação 1: Vocês dois/duas resolveram mudar de emprego. Discutam os prós e contras de diferentes campos de atuação e resolvam em que área vocês trabalharão.
Situação 2: Vocês dois/duas são ativistas de uma organização de defesa da natureza. Discutam os problemas ambientais do planeta.
Situação 3: Vocês dois/duas querem se tornar sócios em uma empresa de _____. Discutam sobre a carga tributária e resolvam se fecharão a parceria.

LEITURA
Profissões de futuro

Competências, habilidades e atitudes do profissional do século XXI

Capacidade de trabalhar em equipe

Domínio de idiomas

Domínio de informática

Autodidatismo

Reciclagens periódicas

Atualização permanente

Neofilia

Cidadania e responsabilidade social

Habilidade em tomada de decisão

Capacidade de aprender a aprender

Capacidade de associação de ideias

Liderança

Visão de Conjunto

Profissionais multímodas

Além da competência e habilidades necessárias ao profissional do futuro, há um item de fundamental importância: o nível de abrangência das capacidades desse profissional. Os termos para designá-lo são muitos: profissional híbrido, multifuncional, polivalente, multímoda, interdisciplinar, entre outros. O que importa é que ele tenha a capacidade de expressar e aplicar seu conhecimento, competências e habilidades de muitas maneiras. Podemos apresentar como exemplo de profissional multímoda, um nutricionista que está apto a dar consultoria pela internet, realizar palestras sobre o tema que domina, fazer auditoria nas empresas em que atua e selecionar profissionais do ramo para atuar nos locais em que dá consultoria.

Temos o senso crítico necessário para saber que um texto como esse não passa de mera especulação. Mesmo embasada em evidências concretas e análises estatísticas, tentar prognosticar o futuro das profissões em um mundo em constantes mudanças, não tem como deixar de ser um exercício de especulação. Mas nem por isso deixa de ter sua utilidade. As grandes descobertas, inventos e negócios da humanidade no decorrer da história, vieram em situações onde seus atores tentaram antecipar o que estava por vir.

Mesmo com toda a especulação e incerteza, uma coisa pelo menos é certa. No mundo do futuro, haverá muito poucas oportunidades para a mão de obra desqualificada. Daí surge o mais promissor de todos os setores profissionais – **o setor da Educação.**

Adaptado de http://www.universia.com.br/materia/materia.jsp?id=906 Publicado em 01/10/2002.

A. Responda as perguntas abaixo.

1. O que é um profissional multímoda?

_____

_____

_____

_____

2. Quais das competências, habilidades e atitudes do profissional do século XXI você possui?

_____

_____

_____

_____

3. Por que o setor da Educação é o mais promissor de todos os setores profissionais?

_____

_____

_____

_____

4. Você concorda com o texto? Por quê?

_____

_____

_____

_____

_____

REDAÇÃO

Com base na leitura e suas respostas dadas acima, elabore um texto.

_____

_____

_____

_____

_____

_____

_____

_____

_____

_____

_____

_____

CONSOLIDAÇÃO LEXICAL
Impostos e taxas

Quais são os impostos e taxas que você paga no Brasil? Anote aqui as taxas e quando precisam ser pagas (todos os meses, em dezembro, uma vez por ano...)

IMPOSTO / TAXA	PAGAMENTO

Se eu fosse você, compraria um jornal para procurar emprego

UNIDADE 19

LIÇÃO A   PANORAMA
Jogos de azar

Jogos de azar são aqueles em que perder ou ganhar depende mais de sorte que de cálculo. Entre esses jogos estão: a roleta, os jogos de baralho, loteria e cara ou coroa. A roleta, por exemplo, é um tipo de jogo de azar praticado em cassinos. No Brasil, os cassinos são proibidos por lei.

Você tem preferência por algum jogo de azar?
Você já foi a um cassino?
No seu país, existem cassinos?

LIÇÃO A ⌒ **DIÁLOGO**
2/37

Jorge: Nossa! Quantas cartelas da Sena. Você vai fazer todos esses jogos?

Lucas: Vou sim.

Jorge: Mas a probabilidade de você ganhar é tão mínima.

Lucas: É, mas eu estou confiante.

Jorge: Desculpe, só pensei em ajudar.

Lucas: Ontem fui despedido do meu emprego, mas foi uma sorte. Eu não gostava mesmo de trabalhar naquele escritório.

Jorge: Lucas, por isso mesmo é que você deveria economizar agora. Se eu fosse você, compraria um jornal para procurar emprego.

Lucas: Quem você conhece que conseguiu emprego porque viu o anúncio no jornal?

Jorge: Não sei. Eu não pergunto para as pessoas como elas conseguiram emprego, mas conheço muitas pessoas empregadas. E você, quantas pessoas você conhece que ganharam na loteria?

Lucas: Ai, Jorge, não seja estraga prazeres.

LIÇÃO A **GRAMÁTICA**
Imperfeito do Subjuntivo com Futuro do Pretérito

Se eu **fosse** você, **compraria** um jornal para procurar emprego.

Se eu **comprasse** um jornal, **veria** os classificados.

Se eu **visse** os classificados, **poderia** encontrar um emprego.

Uso: Frases com o imperfeito do subjuntivo mais o futuro do pretérito do indicativo indicam uma ação que não tem possibilidade de ocorrer ou que não ocorre. Trata-se apenas de uma hipótese.

Formação: substitui-se a terminação *–ram* da terceira pessoa do plural do pretérito perfeito simples do indicativo pelas seguintes terminações para as três conjugações: -sse, -sse, -ssemos, -ssem.

Imperfeito do Subjuntivo

COMPRAR		VER		SER*	
(pretérito perfeito: eles compra**ram**)		(pretérito perfeito: eles vi**ram**)		(pretérito perfeito: eles fo**ram**)	
Eu	comprasse	Eu	visse	Eu	fosse
Você		Você		Você	
Ele	comprasse	Ele	visse	Ele	fosse
Ela		Ela		Ela	
A gente		A gente		A gente	
Nós	comprássemos	Nós	víssemos	Nós	fôssemos
Vocês		Vocês		Vocês	
Eles	comprassem	Eles	vissem	Eles	fossem
Elas		Elas		Elas	

* O verbo 'ir' tem a mesma conjugação do verbo 'ser'.

LIÇÃO A   CONSTRUÇÃO DO CONTEÚDO

A.   **Ache as partes que melhor completam as frases a seguir.**

1. Se eu gostasse de jogar roleta,
2. Se os brasileiros tivessem um maior poder aquisitivo,
3. Se o entretenimento nas cidades menores fosse melhor,
4. Se as pessoas pudessem escolher entre ganhar na loteria e ter um trabalho que pagasse muito bem,
5. Se em alguns países jogar fosse liberado para menores de dezoito anos,
6. Se as pessoas não se viciassem,
7. Se o jogo do bicho fosse legalizado,

( )   os jovens poderiam ter problemas na escola.
( )   com certeza escolheriam não trabalhar e ganhar dinheiro fácil.
( )   os bingos poderiam ser legalizados.
( )   compraria uma de brinquedo para jogar em casa.
( )   o governo poderia recolher mais impostos.
( )   gastariam mais com viagens e lazer.
( )   o turismo se espalharia para outras áreas do país.

B.   **Complete as seguintes frases com sua opinião.**

1. Se as pessoas nos países em desenvolvimento _____ _____ (TER) um maior poder aquisitivo, _____ _____.

2. Se _____ (ALGUMA COISA) _____ (SER) legalizado(a) em nosso país, _____ _____.

3. Se os políticos _____ (VER) _____ ,

353

4. Se o ser humano _____ (PENSAR) _____ ,
_____ .

5. Se não _____ (EXISTIR) mais dinheiro no mundo
_____ , _____
_____ .

C. **Oral:** Entreviste alguns colegas e escolha a resposta mais interessante. Justifique.

O que você faria se...	Resposta mais interessante. Por quê?
... um colega do trabalho lhe pedisse um empréstimo para ajudar na compra de um carro?	
... seus vizinhos não o deixassem dormir porque têm hábitos noturnos?	
... soubesse que o mundo vai acabar em dez anos?	
... descobrisse que algo ilícito está acontecendo em um apartamento de seu prédio?	
... _____ (crie uma pergunta)	
... _____ (crie uma pergunta)	

LIÇÃO A AMPLIAÇÃO DO VOCABULÁRIO
Jogos de azar

tipos de jogos		verbos e verbo + substantivo	expressões
cara ou coroa	rifa	arriscar a sorte	Que sorte!
bingo	roleta	apostar	Que sortudo/a!
dados	pedra, papel, tesoura	ganhar	Que azar!
jogos de baralho	(ou joquempô)	perder	Que azarado/a!
loteria (Sena, Mega sena,		fazer uma fezinha	
loteria esportiva)		fazer um bolão	

A. Nomeie os tipos de jogos de acordo com as fotos abaixo.

1. _____

2. _____

3. _____

4. _____

5. _____

6. _____

7. _____

B. Escreva as expressões utilizadas nas situações abaixo: Que sorte!; Que sortudo/a!; Que azar! Que azarado/a! Mais de uma possibilidade é correta.

1. _____

2. _____

3. _____

4. _____

C. Você consegue imaginar outras situações em que possa utilizar as expressões acima?

Situação: _____

Expressão: _____

Situação: _____

Expressão: _____

D. Complete os diálogos abaixo com a expressão/palavra correta.

1. Mãe: Aonde você está indo, Junior?
   Junior: À Lotérica. Vou _____ (LOTERIA/
   FAZER UMA FEZINHA)
   Mãe: Não acredito que você já vai gastar seu dinheiro com essas bobagens.
   Junior: Não fala assim, mãe! Se eu _____ (PERDER/
   GANHAR) te compro um carro de presente!

2. Marido: E agora? Quem vai lavar a louça hoje? Eu lavei ontem.
   Esposa: Eu também. Já sei vamos tirar _____
   (CARA OU COROA/BINGO)
   Marido: Está bem. Eu quero....

3. A: E aí, gente? Vamos _____ (FAZER UM BOLÃO/
   GANHAR) para a Mega sena acumulada. Quem vai participar?
   B: Eu estou dentro! Vou _____ (GANHAR/
   ARRISCAR A SORTE), apesar de nunca ter ganhado nada. Não custa tentar. Quanto a gente tem que _____ (PERDER/APOSTAR)?
   A: R$ 50,00 cada um.

LIÇÃO B **PANORAMA**
Casamento

Em casamentos tradicionais, no Brasil, é costume a noiva jogar o buquê após a cerimônia religiosa ou, se houver recepção, após o corte do bolo. A noiva fica de costas para um grupo de amigas solteiras para jogar o buquê. Segundo a tradição, a moça que pegar o buquê será a próxima a se casar. Existem outros costumes também, como por exemplo, jogar arroz cru nos noivos quando eles saem da igreja após a cerimônia. O arroz simboliza fartura e prosperidade.

Quais são os costumes de casamento no seu país?
Quais costumes de casamento você acha interessantes?
De quais costumes você não gosta?

LIÇÃO B 🎧 **DIÁLOGO**
2/38

Vânia:	Para mim esse aqui é o mais bonito.
Elza:	Também acho, mas ainda quero ver mais alguns.
Vânia:	O que você e o Marcelo já fizeram?
Elza:	Nós já vimos o bufê há um ano; fizemos a lista de convidados; temos as reservas para a viagem de lua de mel; temos o pessoal das fotos e vídeo e quanto à igreja já está quase tudo acertado.
Vânia:	O que falta da igreja?
Elza:	A decoração. Ainda não me decidi por qual flor para decorar a igreja.
Vânia:	Mas isso depende das outras noivas que vão se casar no mesmo dia, não é?
Elza:	Não. Meu noivo é evangélico. Vou me casar numa igreja evangélica. Só haverá um casamento, o meu.
Vânia:	Então, é bem mais fácil. Se eu fosse você, eu usaria rosas de duas cores: champanhe e cor-de-rosa.
Elza:	Ficaria lindo, mas a rosa é muito cara, não é?
Vânia:	Quando me casei, quis economizar na decoração. Duvidei que ficasse tão diferente com outras flores, mas acabei não gostando do resultado.
Elza:	Bem, então, você me ajuda depois. Mas esqueci de dizer que ainda não me decidi pelo vestido. Estou na dúvida entre dois. Vamos à loja comigo?
Vânia:	Claro. Você vai comprar ou alugar?
Elza:	Alugar, claro.
Vânia:	Eu também aluguei. E o sapato? Conselho de amiga: compre ou alugue um sapato baixo porque eu pensei que conseguisse usar um sapato alto na festa toda, mas tive que acabar ficando descalça para aproveitar a festa.

LIÇÃO B **GRAMÁTICA**

Imperfeito do Subjuntivo com expressões

Duvidei que ficasse tão diferente com outras flores, mas acabei não gostando do resultado.

Eu pensei que conseguisse usar um sapato alto na festa toda, mas tive que acabar ficando descalça para aproveitar a festa.

Uso: O imperfeito do subjuntivo pode ser usado com as mesmas expressões que o presente do subjuntivo, mas elas terão de ser usadas no pretérito perfeito ou imperfeito do indicativo.

Expressões: Foi/ Era pena que .../ Achei/ Achava que .../ Pensei/ Pensava que .../ Tive/ tinha medo que ... / Temi/ Temia que ... Bastou/ Bastava que .../ Talvez ... etc.

LIÇÃO B   CONSTRUÇÃO DO CONTEÚDO

A. Complete os diálogos com os verbos no tempo correto.

1. Karen: E então? Como foi a festa de casamento da sua amiga?
    Cissa: Legal. Mas, achei que o irmão dela _____ (SER) mais simpático. Ela disse que ele queria me conhecer.
    Karen: Pensei que ele já te _____ (CONHECER).
    Cissa: Não. Eu tinha medo que ele não _____ (IR) com a minha cara, então resolvi fugir do encontro com ele. Mas, no casamento não pude escapar.
    Karen: E no final das contas você é que não foi com a cara dele. Engraçado.

2. Glauber: Maurício, o que aconteceu na festa de final de ano?
    Maurício: Bem, eu temia que o Rodrigo _____ (APARECER). E apareceu.
    Glauber: Hum. Que chato. A situação entre vocês não ficou boa depois que você foi promovido no lugar dele, né?
    Maurício: Ele não agiu bem comigo na festa. Bastava que eu _____ (DIZER) qualquer coisa e ele começava a criticar.
    Glauber: Talvez ele _____ (ESTAR) bêbado.
    Maurício: Não estava não. Bem, que posso fazer? Nada.

B. Leia as situações descritas abaixo e pense em hipóteses para responder as perguntas.

1. Suzana foi para o trabalho de manhã. Quando voltou para casa a televisão estava ligada no último volume. Por que ela não ouviu a TV quando saiu de casa?
    Talvez _____
    _____
    _____
    _____

2. Robson não apareceu na aula da faculdade. Todos ficaram preocupados porque ele nunca falta. No dia seguinte, ele disse que havia ficado doente. Mas, não ficou. Por que ele faltou e mentiu que estava doente?

Talvez _____

_____

_____

_____

3. Luana formou-se em direito na semana passada. Durante a colação de grau ela caiu no sono e não ouviu seu nome ser chamado para pegar o diploma. Por que ela dormiu no meio da cerimônia?

Talvez _____

_____

_____

_____

C. **Oral: Pense nas situações abaixo e narre-as aos/às colegas.**

1. Algo que você achava que fosse, mas não era.
2. Algo que você temia que acontecesse e aconteceu.
3. Algo que talvez fosse legal, mas que acabou sendo muito chato.
4. Algo que você não queria que acontecesse e conseguiu evitar.

LIÇÃO B   AMPLIAÇÃO DO VOCABULÁRIO
Casamento

Pessoas		
noivo	madrinha(s)	daminhas
noiva	padrinho(s)	padre
convidados	dama(s) de honra/	pastor

Comida e bebida		
aperitivos (coquetéis	entrada	docinhos (trufa,
com ou sem álcool)	prato de massa	olho de sogra,
salgados (canapés e	prato principal	bem-casado)
outros, fritos e / ou	bebidas	bolo
assados)	sobremesa	café

Geral		
lembrancinhas	lista de presentes	vestido de noiva
alianças	cerimônia religiosa	traje do noivo
chá de cozinha	recepção	fotos e vídeo
despedida de solteiro	música	convite de casamento

A. Classifique em preparativos para o casamento, pessoas, comidas, bebidas, cerimônia religiosa e recepção.

convidados	madrinhas	convite de casamento	música
noivo	salgados	bebidas	prato principal
alianças	lembrancinhas	chá de cozinha	aperitivos
docinhos	prato de massa	fotos e vídeo	daminhas
noiva	lista de presentes	entrada	padrinhos
bolo	padre / pastor	café	
vestido de noiva	traje do noivo	despedida de solteiro	

PREPARATIVOS

_____
_____
_____
_____
_____
_____
_____
_____

PESSOAS

_____
_____
_____
_____
_____
_____
_____
_____

COMIDAS

_____
_____
_____
_____
_____
_____
_____
_____

BEBIDAS

_____
_____
_____
_____
_____
_____
_____

RELIGIOSO

_____
_____
_____
_____
_____
_____
_____

RECEPÇÃO

_____
_____
_____
_____
_____
_____
_____

B. Você já esteve em algum casamento no Brasil? Há diferença entre os casamentos no Brasil e no seu país? Quais diferenças você achou mais interessantes?

_____
_____
_____
_____
_____
_____
_____
_____
_____
_____

LIÇÃO C **PANORAMA**
Vocação profissional

Um pouco antes do término do Ensino Médio, quando o adolescente deve estar com 17 anos, vem a dura tarefa da escolha da carreira a seguir. Daí resultará a opção pela faculdade e o curso a fazer. Há adolescentes que têm muito clara a vocação profissional, mas este fato não acontece com a maioria. Normalmente, o jovem fica perdido e acaba escolhendo as carreiras mais tradicionais e que têm maior prestígio, como: advocacia, medicina e engenharia.

LIÇÃO C 🎧 **DIÁLOGO**
2/39

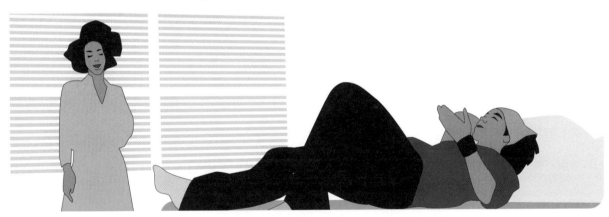

Paula:	Viu a lista dos aprovados no vestibular?
Marcel:	Não. Eu não prestei.
Paula:	Mas eu prestei e passei.
Marcel:	Uau! Parabéns, Paulinha. Você sempre foi muito boa aluna mesmo, né?
Paula:	É, mas estou um pouco chateada porque a Juliana minha amiga também prestou, mas não passou.
Marcel:	A Juliana? Duvido que ela tenha estudado a sério como você.
Paula:	Mas algumas vezes nós estudamos juntas.
Marcel:	Pode até ser, mas a Ju é cuca fresca. Acredito que ela tenha conversado mais que estudado, não foi?
Paula:	É, é verdade.
Marcel:	Então, Paulinha, nada de ficar triste. Vamos comemorar a sua vitória.

LIÇÃO C **GRAMÁTICA**
Pretérito Perfeito do Subjuntivo

Duvido que ela **tenha estudado** a sério como você.

Acredito que ela **tenha conversado** mais que estudado, não foi?

....

Uso: O pretérito perfeito do subjuntivo pode exprimir:

a) passado, supostamente concluído em relação ao tempo em que se fala: Talvez ele **tenha feito** o trabalho.

b) futuro, indicando fato terminado em relação a outro fato futuro: É possível que ele já **tenha terminado** o trabalho quando você voltar para casa.

....

Formação: O pretérito perfeito do subjuntivo é formado com o presente do subjuntivo do verbo *ter* (ou haver) mais o particípio do verbo principal.

....

Pretérito Perfeito do Subjuntivo

ESTUDAR		CONVERSAR	
Eu	tenha estudado	Eu	tenha conversado
Você		Você	
Ele	tenha estudado	Ele	tenha conversado
Ela		Ela	
A gente		A gente	
Nós	tenhamos estudado	Nós	tenhamos conversado
Vocês		Vocês	
Eles	tenham estudado	Eles	tenham conversado
Elas		Elas	

LIÇÃO C **CONSTRUÇÃO DO CONTEÚDO**

A. Reescreva as frases usando as palavras dadas.

1. Acho que ele terminou o trabalho.
Talvez *ele tenha terminado o trabalho.*

2. Acho que nós não entendemos o conteúdo bem.
Talvez _____

3. Acho que eles se adaptaram bem ao novo emprego.
Talvez _____

4. Acho que ela não gostou do presente.
Duvido que _____

5. Acho que cometi um erro.
   Acredito que _____

   _____

6. Acho que ele não mudou de ideia de repente.
   Duvido que _____

   _____

B. **Complete o diálogo usando os verbos dados.**

Otávio: Pedro, como está o negócio com o pessoal da formatura?

Pedro: Espero que eles _____ (ESCOLHER) um repertório.
Precisamos começar a ensaiar para tocar na festa.

Otávio: Vamos cantar blues? Pode ser que os universitários _____
(DECIDIR) por outro tipo de música.

Pedro: Espero que eles não _____ (ESCOLHER) forró.
Não sabemos nada de forró.

Otávio: Quem vai cantar desta vez? O Flávio?

Pedro: É possível que nosso empresário _____ (PEDIR)
para o Greg cantar. O Flávio está com problema nas cordas vo-
cais. Vou confirmar.

Otávio: Mas o Greg não ensaiou as músicas. Ensaiou?

Pedro: Acredito que ele _____ (ENSAIAR) sim. Ele já
sabia que talvez tivesse que cantar.

Otávio: Ótimo. Fechado.

C. **Oral:** Encontre alguém no seu grupo que...

	NOME	**DETALHES**
... tenha escolhido há anos atrás uma profissão diferente da que exerce agora.	_____	Por que ele(a) trocou de profissão?
... tenha feito alguma viagem de aventura.	_____	Para onde ele(a) foi? Qual foi a aventura?
... tenha feito um curso relacionado a comida e alimentos.	_____	Por que ele(a) fez esse curso? Ele(a) aplica os conhecimentos que aprendeu?
... tenha terminado um relacionamento por carta, e-mail ou telefone.	_____	Por que ele(a) não falou pessoalmente?
... tenha prometido a si mesmo perder alguns quilos, mas não perdeu nem um grama.	_____	Por que ele(a) queria emagrecer? Por que não conseguiu?
... tenha dado conselhos sobre futuro profissional a alguém que seguiu o conselho e se saiu muito bem.	_____	A quem foi dado o conselho? O que fez ele(a) acertar na sugestão?

LIÇÃO C   AMPLIAÇÃO DO VOCABULÁRIO
Escola

nível da escola	verbos e expressões
berçário	estudar
maternal	colar
1º grau ou Ensino Fundamental	ir bem na prova
(9 séries)	ir mal na prova
2º grau ou Ensino Médio	cabular/matar aula
(3 séries)	prestar vestibular
3º grau ou ensino/nível superior	fazer cursinho
(de 2 a 6 anos)	passar = ser aprovado
pós graduação: especialização	repetir, bombar
mestrado	
doutorado	
pós-doutorado	

A. Ligue a idade da pessoa ao nível escolar de acordo com os parâmetros brasileiros.

IDADE	NÍVEL ESCOLAR
De 4 meses a 2 anos	Ensino Superior
De 2 a 3 anos	pós graduação
De 6 a 14 anos	Ensino Médio
De 15 a 17 anos	maternal
A partir dos 17 anos	berçário
A partir dos 22 anos	Ensino Fundamental

B. Qual é o seu nível de escolaridade? Em qual área é a sua graduação ou pós-graduação? O que o/a levou a escolhê-la?

_____

_____

C. Complete com a melhor opção, conjugando os verbos quando necessário.

1. Sofia: E aí, Martinha? Como foi a prova?
    Martinha: Ah, Sô... nada bem... acho que eu _____ (PASSAR/BOMBAR)...
    Sofia: Nossa! Que pessimismo é esse? Você _____ (ESTUDAR/COLAR)?
    Martinha: Estudei, mas acho que não foi suficiente. O pior é que se eu não passar não poderei _____ (PASSAR/ PRESTAR VESTIBULAR) para entrar na faculdade no ano que vem.
    Sofia: Você fez o que podia, certo? Vamos esperar o resultado. Tenho certeza que vai dar tudo certo!

2. (*durante a prova...*)

Rita: Oi, Tony! Como foi a prova?

Tony: Foi fácil, mas o Beto _____ (ESTUDAR/
COLAR) a minha prova toda! Tomara que isso não me complique.
Ele _____ (MATAR AULA/ ESTUDAR) o semestre
inteiro, agora tem que colar dos outros.

Rita: Deixa isso para lá, Tony... Mas e agora? Quais são os seus
planos? Vai _____ (ESTUDAR/
PRESTAR VESTIBULAR) OU _____ (PASSAR/
FAZER CURSINHO)?

Tony: Ainda estou pensando, mas tenho que decidir logo. O ano
já está acabando.

LIÇÕES A, B e C APLICAÇÃO ORAL DO CONTEÚDO

Siga as etapas seguintes para montar um diálogo:

1. Conte um fato bem surpreendente (verdadeiro ou imaginado)
que aconteceu com você ou algo surpreendente que você fez.
Algo que lhe causou medo.

2. Alguns colegas vão duvidar outros vão acreditar em você.

3. Os colegas farão perguntas sobre o ocorrido. Responda usando,
quando possível, o imperfeito do subjuntivo (Ex.: falasse, fizesse,
fosse) e as expressões "tinha medo que", "esperava que", "duvidei
que", "pensei que" e outras.

4. Os colegas tentarão adivinhar se sua história é real ou inventada.

Ex.:

Você: *Há dois anos eu escalei o Monte Everest. Não fui até a parte mais alta.
Tive uma hipotermia e quase morri. O resgate demorou muito para
chegar e eu estava sozinho.*

Colega 1:   *Duvido que você tenha escalado o Everest.*

Colega 2:   *Eu acredito que você tenha feito isso.*

Colega 1:   *Por que você fez essa viagem sozinho?*

Você: *Porque achei que eu não precisasse de ajuda para escalar. Achei que
pudesse me virar.*

Colega 2:   *Você teve medo que fosse morrer?*

Você: *Não.*

Colega 1:   *Ainda acho que a história é mentira.*

Colega 2:   *É. Acho que você inventou isso. Você não é muito fã de esportes e não
parece gostar de arriscar a vida.*

Você: *É. Eu nunca escalei nenhuma montanha.*

LIÇÕES A, B e C **COMPREENSÃO AUDITIVA**

🎧 **Ouça os três diálogos a seguir e responda as perguntas.**
2/40

1. Qual o arrependimento de Mirela? _____

   _____

   O que Antônio faria se fosse ela? _____

   _____

   De quem foi a ideia de abrir um negócio para Antônio?

   _____

   _____

   Que tipo de negócio Mirela abriria se pudesse?

   _____

   _____

2. Se Marcão fosse casar, ele faria a cerimônia na igreja?

   _____

   _____

   Onde talvez ele faria a cerimônia?

   _____

   _____

   Por que Luis não disse para a noiva que gostaria de uma cerimônia menos tradicional?

   _____

   _____

   Até onde Luis casaria com Lorena?

   _____

   _____

3. O que a avó de Daniele falou para Isaías?

   _____

   _____

   O que Isaías faria se a avó dele fosse como a de Daniele?

   _____

   _____

   O que Isaías pensava da avó antes de conhecê-la?

   _____

   _____

O que Daniele faria se tivesse metade da energia da avó?

_____

_____

LEITURA

| experiência | cargo | currículo | profissional |
| descrição | entrevista | objetividade | objetivo |

A. De acordo com as palavras/expressões acima, você é capaz de imaginar o conteúdo do texto? Escreva suas ideias abaixo.

_____

_____

_____

Objetividade no currículo é a senha para entrevista

Maria Carolina Nomura
Colaboração para a Folha de S.Paulo

Mais do que uma simples apresentação e descrição da experiência profissional, o currículo é a chave para participar de uma entrevista de trabalho.

A fim de orientar quem está à procura de um emprego – ou aqueles que apenas pretendem atualizar esse documento –, a **Folha** conversou com especialistas no tema para descobrir as principais falhas cometidas no currículo.

O primeiro problema, a falta de objetividade na função desejada, surge logo no topo da página – isso se o objetivo ali estiver destacado, no local certo.

"Não dá para ser goleiro e atacante ao mesmo tempo", aponta Marcelo Abrileri, presidente da Curriculum.com. Para a gerente de recursos humanos Sueli Carpinelli, da Alatur, é essencial que o objetivo profissional esteja adequado à experiência e à formação.

"Se a pessoa visa a uma vaga de assistente, deve saber quais são as responsabilidades atribuídas ao cargo e mostrar, na descrição das atividades, que tem essa experiência", sugere.

Muitos também deixam de inserir um resumo global com as principais qualificações relacionadas ao cargo pretendido. "O currículo deve ser de fácil leitura. A estética e a padronização são elementos fundamentais", acrescenta Abrileri.

A consultora Lizete Araújo, vice-presidente da ABRH (Associação Brasileira de Recursos Humanos), ressalta que o candidato deve deixar claro o que ele vai agregar à empresa. "É isso o que se quer saber."

Datas de conclusão de cursos e o período em cada cargo, hierarquizados a partir do mais recente, são informações imprescindíveis, segundo a executiva Manuela Bernis, da EDS Brasil. "Os anos de experiência ajudam a definir cargo e salário."

Em caso de mudança de área de atuação, Sueli Aznar, consultora da Lens & Minarelli, recomenda que o profissional demonstre como a vivência no trabalho despertou esse novo olhar, para que a experiência seja valorizada no novo desafio.

Retirado de http://www1.folha.uol.com.br/folha/classificados/empregos/ult1671 u340538.shtml em 28/10/2007 - 15h15

B. **Responda as perguntas abaixo.**

1. O que a autora quis dizer com "objetividade no currículo é a **senha**..." e "currículo é a **chave** para uma entrevista..."?

_____

_____

_____

2. É possível imaginar o conteúdo do artigo somente pelo título dele?

_____

_____

_____

3. Você concorda com o texto? Por quê?

_____

_____

_____

REDAÇÃO
Pronto para o cargo

Escreva a respeito de suas habilidades com a finalidade de ocupar um cargo (você escolhe) numa empresa.

_____

_____

_____

_____

_____

_____

_____

_____

CONSOLIDAÇÃO LEXICAL
Jogos, Casamento, Escola

1. Exclua a opção que não faz parte.

JOGOS **Tipos**

fezinha	baralho	bingo
cara ou coroa	megassena	rifa
joquempô		

Expressões

arriscar o azar	fazer um bolão	fazer uma fezinha
que sorte!	Que azar!	

CASAMENTOS **Bebidas**

coquetéis	canapés	refrigerantes
vinhos	café	champagne

Pratos

massas	carne	frango
peixe	bolo	risoto

Salgados

coxinhas	bem-casado	canapé
bolinha de queijo	bolinho de bacalhau	

Doces

brigadeiro	canapé	olho de sogra
beijinho	bem-casado	

Festa

recepção	comida	bebida
música	convidados	alianças

Religioso

igreja	padre/pastor	convidados
troca de alianças	comida	

ESCOLA **Níveis**

Ensino Fundamental	especialização	doutorado
nível superior	oito anos	

Verbos

estudar	passar	colar
cabular	prestar	fazer
repetir	convidar	

Expressões

ir bem na prova	fazer cursinho	repetir de aula
matar aula	prestar vestibular	

2. Crie uma frase para cada um dos tópicos acima.

Ex.: Em casamentos, meu doce favorito é o bem-casado.

O que você teria *feito diferente na* *sua vida?*

UNIDADE 20

LIÇÃO A PANORAMA
Balanço do ano

Ao se aproximar o fim do ano, algumas pessoas gostam de fazer um balanço do ano que está terminando e de fazer alguns planos para o ano que vai se iniciar. Algumas até escrevem os planos futuros para, no final do ano, poderem ver o quanto conseguiram cumprir do planejado.

Você faz um balanço do ano que está terminando?
Quando se aproxima o fim do ano, você faz planos para o ano que se inicia?
O que você acha dessa prática?

LIÇÃO A ⌒DIÁLOGO
2/41

Mateus:	Bom dia, família. A gente está perto do fim do ano e a professora de português quer que a gente faça uma entrevista com a família, para fazer uma reflexão do ano que está acabando. Vocês têm que responder o seguinte: "O que você teria feito diferente que traria mudanças positivas na sua vida?"
D. Ana:	Que difícil, Mateus. Bem, tenho que pensar.
Francisco:	Eu teria jogado mais videogame.
Mateus:	Legal, vô.
D. Ana:	Eu teria lido mais livros e assistido menos à televisão.
Mateus:	E você, pai?
Otávio:	O que é, Mateus?
Mateus:	Você não ouviu? O que você teria feito diferente que traria mudanças positivas na sua vida?
Rejane:	Eu teria viajado mais e trabalhado menos.
Mateus:	Nossa, Rê, quem ouve até pensa que você trabalha muito.
Otávio:	Tudo bem, sem discussões com sua irmã. Eu acho que teria agradecido mais e reclamado menos.
Mateus:	Essa frase está bonita. E você tio Zé.
Tio Zé:	Eu teria saído mais, ido mais ao cinema, bebido mais cerveja...
D. Ana:	*Que isso*, Zé! É trabalho para a escola. Não escreve isso aí não, Mateus. O que a professora vai pensar da nossa família?

> **NA CONVERSAÇÃO...**
>
> QUE ISSO! = O QUE É ISSO? NESSE CASO, A PESSOA NÃO QUER SABER REALMENTE 'O QUE É ISSO?', MAS HÁ UMA CRÍTICA NA ENTONAÇÃO DA VOZ. A PESSOA ESTÁ DIZENDO: QUE ABSURDO, O QUE VOCÊ ESTÁ DIZENDO!

LIÇÃO A GRAMÁTICA
Futuro do Pretérito Composto

O que você **teria feito** diferente que traria mudanças positivas na sua vida?

Eu **teria jogado** mais videogame.

Eu **teria lido** mais livros e **assistido** menos à televisão.

Eu **teria viajado** mais e **trabalhado** menos.

Eu acho que **teria agradecido** mais e **reclamado** menos.

Eu **teria saído** mais, **ido** mais ao cinema, **bebido** mais cerveja.

> **Uso**: O futuro do pretérito composto exprime um processo encerrado posteriormente a uma época passada a que se faz referência no presente.
>
> Esse tempo também exprime incerteza sobre fatos passados (**Teria sido** ele que revelou o meu segredo?) ou fatos passados que não aconteceram (A gente **teria estudado** menos e **namorado** mais).
>
> **Formação**: O futuro do pretérito composto do indicativo é formado com o verbo ter no futuro do pretérito (**teria/ teríamos/ teriam**) mais o particípio passado do verbo principal.

LIÇÃO A CONSTRUÇÃO DO CONTEÚDO

A. O que você acha que estas pessoas teriam feito no ano que passou? Ache o depoimento mais adequado à descrição da pessoa. Mais de uma opção é possível.

1. Mauro, professor, 35 anos

2. Célia, dentista, 29 anos

3. Maria Augusta, advogada, 45 anos

4. Sérgio, dono de livraria, 50 anos

5. Mirtes, dona de casa, 35 anos

6. Ronaldo, policial militar, 27 anos

7. Renata, dançarina, 19 anos

( ) a. "Eu teria saído mais de casa para passear com meus filhos".

( ) b. "Eu não teria perdido a oportunidade de aprimorar minha arte na Rússia".

( ) c. "Eu teria investido em um ambiente maior e talvez em um pequeno café dentro do meu estabelecimento."

( ) d. "Eu teria feito alguns cursos que foram oferecidos gratuitamente pela prefeitura de minha cidade."

( ) e. "Eu teria aceitado um caso muito complicado que me traria prestígio".

( ) f. "Eu teria trabalhado menos e teria feito RPG para amenizar a dor que sinto nas costas."

( ) g. "Eu teria passado mais tempo com minha família porque arrisco minha vida todos os dias".

B. Complete os diálogos com o futuro do pretérito composto (Ex.: teria feito, teríamos ido etc).

1. A: O que você _____ (FAZER) de diferente neste ano que passou?
   B: Acho que eu _____ (ECONOMIZAR) mais. Não juntei quase nada.

2. A: Qual o balanço que você e sua família fazem deste ano? _____ (FAZER) algo diferente?
   B: Nós certamente _____ (DISCUTIR) menos. Brigamos muitas vezes por bobagens.

3. A: Minha irmã não para de reclamar sobre o ano que está aca-
    bando.
    B: Por quê? Ela _____ (ESTUDAR) mais?
    A: Acho que sim. Afinal não foi aprovada na escola. E eu
    _____ (DAR) mais conselhos a ela. Ela é
    muito despreocupada.

4. A: Ah, se eu pudesse voltar atrás... Não _____ (PERDER)
    tanto tempo com aquele projeto que não deu em nada.
    B: Eu não me incomodo. _____ (FAZER) tudo igual.
    Nós aprendemos com os erros também. O projeto acabou sendo
    útil.

C. **Oral:** Discuta as seguintes questões com um/a colega.
    Se você pudesse voltar atrás na sua vida,

    ... o que você _____ (FAZER) de diferente na sua
    adolescência/ou infância? Por quê?
    ... você _____ (ESCOLHER) o mesmo curso na faculdade/
    escola técnica?
    ... o que você não _____ (FAZER) de jeito nenhum? Por quê?
    ... você _____ (VIAJAR) para algum lugar? Com que
    propósito?
    ... você _____ (APROVEITAR) melhor uma oportunidade
    de estudo/trabalho? Qual foi essa oportunidade?

LIÇÃO A   AMPLIAÇÃO DO VOCABULÁRIO
Fim do ano

Festas

Véspera de Natal (24/12)	Réveillon (festa no dia 31/12)
Natal (25/ 12)	Ano-Novo (01/01)
Véspera de Ano-Novo (31/12)	

Geral

balanço do ano	comemorações	cartões de boas festas
retrospectiva	ceia	amigo secreto
planos	presentes	
planejamento	confraternizações	
festas	cartões de Natal	

Expressões

Feliz Natal!	Desejo a todos ...
Feliz Ano-Novo!	Desejamos a todos ...
Boas Festas!	Um brinde a ...

A. Escreva as expressões/cumprimentos do quadro que melhor se adequam às situações abaixo. Mais de uma possibilidade é correta.

_____
_____
_____
_____
_____
_____
_____

_____
_____
_____
_____
_____
_____
_____

_____
_____
_____
_____
_____
_____
_____

B. Coloque as palavras/expressões do quadro na comemoração correta. Em duplas, acrescente outras palavras/expressões.

roupa branca	champanhe	confraternizações	árvore de Natal
presentes	amigo secreto	balanço do ano	retrospectiva
cartões de Natal	brinde	planos	planejamento
festas	comemorações	ceia	cartões de boas festas

NATAL

ANO NOVO

C. Como são comemoradas as festas de final de ano em seu país? Elas são diferentes das festas brasileiras?

_____

_____

_____

D. Você já participou de algum amigo secreto no Brasil? Se sim, como foi?

_____

_____

_____

_____

_____

LIÇÃO B **PANORAMA**
Arrependimento

O arrependimento é uma insatisfação por causa de falta ou erros cometidos. De acordo com a Wikipédia, a enciclopédia livre da internet, na origem da palavra, arrependimento quer dizer mudança de atitude, ou seja, atitude contrária, ou oposta, àquela tomada anteriormente. Algumas vezes, quando uma pessoa está arrependida, ela pode usar a seguinte expressão: "Ah, se arrependimento matasse ..." que significa que ela está muito arrependida de algo que fez e gostaria, se possível, de voltar atrás na atitude já tomada. Há também aquelas pessoas muito otimistas que dizem que só se arrependem pelo que não fizeram ainda.

E você, já se arrependeu de alguma coisa?
O que você faria se você se arrependesse de algo que fez?
O que você acha sobre o arrependimento?

LIÇÃO B 🎧 DIÁLOGO
2/42

Tereza: E então, Vilma, você está melhor hoje?

Vilma: Melhor? Infelizmente não. Acho que vai levar um tempo para eu melhorar. Nenhuma área da minha vida anda bem.

Tereza: Mas que pessimismo é esse?

Vilma: Não é pessimismo. Se eu tivesse ouvido a minha mãe hoje eu não estaria assim.

Tereza: Assim como?

Vilma: Se eu tivesse feito uma pós-graduação teria tido mais oportunidades profissionais.

Tereza: Será? Eu fiz e estou no mesmo barco que você.

Vilma: Mas não é só isso. Minha vida pessoal também não anda bem. Se eu tivesse tido mais paciência com o Juvenal, talvez hoje nós já teríamos nos casado.

Tereza: Mais paciência? Mas você não o amava.

Vilma: Que importância tem isso. Conheço muitas mulheres casadas que não amam e nunca amaram os maridos.

Tereza: E você gostaria de ser como uma delas?

Vilma: E por que não?

Tereza: Vilma, desculpe a sinceridade, mas acho que você está em crise consigo mesma e isso é bom. Você pode mudar essa situação se quiser. O que não adianta é só se lamentar e chorar o leite derramado.

LIÇÃO B GRAMÁTICA
Pretérito mais-que-perfeito do Subjuntivo

<u>Se</u> eu **tivesse feito** uma pós-graduação, **teria tido** mais oportunidades profissionais.

<u>Se</u> eu **tivesse tido** mais paciência com o Juvenal, talvez hoje nós já **teríamos nos casado**.

....

Uso: O pretérito mais-que-perfeito do subjuntivo expressa uma ação anterior a outra ação passada, em relação ao tempo do verbo da oração principal. Esse tempo se relaciona com o futuro do pretérito composto do indicativo na expressão de fatos irreais e hipotéticos do passado.

Exemplo: <u>Se</u> eu **tivesse** estudado mais, **teria ido** bem na prova.

Explicação: O fato é que eu não estudei e, portanto, não fui bem na prova.

Formação: O pretérito mais-que-perfeito do subjuntivo é formado com o pretérito imperfeito do subjuntivo do verbo *ter* (ou haver) mais o particípio do verbo principal.

Pretérito mais-que-perfeito do Subjuntivo

FAZER		TER		IR	
Eu	tivesse feito	Eu	tivesse tido	Eu	tivesse ido
Você		Você		Você	
Ele	tivesse feito	Ele	tivesse tido	Ele	tivesse ido
Ela		Ela		Ela	
A gente		A gente		A gente	
Nós	tivéssemos feito	Nós	tivéssemos tido	Nós	tivéssemos ido
Vocês		Vocês		Vocês	
Eles	tivessem feito	Eles	tivessem tido	Eles	tivessem ido
Elas		Elas		Elas	

LIÇÃO B   CONSTRUÇÃO DO CONTEÚDO

A. Complete os diálogos com os verbos dados no tempo verbal correto.

1. Ana: O que foi Gil? Por que essa cara?

   Gil: Cara de arrependimento. Se eu _____ (LIGAR) para a Mari naquele dia, ela não _____ (SAIR) com o João.

   Ana: E hoje você não _____ (ESTAR) com essa cara.

   Gil: Pois é. Agora é tarde. Mas, você não pode falar nada de mim.

   Ana: Eu?

   Gil: A senhora mesma. Se você _____ (ESCUTAR) o seu amigo aqui, não estaria desempregada.

   Ana: É. Eu era muito imatura mesmo. Se eu _____ (CONVERSAR) com meu chefe, _____ (ESTAR) trabalhando lá ainda.

   Gil: Todos cometemos erros, minha cara. Agora é pensar no futuro.

2. Juliana: Não acredito. Olha, vó. É a Martinha na TV.

   Avó: Aquela que dançava com a sua irmã?

   Juliana: Ela mesma. Se a minha irmã _____ (ACEITAR) aquela proposta do empresário do grupo, nós _____ (ESTAR) olhando para ela na TV e não para essa Martinha.

   Avó: Verdade. Se eu _____ (TENTAR) convencê-la, ela _____ (MUDAR) de ideia. Mas, eu não quis intervir.

   Juliana: Bem, talvez tenha sido melhor. Pelo menos ela está estudando fisioterapia. A carreira artística às vezes é muito passageira.

B. Preencha as frases com informações sobre sua vida.

1. Se eu _____ quando tinha tempo, hoje _____
_____.

2. Se minha família _____, eu não _____
_____.

3. Se meus amigos _____, eu _____
_____.

4. Se eu _____ quando _____, _____
_____.

5. Se eu _____ (comprar) _____, _____
_____.

C. **Oral:** Leia os depoimentos a seguir e comente-os com a classe usando o pretérito mais-que-perfeito do subjuntivo (Ex.: *tivesse feito*) com o futuro do pretérito simples (Ex.: *faria*) ou composto (Ex.: *teria feito*).

"No começo da minha carreira, eu era muito ansiosa e insegura. Todos me diziam para ficar na empresa em que eu estava, tentar me desenvolver lá dentro. Mas, me ofereceram um cargo de analista júnior em outra empresa e eu logo aceitei porque o salário era maior. Estou nesse cargo há muito tempo e não percebo incentivo da empresa para que eu cresça."

"Eu sempre toquei rock com meus amigos. Nós tínhamos uma banda muito boa. Mas, quando chegou a época de prestar vestibular, fiquei com medo de a banda não dar em nada. Sempre amei música, mas resolvi fazer faculdade de odontologia, pois meu pai é dentista e pensei que seria bom e mais fácil trabalharmos juntos. Saí da banda e colocaram outro músico em meu lugar. Dois anos depois, eles gravaram um CD e agora as músicas estão tocando na rádio."

"Sempre trabalhei muito a minha vida toda. Saía de casa às 6 da manhã e voltava às 11 da noite. Criei cinco filhos, muito bem criados, mas não passei muito tempo com eles. Hoje tenho sete netos e tento recuperar o tempo que não passei com meus filhos, brincando com meus netos. Minha esposa faleceu há quinze anos, mais ou menos na época em que parei de trabalhar. Infelizmente, não pudemos passar muito tempo de lazer juntos."

LIÇÃO B   AMPLIAÇÃO DO VOCABULÁRIO

Pensamentos sobre erros

> *"O maior erro que um homem pode cometer é viver com medo de cometer um erro."* (Hebbard)
>
> *"Certas derrotas preparam-nos para grandes vitórias."* (Autor desconhecido)
>
> *"A confissão das más ações é o primeiro passo para a prática de boas ações."* (Sto. Agostinho)
>
> *"Um fracassado é um homem que cometeu um erro e não é capaz de o transformar em experiência."* (E. Hubrard)
>
> *"Todos os homens podem cair num erro, mas só os idiotas perseveram nele."* (Cícero)

Arrependimento

substantivo	verbo
arrependimento	arrepender-se
castigo	castigar
punição	punir
culpa	culpar
inquietação (da alma)	inquietar-se
perdão	perdoar
	voltar atrás

A. Complete os diálogos abaixo com uma das opções. Conjugue o verbo, caso necessário.

1. Patricia: E você, Pri? Tem alguma coisa de que você se _____ (CASTIGAR/ARREPENDER) de ter feito?

   Priscila: Sim... Infelizmente várias. Mas meu maior _____ (ARREPENDER/ARREPENDIMENTO) foi não ter aceitado aquela proposta de trabalho na sua empresa. Hoje não estaria desempregada.

2. César: Você conseguiria _____ (PERDÃO/PERDOAR) uma traição?

   Luiz: Não sei... Acho que só saberia na hora que isso acontecesse...

3. Bete: Nossa, Tina! Que _____ (INQUIETAÇÃO/ INQUIETAR-SE) é essa?

   Tina: Estou preocupada com minha filha. Ela disse que iria ligar quando chegasse da escola e ainda não ligou....

4. Rafael: Você _____ (CASTIGAR/VOLTAR ATRÁS) e admitiria que estava errado?

   Paula: Claro! Se eu estivesse errada...

5. Michelle: Você sabia que a _____ (PUNIÇÃO/
    CULPA) para quem rouba no Brasil é de, no mínimo, quatro anos
    de reclusão e multa?
    Miriam: Sério? Mas por que você está me falando isso?
    Michelle: Por que você roubou minha blusa novinha que com-
    prei semana passada!
    Miriam: Ai, Mi... Desde que começaram suas aulas de direito
    você ficou muito chata!

6. Pedro: Fê, não conta nada para o pai, mas acho que quebrei o
    notebook dele...
    Fernando: Nossa, cara! Você vai ficar de _____
    (CASTIGAR/CASTIGO) por um ano...
    Pedro: Não se ele não souber que a _____ (CULPA/
    PUNIR) foi minha...

B. Há algum pensamento sobre erros conhecido ou muito falado
    em sua terra natal? Como seria em português?

    _____

    _____

    _____

    _____

    _____

LIÇÃO C **PANORAMA**
Conselhos

Existe um ditado popular em português que diz "Conselho, se fosse bom, não se dava, vendia-se". Mesmo assim, é comum as pessoas darem conselhos. Os que mais fazem isso são principalmente os mais velhos ou os pais por terem mais
experiência ou mais vivência.

O que você acha de 'dar conselhos'?
Você recebe ou recebia conselhos de seus pais?
Você dá conselhos?

LIÇÃO C DIÁLOGO

Denise: Desculpe a intromissão, mas se eu tivesse tido a oportunidade que você teve, eu teria falado com o chefe sobre o aumento de salário.

Ivone: Oportunidade? Você chama aquilo de oportunidade?

Denise: Bem, acho uma oportunidade poder almoçar com o chefe e alguns clientes. No caminho da ida e da volta...

Ivone: Nem pensar. Imagine. Ele foi fazendo mil recomendações. Não tive nem chance de pensar quanto mais de pedir aumento de salário. Só você pra pensar uma coisa dessas.

Denise: Então, não reclama mais. Se eu reclamasse como você, já teria pedido demissão e procurado um outro emprego.

Ivone: Tudo bem, Denise. Desculpe a minha chatice. Quando eu tirar férias, vou procurar um emprego. Eu já marquei minha viagem pro Nordeste. Quem sabe, eu consiga um emprego lá.

Denise: Neste caso, se você conseguir alguma coisa, lembre de mim, tá?

Ivone: Você gostaria de trabalhar no Nordeste?

Denise: Claro que sim. Um lugar que faz calor quase o ano todo. Eu adoro calor.

Ivone: Eu detesto.

Denise: Então por que vai pro Nordeste? Se eu fosse você iria pro Sul.

Ivone: Acho que é porque eu gosto de reclamar.

LIÇÃO C **GRAMÁTICA**

Imperfeito do Subjuntivo + futuro do pretérito composto

Se eu **reclamasse** como você, já **teria pedido** demissão e **procurado** um outro emprego.

••

Uso: É comum usarmos o imperfeito do subjuntivo com o futuro do pretérito simples.

Exemplo: Se eu **fosse** você eu **pediria** demissão e **procuraria** outro emprego.

> Mas é possível usar o imperfeito do subjuntivo com o futuro do pretérito composto quando nos referimos ao passado.
>
> Exemplo: Se eu **reclamasse** como você **pediria** demissão. (Pediria demissão agora: presente)
>
> Se eu **reclamasse** como você já **teria pedido** demissão. (Já teria pedido demissão e não estaria trabalhando mais aqui: passado)

LIÇÃO C **CONSTRUÇÃO DO CONTEÚDO**

A. Complete as frases com os verbos entre parênteses no tempo verbal adequado para se referir ao presente ou ao passado.

1. Eu não sou otimista como você, mas se eu _____ (SER), já _____ (FAZER) uma grande mudança na vida.

2. Sara não tem dinheiro, mas se ela _____ (TER), _____ (EMPRESTAR) para você poder viajar.

3. Meus primos não escutam meus conselhos, mas se eles _____ (ESCUTAR), não _____ (GASTAR) todo o dinheiro da herança em viagens. Agora têm que viver de aluguel.

4. Nós aqui em casa não dividimos as tarefas domésticas, mas se nós _____ (DIVIDIR), minha mãe _____ (FICAR) feliz.

5. Vocês não sabem lidar com problemas, mas se vocês _____ (SABER), não _____ (ARRUMAR) tantos desafetos no trabalho que culminaram em suas transferências.

B. Assinale a frase que se aplica à situação descrita.

1. Sua amiga não quer estudar fora do país porque nunca viajou sozinha. O que você diria?
   ( ) "Se eu fosse você, teria ido para os Estados Unidos agora".
   ( ) "Se eu fosse você, iria para os Estados Unidos já."

2. Sua esposa teve a oportunidade de conhecer o autor de romances favorito dela, mas teve vergonha e não se aproximou. O que você diria?
   ( ) "Se eu estivesse na frente do meu autor favorito, eu teria pedido um autógrafo".
   ( ) Se eu estivesse na frente do meu autor favorito, eu já pediria um autógrafo".

3. Seu chefe ficou na dúvida se contratava ou não uma colega indi-
    cada por você. Não contratou. A pessoa que preencheu a vaga não
    correspondeu às expectativas. O que você diria à sua colega?
    (   ) "Se eu fosse meu chefe, te contrataria."
    (   ) "Se eu fosse meu chefe, teria te contratado na hora".

4. O carro de seu amigo está quebrado. Ele não quer levá-lo ao me-
    cânico e acha que vai consertá-lo sozinho. Você sabe que seu
    amigo não entende muito de mecânica por isso ainda quer con-
    vencê-lo. O que você diria?
    (   ) "Se eu fosse você, levaria o carro para o mecânico".
    (   ) "Se eu fosse você, teria levado o carro para o mecânico".

**C. Oral: Faça as seguintes questões a um(a) colega. O/A colega
    deve começar a resposta com "Não, mas...".**

Ex.:   *A: Você está cansado?*
       B: Não, mas se eu estivesse cansado, iria para casa agora.
       ou
       B: Não, mas se eu estivesse cansado, não teria vindo para a aula.

Você tem uma moto?
Você é casado(a)? Solteiro (a)?
Você mora em um hotel?
Você é o (a) professor (a) desta aula?
Você é o presidente de seu país?
O clima está quente/frio hoje?

LIÇÃO C   AMPLIAÇÃO DO VOCABULÁRIO
Conselhos

Verbo	Substantivo
dar conselhos	conselho
pedir conselhos	aconselhamento
receber conselhos	
seguir conselhos	
aconselhar	

**A. Complete os diálogos abaixo com uma das opções. Conjugue o
    verbo, caso necessário.**

1. Priscila: É... se eu tivesse _____ (DAR/SEGUIR)
    os conselhos do meu pai, estaria trabalhando.
    Patricia: Mas você é capaz, Pri! Tenho certeza de que irá arrumar
    um bom emprego rapidinho. Mas posso te _____
    (DAR/SEGUIR) outro conselho?

Priscila: Claro! Pode falar!
Patrícia: Dessa vez, pense bem antes de recusar um emprego!

2. Bete: Relaxa, Tina! Quer um _____ (CONSELHO/ ACONSELHAMENTO)? Não fique tão preocupada com a Alice. Ela é uma menina ótima, tenho certeza de que não fará nada de errado.
Tina: É que eu me preocupo com os outros. Moramos em uma cidade violenta. Mas você está certa. Vou tentar me controlar mais, obrigada.

3. Rafael: O psicólogo nos _____ (ACONSELHAMENTO/ ACONSELHAR) a falarmos sobre o assunto, caso haja alguma divergência, não é?
Paula: Sim, mas qual o problema?
Rafael: Você *está* errada!

4. Pedro: Fê, posso te _____ (PEDIR/ SEGUIR) um conselho? Você acha melhor eu contar pro pai do notebook ou não?
Fernando: Acho melhor você contar. Ele vai descobrir e aí vai ser pior...

B. Classifique em *dar conselhos/ pedir conselhos/ seguir conselhos.*

1. Se eu fosse você, faria as pazes com sua mãe.

   _____

2. Acho que vou fazer aquilo que você falou. Vou contar a verdade para o meu chefe.

   _____

3. O que eu faço? Compro um carro novo ou guardo o dinheiro na poupança?

   _____

C. Você costuma dar, pedir ou receber conselhos? Em que situações?

   _____
   _____
   _____

LIÇÕES A, B e C COMPREENSÃO AUDITIVA

🎧 Um repórter de TV está nas ruas entrevistando pedestres sobre o ano que está acabando, os projetos realizados, arrependimentos etc. Ouça três entrevistas e preencha o exercício.
2/44

Senhora   Ela tem algum arrependimento? _____

_____

Teria feito algo diferente? _____

_____

Moço   Ele realizou muitas coisas? _____

_____

Culpa alguém pelo que não realizou? _____

_____

Homem   O que ele realizou? _____

_____

Qual conselho ele daria? _____

_____

LIÇÕES A, B e C   APLICAÇÃO ORAL DO CONTEÚDO

Faça com os colegas um balanço geral dos últimos seis meses da sua vida profissional e/ou pessoal. Discuta sobre o que vocês teriam feito que não fizeram, o que teria acontecido se vocês tivessem agido diferente, o que teria acontecido se vocês tivessem outro tipo de personalidade.

LEITURA

A. Você costuma fazer planejamentos para os anos que estão por vir? Quais?

_____

_____

_____

_____

_____

_____

_____

B. Leia o texto e responda as perguntas.

Sucesso Profissional:

SUAS METAS PARA O ANO QUE VEM (E OS ANOS SEGUINTES...)
* Leila Navarro

Se você trabalha em uma empresa, certamente, nas últimas semanas do ano, se envolveu com o corre-corre do planejamento para o próximo ano. Missão cumprida, certo? Você pode curtir as festas de fim de ano, as férias... E quando voltar, em seu primeiro dia de trabalho, ano que vem, saberá o que tem de fazer e os resultados que deverá alcançar.

Agora, uma pergunta: e suas metas pessoais, já estão prontas? Ou será que nem lhe passou pela cabeça defini-las? Bem, isso não seria novidade... É curioso como profissionais experientes, que todo ano se envolvem no planejamento estratégico empresarial, não usam o mesmo recurso para a vida pessoal. Então, que tal aproveitar esses últimos dias do ano para traçar suas metas? Você pode utilizar os mesmos passos que utiliza em sua empresa, mas, se quiser algo mais simples, experimente estes:

– Crie sua visão de futuro. Visualize seu trabalho, sua situação financeira, a casa em que mora, o carro que possui, sua vida familiar, sua condição física, vida social, lazer... Permita-se sonhar, sem se importar se essa visão é ou não realizável. Imagine tudo com riqueza de detalhes e verifique como você se sente vivenciando essas situações: se o sentimento for de alegria, paz ou realização é porque esse futuro tem realmente tudo a ver com você.

– Transforme sua visão de futuro em metas e determine prazos para alcançá-las, agrupando-as nas categorias curto, médio e longo prazos. Coloque as metas no papel com clareza e precisão, porque quando fazemos isso aumentamos em 60% as chances de realizá-las.

– Avalie os recursos necessários para a realização de cada meta, ou seja, tudo de que você precisa para "chegar lá": investimentos, competências, habilidades, cursos, contatos, patrocínio etc.

– Defina um plano de ação. Você já sabe aonde quer chegar e do que precisa para chegar; então, trace seus passos ao longo do tempo. De tempos em tempos – a cada mês, por exemplo – reveja suas metas e faça ajustes se necessário.

Pensando bem, tudo isso é algo muito familiar, não? É praticamente o mesmo procedimento que você tem com os assuntos de seu trabalho. A diferença, aqui, é que se tratam das suas metas, da sua felicidade, sua prosperidade e realização.

Feliz Ano Novo!

Adaptado de http://www.catho.com.br/jcs/inputer_view.phtml?id=9073

B. Você costuma fazer planejamentos pessoais? Concorda com as dicas dadas pela autora? Teria outras dicas a acrescentar? Quais?

_____

_____

_____

_____

REDAÇÃO

A partir do texto, faça um planejamento para a área da sua vida que precisa de mudanças.

_____
_____
_____
_____
_____
_____
_____
_____
_____
_____
_____
_____
_____
_____
_____
_____
_____

CONSOLIDAÇÃO LEXICAL
Planos

Inclua aqui seus planos para o ano que vem, tentando prever quando eles irão se realizar e o que você precisa fazer para que isso aconteça. Caso queira, siga o modelo dado na Leitura.

Planos e metas para o ano novo!

_____
_____
_____
_____
_____
_____
_____
_____
_____
_____
_____
_____
_____
_____
_____

Pronúncia do Português – parte 5

O 'NH'

O *nh* é um grupo de letras que simboliza apenas um som. Ele nasaliza a vogal que o antecede e acrescenta o som da vogal *i* curta. Ouça:

banho   dinheiro   conhecer   cozinha

> A palavra 'banho', por exemplo, é pronunciada mais ou menos como /bãio/, sendo que o *i* é pronunciado rapidamente.

O 'LH'

O *lh* também simboliza apenas um som. Como acontece com o *nh*, acrescenta-se um *i* curto, no entanto, não há nasalização. Ouça:

trabalhar   conselho   acolher   alho   alhures

> A palavra 'alho', por exemplo, é pronunciada mais ou menos como /alio/, sendo que o *i* é pronunciado rapidamente.

Ouça o seguinte diálogo e pratique-o com um/a colega. Preste atenção nas palavras grifadas.

Paulinho: Celso, você não vai trabalhar hoje? Dinheiro não nasce em árvore.

Celso: Não, Paulinho. Estou de folga. Vou escolher um filme para assistir.

Paulinho: Quer um conselho? Aproveita o dia para ganhar uma grana extra.

Celso: Com o quê? Fazendo docinhos pra fora? Há há.

Paulinho: Você conhece meu padrinho?

Celso: Aquele de Itanhaém? Acho que já o vi sim.

Paulinho: A mulher dele precisa de alguém para ajudar na montagem da cozinha. Eu pensei que talvez você pudesse ir. Eles vão pagar.

Celso: Meus <u>olhos</u> estão doendo. Devo estar com problema de vista. <u>Melhor</u> eu ficar por aqui mesmo.

Paulinho: Dor nos <u>olhos</u>? Então não vai poder ver filme, né?

Celso: <u>Espertinho</u>. Me pegou. Tá bom. Eu vou. Uma <u>graninha</u> a mais sempre ajuda.

Exercício: Improvise um diálogo curto com um/a colega usando as seguintes palavras:

filho   molho   reconhecer   tinha   sonhar   cafezinho   toalha

Revisão das Unidades 17 a 20

Escolha a alternativa correta:

A.

A: Você gosta de _____ a sorte e _____ uma fezinha de vez em quando?

1. ganhar - apostar
2. arriscar - fazer
3. fazer - fazer

B.

A: Ai, não acredito! O salto do meu sapato quebrou.

B: _____

1. Que sorte!
2. Que azar!
3. Que sortuda!

C.

A: Oi, Dênis! Como foi a prova?

B: Difícil, mas como _____ muito, acabei passando.

1. colei
2. dediquei
3. estudei

D.

A: Joana, me ajude, não sei o que fazer.

B: O que foi?

A: Não sei se me caso com o Luciano ou não...

B: Ah, Jô, nesse caso prefiro não _____ conselhos. Siga seu coração.

1. dar
2. receber
3. pedir

Complete os diálogos com os verbos adequados. Conjugue os verbos, caso seja necessário.

chegar   conseguir   mudar   ir   ir   progredir   ser   ser
ter   ter   procurar   promover   fazer   visitar

A.

A: E aí, Milene? Você vai à festa de confraternização da empresa?

B: Ainda não sei. Se eu _____ eu dou uma ligada pra você avisando.

A: Combinado!

B.

A: Quando vamos comprar nossa geladeira nova? Não aguento mais a antiga!

B: Quando _____ dinheiro. Ainda estou pagando as prestações do computador, lembra?

C.

A: Quando seus pais _____ você?

B: Semana que vem, mas ainda não sei o dia ao certo. Quando eles _____ eu te ligo.

D.

A: Larissa, tenho novidades!

B: Fala! O que é?

A: Fui promovido! Agora sou gerente de vendas!

B: Nossa! Parabéns, Rô! Torço para que você _____ cada vez mais. Eu também estou esperando uma promoção. Espero que eu _____ promovida este ano.

A: Torço para que seu chefe _____ você!

E. (ao telefone)

A: Oi, Milene! Sou eu de novo, tudo bem?

B: Oi, Gabriel. Tudo e você?

A: Tudo! Você já decidiu se vai à festa da empresa?

B: Ainda não. Tenho um relatório pra terminar ainda hoje.

A: Espero que você _____ terminar o relatório e _____ à festa comigo. Não quero ir sozinho.

F.

A: Até que enfim! Férias! Esse ano quero ir a todas as praias da Bahia!

B: Tomara que _____ muito sol e que você _____ tempo de conhecer todas as praias.

G.

A: Você acredita que estou trabalhando direto, inclusive aos sábados e domingos? Chego tão tarde em casa que nem vejo mais as crianças acordadas.

B: Nossa, Daniel! Se eu _____ você, _____ outro emprego.

H.
A: Você acha que a Rita mudou de ideia quanto a mudar-se para o Mato Grosso?
B: Pra ser sincero, duvido que ela se _____. Ela não estava decidida.

Passe da voz ativa para a passiva.

a. Alguém limpou a casa.

_____

b. Eu entreguei o relatório de despesas.

_____

c. Aquele mecânico é ótimo. Ele tem consertado todos os carros da empresa nos últimos anos.

_____

d. Lucca vai pagar os impostos na semana que vem.

_____

Crie perguntas para as respostas abaixo.

a. _____ ?
   Espero que em um futuro próximo as pessoas estejam cada vez mais conscientes do seu papel
   para a conservação do meio ambiente.

b. _____ ?
   Tomara que faça um lindo final de semana de sol e calor.

c. _____ ?
   Duvido que nós tenhamos dinheiro suficiente pra isso.

d. _____ ?
   Que eu saiba ela se mudou pro Rio no ano passado.

e. _____ ?
   Paguei. Temos agora que pagar o IPVA que vence agora, no começo do mês.

f. _____ ?
   Normalmente, entregamos a declaração do IR em abril.

g. _____ ?

Eu teria viajado mais e aproveitado mais a vida.

h. _____ ?

Foi ótimo! Duvidei que fosse me divertir tanto em um casamento.

O que normalmente falamos nas situações abaixo?

a. É Natal. _____

b. É Ano Novo. _____

c. Alguém ganhou muito dinheiro na loteria. _____

d. Você quer agradecer por algo que fizeram por você. _____

e. É o casamento de alguém e você vai cumprimentar os noivos. _____

O que você faria se....

a. ...tivesse ganhado uma passagem para qualquer lugar do Brasil, mas não pudesse ir por causa do trabalho?

_____

b. ...tivesse a oportunidade de corrigir um erro do passado?

_____

c. ...tivesse a oportunidade de aconselhar alguém?

_____

Em duplas, pergunte ao/à colega o que ele teria feito diferente do que ele/a fez (algo de que ele/a se arrepende). Consiga o maior número de informações possível.

APÊNDICE 1 *Mapa do Brasil*

APÊNDICE 2 # Apêndice Lexical

1. PAÍSES, NACIONALIDADES E IDIOMAS

Países	Nacionalidade: gênero	Nacionalidade: número	Idioma oficial
Afeganistão	Afegão/ã	Afegãos/ãs	Farsi
África do Sul	Sul-africano/a	Sul-africanos/as	Inglês
Albânia	Albanês/a	Albaneses/as	Albanês
Alemanha	Alemão/ã	Alemães/ãs	Alemão
Angola	Angolano/a	Angolanos/as	Português
Arábia Saudita	Árabe	Árabes	Árabe
Argélia	Argelino/a	Argelinos/as	Árabe
Argentina	Argentino/a	Argentinos/as	Espanhol
Armênia	Armênio/a	Armênios/as	Farsi
Austrália	Australiano/a	Australianos/as	Inglês
Áustria	Austríaco/a	Austríacos/as	Alemão
Bélgica	Belga	Belgas	Neerlandês e Francês
Bolívia	Boliviano/ a	Bolivianos/as	Espanhol
Brasil	Brasileiro/ a	Brasileiros/as	Português
Bulgária	Búlgaro/a	Búlgaros/as	Búlgaro
Cabo Verde	Cabo-verdense	Cabo-verdenses	Português
Camarões	Camaronês/a	Camaroneses/as	Inglês
Canadá	Canadense	Canadenses	Inglês e Francês
Chile	Chileno/a	Chilenos/as	Espanhol
China	Chinês/a	Chineses/as	Chinês
Cingapura	Cingapurense	Cingapurenses	Inglês

Colômbia	Colombiano/a	Colombianos/a	Espanhol
Congo	Congolês/a	Congoleses/as	Francês
Coreia	Coreano/a	Coreanos/as	Coreano
Costa Rica	Costa-riquenho/a	Costa-riquenhos/as	Espanhol
Croácia	Croata	Croatas	Croata
Cuba	Cubano/a	Cubanos/as	Espanhol
Dinamarca	Dinamarquês/a	Dinamarqueses/as	Dinamarquês
Equador	Equatoriano/a	Equatorianos/as	Espanhol
Egito	Egípcio/a	Egípcios/as	Árabe
Espanha	Espanhol/a	Espanhóis/las	Espanhol
Estados Unidos	Americano/a	Americanos/as	Inglês
Etiópia	Etíope	Etíopes	Amárico
Finlândia	Finlandês/a	Finlandeses/as	Finlandês e Sueco
França	Francês/a	Franceses/as	Francês
Filipinas	Filipino/a	Filipinos/as	Tagalog
Grécia	Grego/a	Gregos/as	Grego
Guatemala	Guatemalteco/a	Gualtematecos/as	Espanhol
Guiné-Bissau	Guineense	Guineenses	Português
Guiana Francesa	Guianense	Guianenses	Francês
Haiti	Haitiano/a	Haitianos/as	Francês e Crioulo
Holanda	Holandês/a	Holandeses/as	Neerlandês (popular-mente Holandês)
Honduras	Hondurenho/a	Hondurenhos/as	Espanhol
Hungria	Húngaro/a	Húngaros/as	Húngaro
Índia	Indiano/a	Indianoas/as	Hindi, Bengali e Inglês
Indonésia	Indonésio/a	Indonésios/as	Indonésio
Inglaterra	Inglês/a	Ingleses/as	Inglês
Irã	Iraniano/a	Iranianos/as	Farsi
Iraque	Iraquiano/a	Iraquianos/as	Farsi
Irlanda	Irlandês/a	Irlandeses/as	Irlandês e Inglês
Islândia	Islandês/a	Islandeses/as	Islandês
Israel	Israelense	Israelenses	Hebraico e Árabe
Itália	Italiano/a	Italianos/as	Italiano
Jamaica	Jamaicano/a	Jamaicanos/as	Inglês
Japão	Japonês/a	Japoneses/as	Japonês
Líbano	Libanês/a	Libaneses/as	Árabe
Líbia	Líbio/a	Líbios/as	Árabe
Luxemburgo	Luxemburguês/a	Luxemburgueses/as	Luxemburguês
Malásia	Malasiano/a	Malasianos/as	Malaio
Marrocos	Marroquino/a	Marroquinos/as	Árabe
México	Mexicano/a	Mexicanos/as	Espanhol
Moçambique	Moçambicano/a	Moçambicanos/as	Português
Mongólia	Mongólico/a	Mongólicos/as	Calca-mongol
Nepal	Nepalês/a	Nepaleses/as	Nepali
Nova Zelândia	Neozelandês/a	Neozelandeses/as	Inglês

Nicarágua	Nicaraguenho/a	Nicaraguenhos/as	Espanhol
Nigéria	Nigeriano/a	Nigerianos/as	Inglês
Noruega	Norueguês/a	Noruegueses/as	Norueguês
Paquistão	Paquistanês	Paquistaneses	Urdo e Inglês
Panamá	Panamenho/a	Panamenhos/as	Espanhol
Paraguai	Paraguaio/a	Paraguaios/as	Espanhol
Peru	Peruano/a	Peruanos/as	Espanhol
Polônia	Polonês/a	Poloneses/as	Polaco
Portugal	Português/a	Portugueses/as	Português
Romênia	Romeno/a	Romenos/as	Romeno
Rússia	Russo/a	Russos/as	Russo
São Tomé e Príncipe	São-tomense	São-tomenses	Português
Senegal	Senegalês/a	Senegaleses/as	Francês
Somália	Somali	Somalis	Árabe
Suriname	Surinamês	Surinameses	Neerlandês
Suíça	Suíço/a	Suíços/as	Alemão, Francês, Italiano e Romance
Suécia	Sueco/a	Suecos/as	Sueco
Síria	Sírio/a	Sírios/as	Árabe
Tailândia	Tailandês/a	Tailandeses/as	Tailandês
Tanzânia	Tanzaniano/a	Tanzanianos/as	Inglês
Tunísia	Tunisiano/a	Tunisianos/as	Árabe
Turquia	Turco/a	Turcos/as	Turco
Uruguai	Uruguaio/a	Uruguaios/as	Espanhol
Venezuela	Venezuelano/a	Venezuelanos/as	Espanhol
Vietnã	Vietnamita	Vietnamitas	Vietnamita
Zaire	Zairiense	Zairienses	Francês
Zâmbia	Zambiense	Zambienses	Inglês

2. PROFISSÕES

Masculino: singular/plural	Feminino: singular/plural
Açougueiro (s)	Açougueira (s)
Administrador (es)	Administradora (s)
Advogado (s)	Advogada (s)
Agente (s) de viagem	Agente (s) de viagem
Ajudante (s)	Ajudantes (s)
Alfaiate (s)	Alfaiate (s)
Arquiteto (s)	Arquiteta (s)
Artista (s)	Artista (s)
Ascensorista (s)	Ascensorista (s)
Assistente (s)	Assistente (s)
Balconista (s)	Balconista (s)
Bancário (s)	Bancária (s)

Barbeiro (s)	Barbeira (s)
Cabeleireiro (s)	Cabeleireira (s)
Caixa (s) de banco, de supermercado, de loja etc	Caixa (s) de banco, de supermercado, de loja etc
Carpinteiro (s)	Carpinteira (s)
Chaveiro (s)	Chaveira (s)
Contador (es)	Contadora (s)
Corretor (es) de imóveis	Corretora (s) de imóveis
Dentista (s)	Dentista (s)
Diarista (s)	Diarista (s)
Eletricista (s)	Eletricista (s)
Empregado (s)	Empregada (s)
Encanador (s)	Encanadora (s)
Encarregado (s)	Encarregada (s)
Engenheiro (s)	Engenheira (s)
Entregador (es)	Entregadora (s)
Escritor (es)	Escritora (s)
Farmacêutico (s)	Farmacêutica(s)
Faxineiro (s)	Faxineira (s)
Florista (s)	Florista (s)
Fotógrafo (s)	Fotógrafa (s)
Funcionário (s) público (s)	Funcionária (s) pública (s)
Jardineiro (s)	Jardineira (s)
Joalheiro (s)	Joalheira (s)
Jornaleiro (s)	Jornaleira (s)
Jornalista (s)	Jornalista (s)
Marceneiro (s)	Marceneira (s)
Mecânico (s)	Mecânica (s)
Médico (s)	Médica (s)
Modelo (s)	Modelo (s)
Motoboy (motoboys)	*Motogirl (motogirls)*
Motorista (s)	Motorista (s)
Músico (s)	Musicista (s)
Oftalmologista (s)	Oftalmologista (s)
Padeiro (s)	Padeira (s)
Pedreiro (s)	Pedreira (s)
Pintor (es)	Pintora (s)
Poeta (s)	Poetisa (s)
Policial (policiais)	Policial (policiais)
Porteiro (s)	Porteira (s)
Professor (es)	Professora (s)
Programador (es) de computador	Programadora (s) de computador
Projetista (s)	Projetista (s)
Publicitário (s)	Publicitária (s)
Quitandeiro (s)	Quitandeira (s)
Recepcionista (s)	Recepcionista (s)

Repórter (es)	Repórter (es)
Representante (s)	Representante (s)
Secretário (s)	Secretária (s)
Segurança (s)	Segurança (s)
Técnico (s)	Técnica (s)
Tradutor (es)	Tradutora (s)
Vendedor (es)	Vendedora (s)
Verdureiro (s)	Verdureira (s)
Zelador (es)	Zeladora (s)

Apêndice Gramatical

1. VERBOS

1.1. Verbos regulares

Modelo de conjugação verbal em português. Os verbos regulares de 1ª conjugação (verbos terminados em 'ar') seguem este modelo: AM*AR*

INDICATIVO

Presente		**Pretérito Imperfeito**	
Am o		am ava	
Am as		*am avas*	
Am a		am ava	
Am amos		am ávamos	
Am ais		*am áveis*	
Am am		am avam	

Pretérito Perfeito simples		**Pretérito Perfeito composto**	
Am ei		tenho	am ado
Am aste		*tens*	*am ado*
Am ou		tem	am ado
Am amos		temos	am ado
Am astes		*tendes*	*am ado*
Am aram		têm	am ado

SUBJUNTIVO

Presente		**Pretérito Perfeito**	
Am e		tenha	am ado
Am es		*tenhas*	*am ado*
Am e		tenha	am ado
Am emos		tenha	am ado
Am eis		*tenhamos*	*am ado*
Am em		tenham	am ado

Pretérito Imperfeito		**Pret. Mais-que-perfeito**	
Ama sse		tivesse	am ado
Ama sses		*tivesses*	*am ado*
Ama sse		tivesse	am ado
Amá ssemos		tivéssemos	am ado
Amá sseis		*tivésseis*	*am ado*
Ama ssem		tivessem	am ado

Pretérito Mais-que-perfeito simples	Pretérito Mais-que-perfeito composto	
Ama ra	tinha	am ado
Ama ras	*tinhas*	*am ado*
Ama ra	tinha	am ado
Amá ramos	tínhamos	am ado
Amá reis	*tínheis*	*am ado*
Ama ram	tinham	am ado

Futuro do Presente simples	Futuro do Presente composto	
Amar ei	terei	am ado
Amar ás	*terás*	*am ado*
Amar á	terá	am ado
Amar emos	teremos	am ado
Amar eis	*tereis*	*am ado*
Amar ão	terão	am ado

Futuro do Pretérito simples	Futuro do Pretérito composto	
Amar ia	teria	am ado
Amar ias	*terias*	*am ado*
Amar ia	teria	am ado
Amar íamos	teríamos	am ado
Amar íeis	*teríeis*	*am ado*
Amar	teriam	am ado

A 2ª pessoa do plural (vós) não é usada na conversação do português do Brasil. A 2ª pessoa do singular (tu) é usada em algumas regiões do Brasil.

Futuro simples	Futuro composto	
Ama r	tiver	am ado
Ama res	*tiveres*	*am ado*
Ama r	tiver	am ado
Ama rmos	tivermos	am ado
Ama rdes	*tiverdes*	*am ado*
Ama rem	tiverem	am ado

IMPERATIVO

Afirmativo	Negativo	
Am a (tu)	não	am es (tu)
Am e (você)	não	am e (você)
Am emos (nós)	não	am emos (nós)
Am ai (vós)	não	am eis (vós)
Am em (vocês)	não	am em (vocês)

FORMAS NOMINAIS

Infinitivo impessoal	Infinito pessoal
Am ar	amar
	amar es
	amar
	amar mos
	amar des

Gerúndio	Particípio
Ama ndo	am ado

Modelo de conjugação verbal em português. Os verbos regulares de 2ª conjugação (verbos terminados em 'er') seguem este modelo: COM*ER*

INDICATIVO

Presente	Pretérito Imperfeito
com o	com ia
com es	*com ias*
com e	com ia
com emos	com iámos
com eis	*com íeis*
com em	com iam

Pretérito Perfeito simples	Pretérito Perfeito composto	
com i	tenho	com ido
com este	*tens*	*com ido*
com eu	tem	com ido
com emos	temos	com ido
com estes	*tendes*	*com ido*
com eram	têm	com ido

SUBJUNTIVO

Presente	Pretérito Perfeito	
com a	tenha	com ido
com as	*tenhas*	*com ido*
com a	tenha	com ido
com amos	tenha	com ido
com ais	*tenhamos*	*com ido*
com am	tenham	com ido

Pretérito Imperfeito	Pret. Mais-que-perfeito	
come sse	tivesse	com ido
come sses	*tivesses*	*com ido*
come sse	tivesse	com ido
comê ssemos	tivéssemos	com ido
comê sseis	*tivésseis*	*com ido*
come ssem	tivessem	com ido

Pretérito Mais-que- -perfeito simples	Pretérito Mais-que- -perfeito composto	
come ra	tinha	com ido
come ras	*tinhas*	*com ido*
come ra	tinha	com ido
comê ramos	tínhamos	com ido
comê reis	*tínheis*	*com ido*
come ram	tinham	com ido

Futuro do Presente simples	Futuro do Presente composto	
comer ei	terei	com ido
comer ás	*terás*	*com ido*
comer á	terá	com ido
comer emos	teremos	com ido
comer eis	*tereis*	*com ido*
comer ão	terão	com ido

Futuro do Pretérito simples	Futuro do Pretérito composto	
comer ia	teria	com ido
comer ias	*terias*	*com ido*
comer ia	teria	com ido
comer íamos	teríamos	com ido
comer íeis	*teríeis*	*com ido*
comer iam	teriam	com ido

A 2ª pessoa do plural (vós) não é usada na conversação do português do Brasil. A 2ª pessoa do singular (tu) é usada em algumas regiões do Brasil.

Futuro simples	Futuro composto	
come r	tiver	com ido
come res	*tiveres*	*com ido*
come r	tiver	com ido
come rmos	tivermos	com ido
come rdes	*tiverdes*	*com ido*
come rem	tiverem	com ido

IMPERATIVO

Afirmativo	Negativo	
com e (tu)	não	com as (tu)
com a (você)	não	com a (você)
com amos (nós)	não	com amos (nós)
com ei (vós)	não	com ais (vós)
com am (vocês)	não	com am (vocês)

FORMAS NOMINAIS

Infinitivo impessoal	Infinito pessoal
com er	comer
	comer es
	comer
	comer mos
	comer des
	comer em

Gerúndio	Particípio
come ndo	com ido

Modelo de conjugação verbal em português. Os verbos regulares de 3ª conjugação (verbos terminados em 'ir') seguem este modelo: PART*IR*

INDICATIVO

Presente	Pretérito Imperfeito
part o	part ia
part es	*part ias*
part e	part ia
part imos	part iámos
part is	*part íeis*
part em	part iam

Pretérito Perfeito simples	Pretérito Perfeito composto	
part i	tenho	part ido
part iste	*tens*	*part ido*
part iu	tem	part ido
part imos	temos	part ido
part istes	*tendes*	*part ido*
part iram	têm	part ido

SUBJUNTIVO

Presente	Pretérito Perfeito	
part a	tenha	part ido
part as	*tenhas*	*part ido*
part a	tenha	part ido
part amos	tenha	part ido
part ais	*tenhamos*	*part ido*
part am	tenham	part ido

Pretérito Imperfeito	Pret. Mais-que-perfeito	
parti sse	tivesse	part ido
parti sses	*tivesses*	*part ido*
parti sse	tivesse	part ido
partí ssemos	tivéssemos	part ido
partí sseis	*tivésseis*	*part ido*
parti ssem	tivessem	part ido

**Pretérito Mais-que-
-perfeito simples**

parti ra
parti ras
partí ra
partí ramos
parti reis
parti ram

**Pretérito Mais-que-
-perfeito composto**

tinha   part ido
tinhas   part ido
tinha   part ido
tínhamos part ido
tínheis   part ido
tinham   part ido

**Futuro do Presente
simples**

partir ei
partir ás
partir á
partir emos
partir eis
partir ão

**Futuro do Presente
composto**

terei   part ido
terás   part ido
terá   part ido
teremos part ido
tereis   part ido
terão   part ido

**Futuro do Pretérito
simples**

partir ia
partir ias
partir ia
partir íamos
partir íeis
partir iam

**Futuro do Pretérito
composto**

teria   part ido
terias   part ido
teria   part ido
teríamos part ido
teríeis part ido
teriam   part ido

*A 2ª pessoa do plural (vós) não é usada na conversa-
ção do português do Brasil. A 2ª pessoa do singular
(tu) é usada em algumas regiões do Brasil.*

Futuro simples

parti r
parti res
parti r
parti rmos
parti rdes
parti rem

Futuro composto

tiver   part ido
tiveres   part ido
tiver   part ido
tivermos part ido
tiverdes part ido
tiverem part ido

**IMPERATIVO
Afirmativo**

part e (tu)
part a (você)
part amos (nós)
part i (vós)
part am (vocês)

Negativo

não   part as (tu)
não   part a (você)
não   part amos (nós)
não   part ais (vós)
não   part am (vocês)

**FORMAS NOMINAIS
Infinitivo impessoal**

part ir

Infinito pessoal

partir
partir es
partir
partir mos
partir des
partir em

Gerúndio

parti ndo

Particípio

part ido

1.2. Alguns verbos irregulares

SER

INDICATIVO

Presente	Pretérito Imperfeito
sou	era
és	eras
é	era
somos	éramos
sois	éreis
são	eram

Pretérito Perfeito simples	Pretérito Perfeito composto
fui	tenho sido
foste	tens sido
foi	tem sido
fomos	temos sido
fostes	tendes sido
foram	têm sido

Pretérito Mais-que--perfeito simples	Pretérito Mais-que--perfeito composto
fora	tinha sido
foras	tinhas sido
fora	tinha sido
fôramos	tínhamos sido
fôreis	tínheis sido
foram	tinham sido

Futuro do Presente simples	Futuro do Presente composto
serei	terei sido
serás	terás sido
será	terá sido
seremos	teremos sido
sereis	tereis sido
serão	terão sido

Futuro do Pretérito simples	Futuro do Pretérito composto
seria	teria sido
serias	terias sido
seria	teria sido
seríamos	teríamos sido
seríeis	teríeis sido
seriam	teriam sido

A 2ª pessoa do plural (vós) não é usada na conversação do português do Brasil. A 2ª pessoa do singular (tu) é usada em algumas regiões do Brasil.

SUBJUNTIVO

Presente	Pretérito Perfeito
seja	tenha sido
sejas	tenhas sido
seja	tenha sido
sejamos	tenha sido
sejais	tenhamos sido
sejam	tenham sido

Pretérito Imperfeito	Pret. Mais-que-perfeito
fosse	tivesse sido
fosses	tivesses sido
fosse	tivesse sido
fôssemos	tivéssemos sido
fôsseis	tivésseis sido
fossem	tivessem sido

Futuro simples	Futuro composto
for	tiver sido
fores	tiveres sido
for	tiver sido
formos	tivermos sido
fordes	tiverdes sido
forem	tiverem sido

IMPERATIVO

Afirmativo	Negativo
sê (tu)	não sejas (tu)
seja (você)	não seja (você)
sejamos (nós)	não sejamos (nós)
sede (vós)	não sejais (vós)
sejam (vocês)	não sejam (vocês)

FORMAS NOMINAIS

Infinitivo impessoal	Infinito pessoal
ser	ser
	seres
	ser
	sermos
	serdes
	serem

Gerúndio	Particípio
sendo	sido

IR

INDICATIVO

Presente	Pretérito Imperfeito
vou	ia
vais	*ias*
vai	ia
vamos	íamos
ides	*íeis*
vão	iam

Pretérito Perfeito simples	Pretérito Perfeito composto	
fui	tenho	ido
foste	*tens*	*ido*
foi	tem	ido
fomos	temos	ido
fostes	*tendes*	*ido*
foram	têm	ido

Pretérito Mais-que--perfeito simples	Pretérito Mais-que--perfeito composto	
fora	tinha	ido
foras	*tinhas*	*ido*
fora	tinha	ido
fôramos	tínhamos	ido
fôreis	*tínheis*	*ido*
foram	tinham	ido

Futuro do Presente simples	Futuro do Presente composto	
irei	terei	ido
irás	*terás*	*ido*
irá	terá	ido
iremos	teremos	ido
ireis	*tereis*	*ido*
irão	terão	ido

Futuro do Pretérito simples	Futuro do Pretérito composto	
iria	teria	ido
irias	*terias*	*ido*
iria	teria	ido
iríamos	teríamos	ido
iríeis	*teríeis*	*ido*
iriam	teriam	ido

A 2ª pessoa do plural (vós) não é usada na conversação do português do Brasil. A 2ª pessoa do singular (tu) é usada em algumas regiões do Brasil.

SUBJUNTIVO

Presente	Pretérito Perfeito	
vá	tenha	ido
vás	*tenhas*	*ido*
vá	tenha	ido
vamos	tenha	ido
vades	*tenhamos*	*ido*
vão	tenham	ido

Pretérito Imperfeito	Pret. Mais-que-perfeito	
fosse	tivesse	ido
fosses	*tivesses*	*ido*
fosse	tivesse	ido
fôssemos	tivéssemos	ido
fôsseis	*tivésseis*	*ido*
fossem	tivessem	ido

Futuro simples	Futuro composto	
for	tiver	ido
fores	*tiveres*	*ido*
for	tiver	ido
formos	tivermos	ido
fordes	*tiverdes*	*ido*
forem	tiverem	ido

IMPERATIVO

Afirmativo	Negativo	
vai (tu)	não	vás (tu)
vá (você)	não	vá (você)
vamos (nós)	não	vamos (nós)
ide (vós)	não	vades (vós)
vão (vocês)	não	vão (vocês)

FORMAS NOMINAIS

Infinitivo impessoal	Infinito pessoal
ir	ir
	ires
	ir
	irmos
	irdes
	irem

Gerúndio	Particípio
indo	ido

ESTAR

INDICATIVO

Presente	Pretérito Imperfeito
estou	estava
estás	*estavas*
está	estava
estamos	estávamos
estais	*estáveis*
estão	estavam

Pretérito Perfeito simples	Pretérito Perfeito composto	
estive	tenho	estado
estiveste	*tens*	*estado*
esteve	tem	estado
estivemos	temos	estado
estivestes	*tendes*	*estado*
estivera	têm	estado

Pretérito Mais-que--perfeito simples	Pretérito Mais-que--perfeito composto	
estivera	tinha	estado
estiveras	*tinhas*	*estado*
estivera	tinha	estado
estivéramos	tínhamos	estado
estivéreis	*tínheis*	*estado*
estiveram	tinham	estado

Futuro do Presente simples	Futuro do Presente composto	
estarei	terei	estado
estarás	*terás*	*estado*
estará	terá	estado
estaremos	teremos	estado
estareis	*tereis*	*estado*
estarão	terão	estado

Futuro do Pretérito simples	Futuro do Pretérito composto	
estaria	teria	estado
estarias	*terias*	*estado*
estaria	teria	estado
estaríamos	teríamos	estado
estaríeis	*teríeis*	*estado*
estariam	teriam	estado

A 2ª pessoa do plural (vós) não é usada na conversação do português do Brasil. A 2ª pessoa do singular (tu) é usada em algumas regiões do Brasil.

SUBJUNTIVO

Presente	Pretérito Perfeito	
esteja	tenha	estado
estejas	*tenhas*	*estado*
esteja	tenha	estado
estejamos	tenha	estado
estejais	*tenhamos*	*estado*
estejam	tenham	estado

Pretérito Imperfeito	Pret. Mais-que-perfeito	
estivesse	tivesse	estado
estivesses	*tivesses*	*estado*
estivesse	tivesse	estado
estivéssemos	tivéssemos	estado
estivésseis	*tivésseis*	*estado*
estivessem	tivessem	estado

Futuro simples	Futuro composto	
estiver	tiver	estado
estiveres	*tiveres*	*estado*
estiver	tiver	estado
estivermos	tivermos	estado
estiverdes	*tiverdes*	*estado*
estiverem	tiverem	estado

IMPERATIVO

Afirmativo	Negativo
está (tu)	não estejas (tu)
esteja (você)	não esteja (você)
estejamos (nós)	não estejamos (nós)
estai (vós)	não estejais (vós)
estejam (vocês)	não estejam (vocês)

FORMAS NOMINAIS

Infinitivo impessoal	Infinito pessoal
estar	estar
	estares
	estar
	estarmos
	estardes
	estarem

Gerúndio	Particípio
estando	estado

TER

INDICATIVO

Presente	Pretérito Imperfeito
tenho	tinha
tens	*tinhas*
tem	tinha
temos	tínhamos
tendes	*tínheis*
têm	tinham

Pretérito Perfeito simples	Pretérito Perfeito composto	
tive	tenho	tido
tiveste	*tens*	*tido*
teve	tem	tido
tivemos	temos	tido
tivestes	*tendes*	*tido*
tiveram	têm	tido

Pretérito Mais-que--perfeito simples	Pretérito Mais-que--perfeito composto	
tivera	tinha	tido
tiveras	*tinhas*	*tido*
tivera	tinha	tido
tivéramos	tínhamos	tido
tivéreis	*tínheis*	*tido*
tiveram	tinham	tido

Futuro do Presente simples	Futuro do Presente composto	
terei	terei	tido
terás	*terás*	*tido*
terá	terá	tido
teremos	teremos	tido
tereis	*tereis*	*tido*
terão	terão	tido

Futuro do Pretérito simples	Futuro do Pretérito composto	
teria	teria	tido
terias	*terias*	*tido*
teria	teria	tido
teríamos	teríamos	tido
teríeis	*teríeis*	*tido*
teriam	teriam	tido

A 2ª pessoa do plural (vós) não é usada na conversação do português do Brasil. A 2ª pessoa do singular (tu) é usada em algumas regiões do Brasil.

SUBJUNTIVO

Presente	Pretérito Perfeito	
tenha	tenha	tido
tenhas	*tenhas*	*tido*
tenha	tenha	tido
tenhamos	tenha	tido
tenhais	*tenhamos*	*tido*
tenham	tenham	tido

Pretérito Imperfeito	Pret. Mais-que-perfeito	
tivesse	tivesse	tido
tivesses	*tivesses*	*tido*
tivesse	tivesse	tido
tivéssemos	tivéssemos	tido
tivésseis	*tivésseis*	*tido*
tivessem	tivessem	tido

Futuro simples	Futuro composto	
tiver	tiver	tido
tiveres	*tiveres*	*tido*
tiver	tiver	tido
tivermos	tivermos	tido
tiverdes	*tiverdes*	*tido*
tiverem	tiverem	tido

IMPERATIVO

Afirmativo	Negativo	
tem (tu)	não	tenhas (tu)
tenha (você)	não	tenha (você)
tenhamos (nós)	não	tenhamos (nós)
tende (vós)	não	tenhais (vós)
tenham (vocês)	não	tenham (vocês)

FORMAS NOMINAIS

Infinitivo impessoal	Infinito pessoal
ter	ter
	teres
	ter
	termos
	terdes
	terem

Gerúndio	Particípio
tendo	tido

FAZER

INDICATIVO

Presente	Pretérito Imperfeito
faço	fazia
fazes	*fazias*
faz	fazia
fazemos	fazíamos
fazeis	*fazíeis*
fazem	faziam

Pretérito Perfeito simples	Pretérito Perfeito composto
fiz	tenho feito
fizeste	*tens feito*
fez	tem feito
fizemos	temos feito
fizestes	*tendes feito*
fizeram	têm feito

Pretérito Mais-que--perfeito simples	Pretérito Mais-que--perfeito composto
fizera	tinha feito
fizeras	*tinhas feito*
fizera	tinha feito
fizéramos	tínhamos feito
fizéreis	*tínheis feito*
fizeram	tinham feito

Futuro do Presente simples	Futuro do Presente composto
farei	terei feito
farás	*terás feito*
fará	terá feito
faremos	teremos feito
fareis	*tereis feito*
farão	terão feito

Futuro do Pretérito simples	Futuro do Pretérito composto
faria	teria feito
farias	*terias feito*
faria	teria feito
faríamos	teríamos feito
faríeis	*teríeis feito*
fariam	teriam feito

A 2ª pessoa do plural (vós) não é usada na conversação do português do Brasil. A 2ª pessoa do singular (tu) é usada em algumas regiões do Brasil.

SUBJUNTIVO

Presente	Pretérito Perfeito
faça	tenha feito
faças	*tenhas feito*
faça	tenha feito
façamos	tenha feito
façais	*tenhamos feito*
façam	tenham feito

Pretérito Imperfeito	Pret. Mais-que-perfeito
fizesse	tivesse feito
fizesses	*tivesses feito*
fizesse	tivesse feito
fizéssemos	tivéssemos feito
fizésseis	*tivésseis feito*
fizessem	tivessem feito

Futuro simples	Futuro composto
fizer	tiver feito
fizeres	*tiveres feito*
fizer	tiver feito
fizermos	tivermos feito
fizerdes	*tiverdes feito*
fizerem	tiverem feito

IMPERATIVO

Afirmativo	Negativo
faz/faze (tu)	não faças (tu)
faça (você)	não faça (você)
façamos (nós)	não façamos (nós)
fazei (vós)	não façais (vós)
façam (vocês)	não façam (vocês)

FORMAS NOMINAIS

Infinitivo impessoal	Infinito pessoal
fazer	fazer
	fazeres
	fazer
	fazermos
	fazerdes
	fazerem

Gerúndio	Particípio
fazendo	feito

SABER

INDICATIVO

Presente	Pretérito Imperfeito
sei	sabia
sabes	*sabias*
sabe	sabia
sabemos	sabíamos
sabeis	*sabíeis*
sabem	sabiam

Pretérito Perfeito simples	Pretérito Perfeito composto	
soube	tenho	sabido
soubeste	*tens*	*sabido*
soube	tem	sabido
soubemos	temos	sabido
soubestes	*tendes*	*sabido*
souberam	têm	sabido

Pretérito Mais-que--perfeito simples	Pretérito Mais-que--perfeito composto	
soubera	tinha	sabido
souberas	*tinhas*	*sabido*
soubera	tinha	sabido
soubéramos	tínhamos	sabido
soubéreis	*tínheis*	*sabido*
souberam	tinham	sabido

Futuro do Presente simples	Futuro do Presente composto	
saberei	terei	sabido
saberás	*terás*	*sabido*
saberá	terá	sabido
saberemos	teremos	sabido
sabereis	*tereis*	*sabido*
saberão	terão	sabido

Futuro do Pretérito simples	Futuro do Pretérito composto	
saberia	teria	sabido
saberias	*terias*	*sabido*
saberia	teria	sabido
saberíamos	teríamos	sabido
saberíeis	*teríeis*	*sabido*
saberiam	teriam	sabido

A 2ª pessoa do plural (vós) não é usada na conversação do português do Brasil. A 2ª pessoa do singular (tu) é usada em algumas regiões do Brasil.

SUBJUNTIVO

Presente	Pretérito Perfeito	
saiba	tenha	sabido
saibas	*tenhas*	*sabido*
saiba	tenha	sabido
saibamos	tenha	sabido
saibais	*tenhamos*	*sabido*
saibam	tenham	sabido

Pretérito Imperfeito	Pret. Mais-que-perfeito	
soubesse	tivesse	sabido
soubesses	*tivesses*	*sabido*
soubesse	tivesse	sabido
soubéssemos	tivéssemos	sabido
soubésseis	*tivésseis*	*sabido*
soubessem	tivessem	sabido

Futuro simples	Futuro composto	
souber	tiver	sabido
souberes	*tiveres*	*sabido*
souber	tiver	sabido
soubermos	tivermos	sabido
souberdes	*tiverdes*	*sabido*
souberem	tiverem	sabido

IMPERATIVO

Afirmativo	Negativo
sabe (tu)	não saibas (tu)
saiba (você)	não saiba (você)
saibamos (nós)	não saibamos (nós)
sabei (vós)	não saibais (vós)
saibam (vocês)	não saibam (vocês)

FORMAS NOMINAIS

Infinitivo impessoal	Infinito pessoal
saber	saber
	saberes
	saber
	sabermos
	saberdes
	saberem

Gerúndio	Particípio
sabendo	sabido

QUERER

INDICATIVO

Presente	Pretérito Imperfeito
quero	queria
queres	*querias*
quer	queria
queremos	queríamos
quereis	*queríeis*
querem	queriam

Pretérito Perfeito simples	Pretérito Perfeito composto	
quis	tenho	querido
quiseste	*tens*	*querido*
quis	tem	querido
quisemos	temos	querido
quisestes	*tendes*	*querido*
quiseram	têm	querido

Pretérito Mais-que--perfeito simples	Pretérito Mais-que--perfeito composto	
quisera	tinha	querido
quiseras	*tinhas*	*querido*
quisera	tinha	querido
quiséramos	tínhamos	querido
quiséreis	*tínheis*	*querido*
quiseram	tinham	querido

Futuro do Presente simples	Futuro do Presente composto	
quererei	terei	querido
quererás	*terás*	*querido*
quererá	terá	querido
quereremos	teremos	querido
querereis	*tereis*	*querido*
quererão	terão	querido

Futuro do Pretérito simples	Futuro do Pretérito composto	
quereria	teria	querido
quererias	*terias*	*querido*
quereria	teria	querido
quereríamos	teríamos	querido
quereríeis	*teríeis*	*querido*
quereriam	teriam	querido

A 2ª pessoa do plural (vós) não é usada na conversação do português do Brasil. A 2ª pessoa do singular (tu) é usada em algumas regiões do Brasil.

SUBJUNTIVO

Presente	Pretérito Perfeito	
queira	tenha	querido
queiras	*tenhas*	*querido*
queira	tenha	querido
queiramos	tenha	querido
queirais	*tenhamos*	*querido*
queiram	tenham	querido

Pretérito Imperfeito	Pret. Mais-que-perfeito	
quisesse	tivesse	querido
quisesses	*tivesses*	*querido*
quisesse	tivesse	querido
quiséssemos	tivéssemos	querido
quisésseis	*tivésseis*	*querido*
quisessem	tivessem	querido

Futuro simples	Futuro composto	
quiser	tiver	querido
quiseres	*tiveres*	*querido*
quiser	tiver	querido
quisermos	tivermos	querido
quiserdes	*tiverdes*	*querido*
quiserem	tiverem	querido

IMPERATIVO

Afirmativo	Negativo	
quer/ quere (tu)	não	queiras (tu)
queira (você)	não	queira (você)
queiramos (nós)	não	queiramos (nós)
querei (vós)	não	queirais (vós)
queiram (vocês)	não	queiram (vocês)

FORMAS NOMINAIS

Infinitivo impessoal	Infinito pessoal
querer	querer
	quereres
	querer
	querermos
	quererdes
	quererem

Gerúndio	Particípio
querendo	querido

DAR

INDICATIVO

Presente	Pretérito Imperfeito
dou	dava
dás	*davas*
dá	dava
damos	dávamos
dais	*dáveis*
dão	davam

Pretérito Perfeito simples	Pretérito Perfeito composto	
dei	tenho	dado
deste	*tens*	*dado*
deu	tem	dado
demos	temos	dado
destes	*tendes*	*dado*
deram	têm	dado

Pretérito Mais-que--perfeito simples	Pretérito Mais-que--perfeito composto	
dera	tinha	dado
deras	*tinhas*	*dado*
dera	tinha	dado
déramos	tínhamos	dado
déreis	*tínheis*	*dado*
deram	tinham	dado

Futuro do Presente simples	Futuro do Presente composto	
darei	terei	dado
darás	*terás*	*dado*
dará	terá	dado
daremos	teremos	dado
dareis	*tereis*	*dado*
darão	terão	dado

Futuro do Pretérito simples	Futuro do Pretérito composto	
daria	teria	dado
darias	*terias*	*dado*
daria	teria	dado
daríamos	teríamos	dado
daríeis	*teríeis*	*dado*
dariam	teriam	dado

A 2ª pessoa do plural (vós) não é usada na conversação do português do Brasil. A 2ª pessoa do singular (tu) é usada em algumas regiões do Brasil.

SUBJUNTIVO

Presente	Pretérito Perfeito	
dê	tenha	dado
dês	*tenhas*	*dado*
dê	tenha	dado
demos	tenha	dado
deis	*tenhamos*	*dado*
deem	tenham	dado

Pretérito Imperfeito	Pret. Mais-que-perfeito	
desse	tivesse	dado
desses	*tivesses*	*dado*
desse	tivesse	dado
déssemos	tivéssemos	dado
désseis	*tivésseis*	*dado*
dessem	tivessem	dado

Futuro simples	Futuro composto	
der	tiver	dado
deres	*tiveres*	*dado*
der	tiver	dado
dermos	tivermos	dado
derdes	*tiverdes*	*dado*
derem	tiverem	dado

IMPERATIVO

Afirmativo	Negativo
dá (tu)	não dês (tu)
dê (você)	não dê (você)
demos (nós)	não demos (nós)
dai (vós)	não deis (vós)
deem (vocês)	não deem (vocês)

FORMAS NOMINAIS

Infinitivo impessoal	Infinito pessoal
dar	dar
	dares
	dar
	darmos
	dardes
	darem

Gerúndio	Particípio
dando	dado

2. DERIVAÇÃO: AFIXOS

2.1. Prefixos de origem latina

prefixo	significado	exemplo
ante-	anterioridade	anteontem
bem-, ben-	de forma agradável	bem-te-vi, bendizer
co-, com	companhia	coabitar
contra-	oposição	contra-atacar, contradizer
de-	movimento de cima para baixo	decair
des-	ação contrária	desinteresse
e-, es, ex-	movimento para fora	emigrar, escorrer, expor,
extra	posição exterior	extracelular, extracontratual,
in-(im-), i-(ir-), em-(en-)	movimento para dentro	
in-(im-); i-(ir-)	negação, privação	inapropriado, imaculado; ilegal, irregular
mal-	irregular, desagradável	mal-aconselhado
per-	através	percorrer
pre-(pré-)	anterioridade	prefácio, pré-escola
re-	movimento para trás, repetição	refluxo, reler
retro-	movimento para trás	retroceder, retroativo
semi-	metade de	semicerrado, semicírculo
sub-, su-, sob-, so-	movimento de baixo para cima, inferior	subgerente
sobre-, super-, supra-	posição em cima, excesso	sobrepor, sobrecarga, super-compensação, suprassumo
tras-, tres-, trans-	movimento para além de	transposição
ultra-	além de	ultrapassar
vice-	substituição, em lugar de	vice-presidente

2.1.1. Prefixos de origem grega

prefixo	significado	exemplo
na-, a-	privação, negação	ateu, anormal
na(a)-	afastamento	anacrônico
ant(i)-	oposição	antialcoolismo
ec-, ex-	para fora	
hiper	excesso	hipermercado
pró-	posição em frente, anterior	prólogo, prognóstico
sin-(sim-, si-)	simultaneidade, companhia	sinfonia, simpatia

2.2. Sufixos

2.2.1. Sufixação nominal: forma substantivos a partir de outros substantivos

sufixo	substantivo	novo substantivo
-ada	dente	dentada
-ado	eleitor	eleitorado
-agem	folha	folhagem
-al	banana	bananal
-aria, eria-	grito, sorvete	gritaria, sorveteria
-eira, -eiro	pulso, jornal	pulseira, jornaleiro
-ia	diretor	diretoria

2.2.1.1. Sufixação nominal: forma substantivo a partir de adjetivo

sufixo	adjetivo	substantivo
-dade	fiel	fieldade (=fidelidade)
-dão	grato	gratidão
-ez, -eza	mudo, delicado	mudez, delicadeza
-ia	alegre	alegria
-tude	longe	longitude
-ura	louco	loucura

2.2.1.2. Sufixação nominal: forma substantivo a partir de verbo

sufixo	adjetivo	substantivo
-ança, -encia	lembrar, concorrer	lembrança, concorrência
-ante, -ente, -inte	estudar, combater, pedir	estudante, combatente, pedinte
-dor	jogar	jogador
-ção	trair	traição
-douro, -tório	beber, orar	bebedouro, oratório
-dura, -tura	fechar, pintar	fechadura, pintura
-mento	pensar	pensamento

2.2.1.3. Sufixação nominal: forma substantivos e adjetivos a partir de outro substantivo e adjetivo

sufixo	significado	substantivo/adjetivo	substantivo/adjetivo
-ismo	doutrina ou sistema; modo de pensar ou de agir	buda (s), real (a), herói (a)	budismo (s), realismo (s), heroísmo (s)
-ista	partidário de doutrina ou sistema, ocupação e nomes pátrios (origem)	dente (s), real (a), norte (s)	budista (a), dentista (a), realista (s), nortista (a)

2.2.1.4. Sufixação nominal: forma adjetivo a partir de substantivo ou de outro adjetivo

sufixo	substantivo/adjetivo	adjetivo
-al, -ar	campo, escola	campal, escolar
-ano	roma	romano
-eiro, -ário	verdade, dia	verdadeiro, diário
-ento	sede	sedento
-ês, -ense	holanda, ceará	holandês, cearense
-este, -estre	céu, terra	celeste, terrestre
-ício	natal	natalício
-il	febre	febril
-onho	riso	risonho
-oso	orgulho	orgulhoso
-udo	barba	barbudo

2.2.1.5. Sufixação nominal: formam adjetivo a partir de verbo

sufixo	verbo	adjetivo
-ante, ente, -inte	tolerar, doer, seguir	tolerante, doente, seguinte
- io, -ivo	fugir, pensar	fugidio, pensativo
-vel	desejar	desejável

2.2.2. Sufixação verbal: forma verbos a partir de substantivo e adjetivo

-ar	almoço, telefone	almoçar, telefonar
-ear	sabor	saborear
-ecer, -escer	escuro, flor	escurecer, florescer
-izar	harmonia	harmonizar

2.2.3. Sufixação adverbial: forma advérbios a partir de adjetivos

-mente	suave, exato, livre	suavemente, exatamente, livremente

2.2.4. Sufixos diminutivos

sufixo	substantivo	diminutivo
-acho	rio	riacho
-ela	rua	ruela
-inho, -zinho	livro, flor	livrinho, florzinha
-im	espada	espadim
-ino	pequeno	pequenino
-ola	bandeira	bandeirola
-ulo, -ula, -culo, -cula	corpo, gota, monte, verso	corpúsculo, gotícula, montículo, versículo

2.2.5. Sufixos aumentativos

sufixo	substantivo	aumentativo
-ão, -alhão	casa, grande	casão, grandalhão
-arra	boca	bocarra
-uça	dente	dentuça

3. PREPOSIÇÕES

3.1. preposições simples

A	com	em	por (per)
Ante	contra	entre	sem
Após	de	para	sob
Até	desde	perante	trás

3.1.1. Combinações e contrações

preposição	artigo definido	artigo indefinido	combinação	contração
a	a (s)		à (s)	
a	o (s)		ao (s)	
de	a (s)			da (s)
de	o (s) do (s)			
de	um (uns)	dum (duns)		
de	uma (s)	duma (s)		
em	a (s)			na (s)
em	o (s)			no (s)
em	um (uns)	num (nuns)		
em	uma (s)	numa (s)		
para	a (s)			pra (s)*
para	o (s)			pro (s)*
por (per)	a (s)			pela (s)
por (per)	o (s)			pelo (s)

3.1.1.2. Contrações

preposição	pronome	resultado
de	este (s)	deste (s)
de	esta (s)	desta (s)
de	isto	disto
de	esse (s)	desse (s)
de	essa (s)	dessa (s)
de	isso	disso

de	aquele (s)	daquele (s)
de	aquela (s)	daquela (s)
de	aquilo	daquilo
em	este (s)	neste (s)
em	esta (s)	nesta (s)
em	isto	nisto
em	esse (s)	nesse (s)
em	essa (s)	nessa (s)
em	isso	nisso
em	aquele (s)	naquele (s)
em	aquela (s)	naquela (s)
em	aquilo	naquilo

3.2. Locuções prepositivas

abaixo de	acerca de	acima de	a despeito de
adiante de	a par de	apesar de	a respeito de
a fim de	além de	antes de	ao lado de
ao redor de	atrás de	através de	de acordo com
debaixo de	de cima de	defronte de	dentro de
depois de	diante de	embaixo de	em cima de
em frente a	em frente de	em lugar de	em redor de
em torno de	em vez de	graças a	junto a
junto de para	baixo de	para cima de	para com
perto de	por baixo de	por causa de	por cima de
por detrás de	por diante de	por entre	por trás de

4. PRONOMES

4.1. Pronomes pessoais do caso reto

Singular	**Plural**
Eu	Nós
Tu	Vós
Ele, ela, a gente*	Eles, elas

* 'a gente' não é um pronome pessoal, mas sim um pronome de tratamento como 'você'. No entanto, na língua oral usamos o 'a gente' como se fosse 'nós'.

4.1.1. Pronomes pessoais do caso oblíquo

Singular	**Plural**
Me	Nos
Te	Vos
O, a, se, lhe	Os, as, se, lhes

4.2. Pronomes oblíquos tônicos

Singular	Plural
Mim	Nós
Ti	Vós
Ele, ela, si	Eles, elas, si

4.3. Pronomes possessivos

Primeira pessoa do singular	Primeira pessoa do plural	Segunda pessoa do singular	Segunda pessoa do plural	Terceira pessoa do singular	Terceira pessoa do plural
Meu, meus, minha, minhas	Nosso, nossos, nossa, nossas	Teu, teus, tua, tuas	Vosso, vossos, vossa, vossas	Seu, seus, sua, suas	Seu, seus, sua, suas

4.4. Pronomes demonstrativos

Primeira pessoa	Segunda pessoa	Terceira pessoa
Este, estes, esta, estas isto	Esse, esses, essa, essas isso	Aquele, aquela, aqueles, aquelas aquilo

4.5. Pronomes relativos

Invariáveis	Variáveis
Que, quem, onde, quando, como	O qual, os quais, a qual, as quais
	Cujo, cujos, cuja, cujas
	Quanto, quantos, quantas

4.6. Pronomes indefinidos

Invariáveis	Variáveis
Alguém, ninguém	Algum, alguns, alguma, algumas
Tudo, nada	Nenhum, nenhuns, nenhuma, nenhumas
Algo	Todo, todos, toda, todas
Cada	Outro, outros, outra, outras
Outrem	Muito, muitos, muita, muitas
Mais, menos, demais	Pouco, poucos, pouca, poucas
	Certo, certos, certa, certas
	Vário, vários, vária, várias
	Tanto, tantos, tanta, tantas
	Quanto, quantos, quanta, quantas
	Um, uns, uma, umas
	Bastante, bastantes
	Qualquer, quaisquer

4.7. Pronomes interrogativos*

| que | quem | qual | quais | quanto | quantos | quanta | quantas |

*Quando usados para formar interrogações diretas ou indiretas

4.8. Advérbios interrogativos*

| Onde | quando | como | por que |

* empregados em orações interrogativas diretas ou indiretas

5. CONJUNÇÕES

5.1. Conjunções coordenativas

aditivas	E; nem; não só ..., mas também etc.
adversativas	Mas, porém, todavia, contudo, entretanto, no entanto, não obstante etc.
alternativas	Ou; ou ...ou; ora ...ora etc.
conclusivas	Logo, portanto, por conseguinte, pois (posposto ao verbo) etc.
explicativas	Pois (anteposto ao verbo), que, porque, porquanto

5.2. Conjunções subordinativas

integrantes	Que, se, como
causais	Porque, como, uma vez que, visto que, já que etc.
concessivas	Embora, ainda que, mesmo que, conquanto, apesar de que etc.
condicionais	Se, caso,desde que, contanto que etc.
conformativas	Conforme, consoante, segundo, como etc.
comparativas	Como, (do) que (após comparativos: mais, menos, maior, melhor etc.)
consecutivas	Que (após tão, tanto, tamanho etc.), de sorte que, de forma que
finais	Para que, a fim de que, que etc.
proporcionais	À medida que, à proporção que, ao passo que, quanto mais, quanto menos etc.
temporais	Quando, enquanto, antes que, depois que, desde que, logo que, assim que etc.

6. ACENTUAÇÃO*

1. Conceito: **acentuação** é o estudo da intensidade com que são pronunciadas as sílabas. A sílaba é um grupo de sons pronunciados de uma só vez.

I   A sílaba pode ser formada por:
   a. uma vogal, por exemplo: é
   b. um ditongo (grupo de duas vogais proferidas em uma só sílaba), por exemplo: oi
   c. um tritongo (grupo de três vogais proferidas em uma só sílaba), por exemplo: uau!

II   A sílaba pode ser formada por:
   a. uma vogal acompanhada de consoante, por exemplo: fa- zer
   b. um ditongo acompanhado de consoante, por exemplo: Pau-lo
   c. um tritongo acompanhado de consoante, por exemplo: Pa-ra-guai

III   A sílaba pode ser **aberta** ou **fechada**.
   a. A aberta termina por uma vogal, por exemplo: co-mi-da
   b. A fechada termina por uma consoante, por exemplo: a-mor

IV   As palavras quanto ao número de sílabas podem ser:
   a. monossílabas: só uma sílaba, por exemplo: quer
   b. dissílabas: duas sílabas: ru-a
   c. trissílabas: três sílabas, por exemplo: por-tu-guês
   d. polissílaba: mais de três sílabas, por exemplo: u-ni-ver-si-da-de

Em português, a sílaba que é pronunciada com intensidade é chamada de sílaba **tônica**, por exemplo: cri**an**ças, a**zul**. E a sílaba que é pronunciada de forma fraca é chamada de sílaba **átona**, por exemplo: **cri**anças, **a**zul.

2. **Acentuação tônica**: quanto à acentuação as palavras podem ser:
   a. oxítonas: acento na última sílaba, por exemplo: a**bril**, se**nhor**, você
   b. paroxítonas: acento na penúltima sílaba, por exemplo: **bra**nco, co**nhe**ço, **ál**bum
   c. proparoxítonas: acento na antepenúltima sílaba, por exemplo: vo**cá**bulo, **xí**cara, **ú**mido

3. **Acentuação gráfica**: em português, há os seguintes sinais gráficos: ´ (agudo), ` (grave), ^ (circunflexo) e ~ (til).
   ´ (agudo): até
   ` (grave) = crase: a (preposição) + a(s) (vogal feminina) = à(s)
   ^ (circunflexo): você
   ~ (til): são

** O assunto **acentuação** não foi completamente explorado neste livro, por isso, para mais detalhes a respeito de acentuação, consulte uma gramática da língua portuguesa falada no Brasil.*

a. Todas as palavras **proparoxítonas** recebem sinal gráfico. Vejamos alguns exemplos: álcool, bússola, estratégia, século etc.

b. São acentuadas as palavras **paroxítonas** terminadas em:
   i, is; **u**, **us**: júri, grátis, bônus, Vênus.
   l, n, r, x, ps: amável, hífen, caráter, látex, bíceps.
   ã, ãs; **ão, ãos**: ímã, órfãs, órgão, sótãos.
   om, **ons**: elétrons.
   um, uns: álbum, álbuns.
   ditongo oral (crescente¹ ou decrescente², seguido ou não de –s): jóquei, pônei, vôlei, história, área, gênio.
   ¹ ditongo crescente: O ditongo, como vimos, é um grupo de duas vogais proferidas em uma só sílaba, e das quais uma funciona como consoante e se chama semivogal. O ditongo crescente é aquele em que a semivogal soa antes que a vogal, por exemplo: quando.
   ² ditongo decrescente: é aquele em que a vogal soa antes que a semivogal, por exemplo: mais, sei, boi.

c. **oxítonas**: acentuam-se as palavras terminadas em:
   a, as; e, es; o, os: guaraná, atrás, buquê, vocês; cipó; retrós
   em, ens: também, armazéns

d. **monossílabos**: recebem acento gráfico os monossílabos tônicos terminados em:
   a, as: cá, lá, já, há, pás.
   e, es: pé, fé, mês, três.
   o, os: pó, só, nó, nós, vós.

4. **Regras especiais:**
   a. **hiato**: sequência de duas vogais que pertencem a sílabas diferentes: o **u** e o **i** tônico recebem acento quando estiverem sozinhos na sílaba (ou com **s**), formando hiato com a vogal anterior. Por exemplo, baú, saúde, saída, país.

   b. **acentos diferenciais**: acento circunflexo sobre as terceiras pessoas do plural do presente do indicativo dos verbos ter e vir e seus derivados (conter, convir etc.). Por exemplo: ele t**e**m/ eles t**ê**m; ele v**e**m/ eles v**ê**m.

   c. **outros acentos diferenciais**: por exemplo: p**ô**de (terceira pessoa do singular do pretérito perfeito do indicativo)/ p**o**de (terceira pessoa do singular do presente do indicativo)
   p**ô**r (verbo)/ p**o**r (preposição)
   porqu**ê** (substantivo/ porque (conjunção)

Respostas dos Exercícios

LIÇÃO A CONSTRUÇÃO DO CONTEÚDO

A.

Eva: Nelson, você <u>faz</u> ginástica todos os dias?

Nelson: Não. Às segunda e quartas, <u>faço</u> natação e, às terças e quintas, <u>faço</u> aulas de tênis. E você? <u>Faz</u> algum exercício físico?

Eva: Não. Mas, quero <u>fazer</u>. <u>Olha</u> ou <u>olhe</u>, (olhar) tem uma academia aqui na esquina.

Nelson: Aqui é a minha academia. Vamos! A gente <u>faz</u> juntos. <u>Olha</u> ou <u>olhe</u> como aqui é legal. Tem todos os esportes.

Eva: Tá bem. Eu <u>faço</u> a matrícula agora. Vamos.

B.

gostava

gostava

gostávamos

gostava

gostava

C.

1. tinha – tinha – era
2. tinha – tinha – era

LIÇÃO A AMPLIAÇÃO DO VOCABULÁRIO

A.

1. Márcio   2. Alda   3. Ricardo   4. Ana Júlia   5. Osvaldo

6. Vanessa   7. Maria   8. Mauro   9. Silvana   10. Regiane

B.

As respostas podem variar.

C. As respostas podem variar.

LIÇÃO B CONSTRUÇÃO DO CONTEÚDO

A.

1. morava ou corria
2. íamos
3. usavam
4. levava
5. corria ou ia

B.

As respostas podem variar.

C.

Téo: Gil, você <u>morava</u> aqui quando era criança?

Gil: <u>Morava</u>. Mas, minha família <u>tinha</u> uma casa em outro bairro.

Téo: Sua irmã e você <u>brincavam</u> muito na rua?

Gil: O dia todo. A gente <u>corria</u> para o supermercado e depois <u>levava</u> pão para minha avó.

Téo: Eu <u>era</u> muito levado. Meu irmão e eu <u>usávamos</u> roupas velhas e a gente <u>fumava</u> atrás da padaria.

Gil: Nossa! Você <u>fumava</u>?

Téo: É... não <u>era</u> bom.

LIÇÃO B AMPLIAÇÃO DO VOCABULÁRIO

A.

As respostas podem variar.

B.

1. Conjunto preto
2. um vestido vermelho
3. calça vermelha

LIÇÃO C CONSTRUÇÃO DO CONTEÚDO

A.

1. parece
2. parece
3. parecem
4. parece

B.

Jorge: Álvaro, você <u>(se) lembra</u> do Juvenal?

Álvaro: Juvenal? Não <u>(me) lembro</u> não.

Jorge: Ele <u>trabalhava</u> aqui, mas agora está outra empresa.

Álvaro: Como ele <u>era</u>?

Jorge: Ele <u>tinha</u> muitas pintas no rosto e os cabelos vermelhos.

Álvaro: Ele <u>tinha</u> uma irmã muito simpática que <u>ia</u> pro refeitório com a gente?

Jorge: Isso. Ela <u>tinha</u> os cabelos bem compridos e <u>era</u> baixa. <u>Era</u> copeira, mas agora é recepcionista em outro lugar.

Álvaro: Ah! Agora <u>(me) lembro</u> deles sim. O Juvenal <u>usava</u> óculos, <u>estava</u> sempre bem vestido e <u>era</u> um pouco gordo.

LIÇÃO C AMPLIAÇÃO DO VOCABULÁRIO
A.

1. Camila
   roupas: tênis e calça confortáveis e uma camiseta
   local: Parque Ibirapuera

2. Pedro
   roupas: terno e gravata
   local: trabalhar

3. Adauto
   roupas: short, camiseta e chinelo
   local: ficar em casa

B.

As respostas podem variar.

LIÇÕES A, B e C COMPREENSÃO AUDITIVA

1. tinha cabelos compridos – morava em Ribeirão Preto – ia pro cinema com os primos
2. tinha cabelos loiros – era atraente – gostava da camisa cor-de-laranja
3. era educada – fumava muito – parece simpática na foto

LEITURA
A.

1. As respostas podem variar.
2. A cor que transmite tranquilidade é o azul. A cor da força de vontade é o vermelho.

B.

As respostas podem variar.

UNIDADE 10

LIÇÃO A CONSTRUÇÃO DO CONTEÚDO
A.

1. sarou – tomou
2. tomar – tomei – sarei
3. tomou
4. sararam – sararam – tomaram

B.

Sou o Dr. Menezes. No meu consultório <u>tudo</u> é organizado. Sempre tem <u>alguém</u> para atender os pacientes. <u>Cada</u> paciente recebe atendimento personalizado. <u>Ninguém</u> sai do consultório sem falar comigo. Se um paciente precisar de <u>algo</u>, ele fala com a secretária. <u>Nada</u> acontece sem meu conhecimento. Prezo muito a saúde de meus pacientes.

LIÇÃO A AMPLIAÇÃO DO VOCABULÁRIO
A.

1. Dor de cabeça
2. Dor de estômago

3. Dor nos olhos
4. dor nos pés

B.

1. Parte do corpo: pés. Motivo: Salto alto
2. Parte do corpo: ouvido. Motivo: Ouviu música alta demais
3. Parte do corpo: braços. Motivo: Exagerou na academia
4. Parte do corpo: garganta. Motivo: tomou muito sorvete
5. Parte do corpo: costas. Motivo: Está torto no sofá

LIÇÃO B CONSTRUÇÃO DO CONTEÚDO
A.

1. Foi a dentista que recomendou esta pasta de dente.
2. Fomos nós que tomamos aquele remédio.
3. Foram vocês que sararam muito rápido.
4. Foi o Dr. Braga que mandou a receita.
5. Fui eu que comprei o antiácido.

B.

Cliente: É. Eu <u>geralmente</u> tenho acidez. Como muita gordura.
Farmacêutico: Você só deve comer gordura <u>às vezes</u>.
Cliente: Eu sei, mas adoro frituras e churrasco. <u>Quase sempre</u> faço churrasco em casa, com muita caipirinha.
Farmacêutico: Aqui está. Os clientes <u>geralmente</u> compram este aqui. É muito bom.
Cliente: Obrigado. Acho que você vai me ver aqui <u>com frequência</u>.

LIÇÃO B AMPLIAÇÃO DO VOCABULÁRIO
A.

1. Eu estou com dor nos pulsos.
2. Eu estou com dor de ouvido.

3. Eu estou com dor no pescoço.
4. Eu estou com dor nas pernas.
5. Eu estou com dor de estômago.

B.

1. a. Dor nos pulsos.
   b. Analgésico e anti-inflamatório.
   c. Ainda não.

2. a. Dor de cabeça
   b. Sessões de acupuntura
   c. Sim, totalmente.

LIÇÃO C CONSTRUÇÃO DO CONTEÚDO
A.

1. estou com – tenho
2. está com – está
3. tem
4. ficamos – estou com

B.

As respostas podem variar.

LIÇÃO C AMPLIAÇÃO DO VOCABULÁRIO
A.
As respostas podem variar.

B.
As respostas podem variar.

LIÇÕES A, B e C COMPREENSÃO AUDITIVA
Reinaldo
- problemas de saúde: **dor nos pulsos**
- motivo: **usa o computador todos os dias**
- medicamentos: **analgésico**

Gilda
- problemas de saúde: **dor de cabeça**
- motivo: **não consegue dormir por causa da vizinha**
- medicamentos: **comprimido**

Glauce
- problemas de saúde: **dor nas pernas, enxaqueca**
- motivo: **ansiosa pela viagem para a Rússia**
- medicamentos: **nenhum**

LEITURA
A.
As respostas podem variar.
1. Dez mil plantas.
2. Só 120 são exploradas comercialmente.
3. Boldo-do-chile e gengibre.
4. Alcachofra.

B.
As respostas podem variar.

UNIDADE 11

LIÇÃO A CONSTRUÇÃO DO CONTEÚDO
A.

Livio: Nicolas, como <u>foi</u> a exposição de fotos ontem?
Livio: A que horas <u>começou</u>?
Nicolas: Por volta das 9hs da noite. Mas eles só <u>começaram</u> a tocar música às 10hs.
Nicolas: Muito. A Paula e eu <u>descobrimos</u> que adoramos fotografia. Quero fazer um curso. O fotógrafo é meu amigo. Ele não me <u>viu</u>. Tinha muita gente lá. Depois do show os músicos <u>permaneceram</u> lá para conversar com o público. Adorei!

B.

Ontem, minha irmã e eu <u>vemos</u> (vimos) uma revista sobre história mundial no consultório do dentista. Eu peguei a revista e <u>começou</u> (comecei) a ler. Minha irmã logo <u>fui</u> (foi) para a sala do dentista para ser atendida. Eu li um artigo sobre a revolução russa. <u>Descobrimos</u> (Descobri) muitas coisas interessantes. Minha irmã saiu duas horas depois. Ela me <u>vi</u> (viu) na sala e disse: "Vamos pra casa. Odeio dentista!"

LIÇÃO A AMPLIAÇÃO DO VOCABULÁRIO
A. Possíveis respostas:

ser bom em	começar a	acabar de	gostar de	gostar de	precisar de	precisar
contas	chorar	chover	brincar	história	histórias	chorar
história	discutir	concluir	falar	histórias	funcionários	chegar
	brincar	falar	descansar	barulho	amigos	discutir
	descansar	gastar	gastar	dinheiro	descanso	brincar
	chover	conversar	conversar	música	dinheiro	falar
	gastar	ler	ler	amigos	informações	descansar
	conversar				reforma	chover
	falar				espaço	gastar
	ler				amigos	conversar
						ler
						concluir

B.
As respostas podem variar.

LIÇÃO B CONSTRUÇÃO DO CONTEÚDO
A.
1. Quando eu <u>era</u> criança, gostava de...
2. Quando eu estava na escola, eu <u>fazia</u>...
3. Quando eu era adolescente, meus pais <u>preparavam</u>...
4. Quando eu morava..., nos <u>divertíamos</u> muito.
5. Quando eu tinha..., eu <u>era</u>...

B. Ache a resposta correta para cada pergunta. Escreva os verbos na forma correta.
1. fazia – e
2. se divertiam – c
3. era – d
4. preparava – a
5. éramos – b

LIÇÃO B AMPLIAÇÃO DO VOCABULÁRIO
A.
1. Oh, Val desculpe. Eu <u>estava distraído</u>...
2. Eu <u>estava deitado</u> no sofá quando minha mãe me chamou.
3. Em 3 de outubro do ano passado, as atualizações <u>eram feitas</u> a cada trinta minutos.
4. Ambrosina tinha vinte e quatro anos e já <u>estava casada</u>.
5. João me contou que algumas ilhas não <u>eram habitadas</u> outras eram.
6. Mário, que até então <u>estava calado</u>, falou.
7. Eles <u>eram considerados</u> excelentes pintores.
8. Quando Aurélio chegou, eu já <u>estava sentado</u> tomando o primeiro chope.
9. Os textos, depois de traduzidos, <u>eram</u> posteriormente <u>analisados</u> por um especialista da área.
10. A casa <u>estava</u> sendo <u>vendida</u> por R$ 100 mil.

B.
1. Kim está cansado.

2. Ana Maria e Simone estão impressionadas com a beleza do lugar.
3. Dudu está calado.

LIÇÃO C CONSTRUÇÃO DO CONTEÚDO
A.

Geni: Elisa, onde estão os livros do curso de contabilidade? São <u>vários</u> e não estou encontrando <u>nenhum</u>.
Elisa: Não sei Geni. <u>Todos</u> os livros que vi estavam no seu quarto.
Geni: <u>Toda</u> manhã é a mesma coisa. Nunca acho os livros.
Elisa: É. Você já fez isso <u>várias</u> vezes.
Geni: Eu sei. <u>Todo</u> livro que tiro do quarto desaparece.
Elisa: <u>Nenhuma</u> idéia de onde estão?

B.

Mariana <u>tinha</u> dez anos quando <u>mudou</u> para o Rio Grande do Sul. Em Juiz de Fora, sua família <u>trabalhava</u> com venda de carros, mas depois que <u>mudaram</u> para Porto Alegre <u>começaram</u> um novo negócio. Roberto, seu pai, <u>decidiu</u> abrir uma livraria. Ele <u>gostava</u> muito de ler quando era criança. Seu avô <u>lia</u> contos de fadas para ele todos os fins de semana. A livraria <u>fez</u> sucesso durante muitos anos. Mariana <u>ia</u> lá com as colegas da escola para folhear os livros. Elas <u>ficavam</u> na livraria horas e horas. Agora, Roberto tem outro negócio porque a livraria <u>fechou</u>. Ele tem um restaurante de comida italiana.

LIÇÃO C AMPLIAÇÃO DO VOCABULÁRIO
A e B.
As respostas podem variar.

LIÇÕES A, B e C COMPREENSÃO AUDITIVA
1. (V)
  (F)
  (F)

2. (V)
  (V)
  (F)

3. (V)
  (F)
  (V)

LEITURA
A.
As respostas podem variar.

B.
1. Pamonha, curau, milho cozido, canjica, cuscuz, pipoca, bolo de milho, arroz doce, bolo de amendoim, bolo de pinhão, bom-bocado, broa de fubá, cocada, pé de moleque, quentão, vinho quente, batata doce e muito mais.
2. As respostas podem variar.

UNIDADE 12

LIÇÃO A CONSTRUÇÃO DO CONTEÚDO
A.

Zuleica: Eu ando tão cansada ultimamente! Ontem <u>traba</u><u>lhei</u> o dia inteiro.
Elis: Mas, ontem foi domingo. Eu bem que te <u>liguei</u>, mas acho que você <u>tinha saído</u>.
Zuleica: É eu <u>fui</u> ao escritório pegar alguns documentos.
Zuleica: Eu sei. Na sexta, quando você me <u>perguntou</u> se eu <u>tinha terminado</u> os relatórios, eu <u>disse</u> que não. Lembra?
Elis: Agora lembro. Mas, seu chefe <u>tinha dito</u> ou <u>disse</u> que você podia terminar na segunda-feira, não?
Zuleica: Ele <u>mudou</u> de idéia.

B.
1. grandinho
2. franguinho
3. cafezinho
4. bonitinha
5. peninha

C.
1. sanduichão
2. charmosão
3. Paulão
4. um casão *ou* casarão
5. carrão

LIÇÃO A AMPLIAÇÃO DO VOCABULÁRIO
A.

Clientes	Pedidos	Tipo de restaurante
1. Marcelo e Marcos	Marcos: batata frita, bife, arroz e feijão. Marcelo: lasanha.	Restaurante por quilo
2. Juliana	Salada completa feijoada light e limonada	Restaurante a la carte
3. Viviane	Pizza portuguesa	Pizzaria
4. Lopes e Lima	Churrasco e caipirinha	Churrascaria

LIÇÃO B CONSTRUÇÃO DO CONTEÚDO
A.
1. andava
2. tocava
3. eram
4. gostávamos
5. As respostas podem variar.

B.
1. estava fazendo *ou* fazia – chegamos
2. estava vendo *ou* via – percebeu

3. chegou – estavam andando *ou* andavam
4. estava andando *ou* andava – vi
5. estavam discutindo *ou* discutiam – gritou

C.

Oi, Lucilene. Eu estava vendo ou vi aqui no texto que, na época, não tinha estradas boas entre uma cidade e outra e que as pessoas usavam cavalos ou iam a pé. A melhor estrada era de terra e tinha muitos buracos. Parece que as pessoas não suportavam *ou* estavam suportando mais a situação quando finalmente o prefeito construiu uma estrada boa na região. Agora o movimento de caminhões e carros é o mais intenso daquela área. Podemos falar sobre essa parte do texto na aula. Que acha? A parte menos interessante a gente não precisa acrescentar ao seminário. Me escreva para decidirmos o que fazer. Beijos, Regiane.

LIÇÃO B AMPLIAÇÃO DO VOCABULÁRIO

1. Vanessa: O que você vai fazer no fim de semana?
   Patrícia: Ah, vou almoçar com a família. Vamos fazer um churrasco.
   Vanessa: Que delícia! Posso ir também? Você sabe que sou arroz de festa.

2. Raimundo: Fui usar o computador do meu chefe e não estava funcionando... Só quero ver. Vou pagar o pato por uma coisa que não fiz. Eu não devia ter mexido no computador dele...
   João: Não adianta chorar sobre o leite derramado. Relaxa.

3. Richard: Ainda não me costumei direito a dar beijos. Nunca sei se dou um, dois ou três!

4. Bruno: Ele foi a uma festa, tomou todas e enfiou o pé na jaca.

5. Mãe: Ah, filha, acho que vamos para a casa da sua tia, na praia.
   Filha: Legal!
   Mãe: Mas antes de pensar nas férias, você deveria pensar em passar de ano. Pare de encher linguiça e acabe a lição de casa, certo?

LIÇÃO C CONSTRUÇÃO DO CONTEÚDO

A.
1. diz – digo
2. esteve – estive – dizem
3. diz– estive
4. dizem – estiveram

B.
1. estive
2. estive
3. digo
4. digo
5. dizem

LIÇÃO C AMPLIAÇÃO DO VOCABULÁRIO

A.
Respostas possíveis:
1. caminhar, andar de bicicleta, jogar bola, tomar refrigerante.
2. comprar artesanato, comprar frutas e hortaliças
3. comer, beber
4. comer pipoca, assistir filmes
5. dançar, encontrar pessoas novas
6. paquerar, beber, encontrar pessoas novas

B.
As respostas podem variar.

C.

Onde estão	O que se pode fazer lá
1. **Museu do Ipiranga**	**visitar exposição**
2. **Show**	**dançar, beber**
3. **Teatro**	**assistir a peças, musicais**

LIÇÕES A, B e C COMPREENSÃO AUDITIVA

1. distraído – depois de ela comer o doce – ver uma peça
2. calma – nunca esteve na danceteria – resolve a situação e entra na danceteria
3. carne – foi reformado duas vezes – resolveu ir ao casarão.

LEITURA

A e B.
As respostas podem variar.

C.
1. Hoje há diversas influências brasileiras nos hábitos japoneses.
2. A sociedade japonesa é fechada e distante. Mas, com a globalização, o Japão tende a mudar, pois precisa incorporar imigrantes por causa de sua baixa taxa de natalidade.
3. Certas empresas japonesas promovem churrascos para seus funcionários e os japoneses são fãs de caipirinha. Em refeitórios de fábricas, muitos optam pela comida brasileira. Outros, ainda, gostam de pão de queijo, pastel e coxinha. Os japoneses também gostam de futebol e da Seleção Brasileira, jovens japoneses estão aprendendo capoeira e frequentam aulas de axé. Há os que gostam de carnaval e, também, os que adoram bossa nova.

PRONÚNCIA DO PORTUGUÊS – PARTE 3

Manuel: Paulão! Você aqui no aeroporto. Vai viajar?
Paulão: Meus pais estão chegando do Rio de Janeiro. Mas, me fala. Como está a Soraia?
Manuel: Bem. Está em Brasília hoje.
Paulão: E os filhos? Quais os nomes deles mesmo?
Manuel: Rogério e Fabrício. O mais velho está no Uruguai estudando.
Paulão: Bem, bom te ver. Ah, depois de amanhã é meu aniversário. Passa lá em casa.
Manuel: Falou. A gente se vê.

REVISÃO DAS UNIDADES 9 A 12

1. a. 3. ninguém – ninguém
   b. 1. cabeça – garganta – costas – febre
   c. 2. nervoso – calmo
   d. 3. bom em

2. a Olha / Faz
   b. gostava / tinham
   c. usa / está / era
   d. ando
   e. tomou
   f. fui / Fiquei / foi / vi
   g. Fui
   h. dizem / estou

3. a. Foi a minha chefe que pediu.
   b. Eu me divertia muito quando eu era criança.

4. As perguntas podem variar. Sugestões:
   a. Quantas vezes (por semana) você faz musculação?
   b. Está tudo bem? Você está com dor nas costas?
   c. Quem receitou este analgésico?
   d. Qual é o seu livro favorito?
   e. Quanto é aquela cobertura?
   f. Vamos almoçar nesse restaurante?
   g. Vamos ao teatro hoje?
   h. Quando é a Festa de N.S. Achiropita?

5. Escreva os opostos:
   a. A Valentina está nervosa.
   b. A Mônica está livre hoje e tem provas fáceis mais tarde.
   c. O trem está vazio e eu estou adiantada para minha consulta.
   d. O Beto tem um carro velho.

6. a. Eles preparavam o almoço todos os dias.
   b. Vocês iam para a praia todos os finais de semana.
   c. A gente nunca esteve no Rio Grande do Sul.
   d. Elas tinham me falado que iam sair de férias na semana que vem.

UNIDADE 13

LIÇÃO A CONSTRUÇÃO DO CONTEÚDO

A.

1. Por isso estou de regime. Agora uso adoçante.
2. Por isso estou planejando ir para a Flórida.
3. Por isso estou fazendo exercícios em casa.
4. Por isso comprei uma agenda.
5. Por isso estou trabalhando muito e economizando.

B.

Laerte: Nossa, o que é aquela mulherada reclamando perto da máquina de café?
Nilton: Então, tem que reenviar.

Laerte: Iiiii. Mais papelada. Sempre que tem pedido é isso.
Nilton: Acho que é urgente. As garotas não querem engordar. Eu mesmo vou reescrever o pedido.

LIÇÃO A AMPLIAÇÃO DO VOCABULÁRIO

A.

1. moçada
2. reconhecer
3. fornada
4. vassourada
5. dinheirada
6. criançada
7. reescrever
8. mulherada
9. reler
10. reunir

B.

1. embolar
2. recandidatar
3. embolorar
4. reafirmar
5. retirar
6. reagendar
7. empilhar
8. endividar
9. encarar
10. envergonhar

C.

1. empilhou
2. dinheirada
3. vai embolorar / embolorará
4. recandidatar
5. endividou
6. fornada
7. vai agendar / agendará
8. envergonhou

LIÇÃO B CONSTRUÇÃO DO CONTEÚDO

A.

Lígia: Você tem estudado muito ultimamente, Pri.
Priscila: É mesmo. Tenho passado horas em cima dos livros para entrar na faculdade.
Lígia: Você estudou ontem? Eu liguei pra sua casa, mas ninguém atendeu.
Priscila: Claro que estudei. É que, desde a semana passada, tenho ido à biblioteca diariamente para me concentrar melhor.
Lígia: É... Esses dias tenho dedicado todo meu tempo aos estudos também.
Lígia: É que resolvi pesquisar os melhores bares e restaurantes da cidade. Só no fim de semana passado fui a quatro lugares diferentes!

B.

Sonho de Viver realmente surpreende. É um dos melhores

dramas dos últimos tempos. O orçamento foi <u>o menor</u> do ano para filmes desse porte, mas, mesmo assim, o filme emociona por sua <u>belíssima</u> fotografia e delicadeza na interpretação. O protagonista passa por <u>péssimos</u> momentos em sua vida e acaba em um sanatório, <u>o pior</u> do país. Lá, ele passa por momentos <u>dificílimos</u> até ser resgatado por uma amiga de infância. *Sonho de Viver* é um filme profundo e sensível.

LIÇÃO B AMPLIAÇÃO DO VOCABULÁRIO
A.

vitrola – tocar discos, ouvir músicas – antigo
trem / metrô / ônibus / carro / avião – ir a lugares, transportar pessoas, meio de transporte – moderno
fogão – cozinhar – moderno
tocador de MP3/4 – baixar e ouvir músicas -moderno
e-mail – comunicar-se, por meio da escrita, com outras pessoas – moderno
carta – comunicar-se, por meio da escrita, com outras pessoas – antigo/moderno
máquina de escrever – datilografar relatórios, correspondências – antigo
ferro – passar roupas – moderno
celular – falar com outras pessoas de qualquer lugar – moderno
computador – digitar relatórios, correspondências, escrever e ler e-mails – moderno
telefone – falar com outras pessoas de um lugar fixo – moderno

B.
Possíveis respostas:
1. O notebook é usado para várias tarefas, entre elas digitar relatórios, correspondências, escrever e ler e-mails.
2. O telefone é usado para falar com outras pessoas de um lugar fixo.
3. O metrô é usado para ir a lugares e transportar pessoas.
4. O avião é usado para para ir a lugares e transportar pessoas.
5. O micro-ondas é usado para cozinhar.
6. O e-mail é usado para comunicar, por meio da escrita, com outras pessoas.

C.
As respostas podem variar.

LIÇÃO C CONSTRUÇÃO DO CONTEÚDO
A.

Eda: Não sei. O que você <u>faria</u>?
Roberto: Eu <u>trocaria</u> de carro e <u>compraria</u> uma TV nova. A sua é velhíssima.
Roberto: O seu irmão não <u>diria</u> isso. Ele <u>gastaria</u> todo o dinheiro com coisas novas para a casa de vocês.
Eda: É, eu <u>deveria</u> perguntar para ele antes de gastar, assim nós <u>decidiríamos</u> juntos. Afinal, a casa também é dele.

B.
1. têm discutido
2. tinha enviado
3. Tenho feito – tinha avisado
4. têm perdido – têm chegado – tinha comentado

LIÇÃO C AMPLIAÇÃO DO VOCABULÁRIO
A.

educacional / fundamental / graduação / especialização / idiomas / informática

B.
As respostas podem variar.

LIÇÕES A, B e C COMPREENSÃO AUDITIVA
Ouça três pessoas que estão prestes a começar uma nova fase da vida. Responda às perguntas.
1. a. Iria bem vestida.
   b. Porque sabe que a roupa é importante.
   c. Ele tem estudado muito.

2. a. Começaria a fazer aulas de canto.
   b. Porque eles têm vários objetos antigos no palco. Os dançarinos devem ter cuidado.
   c. Ela tem feito aulas de canto.

3. a. Pediria para a empresa ajudar com a documentação.
   b. Porque tem estudado muito
   c. Ele tem estudado japonês.

LEITURA
A.
As respostas podem variar.

UNIDADE 14

LIÇÃO A CONSTRUÇÃO DO CONTEÚDO
A.

Ontem finalmente consegui comprar o computador. <u>Ele</u> tem uma configuração fantástica. Vou <u>enviá-la</u> por e-mail, assim você pode avaliar a qualidade. Os preços estavam ótimos. Vou <u>enviá-los</u> também. Peguei o fax com manual. Eu <u>o li</u> rapidinho e os técnicos já instalaram o fax. <u>Colocaram-no</u> ao lado da foto copiadora. Depois eu ligo para combinarmos a instalação dos programas. Eu <u>a aviso</u> quando o técnico marcar a visita.

B.

Chico: Não sei. Vou <u>levá-lo</u> para consertar. No mês passado ele teve o mesmo problema.
Chico: Na verdade, minha mulher <u>levou-o</u> para consertar. Mas, ela não perguntou qual era o problema.
Lígia: Ótimo. Vou <u>devorá-la</u> inteira. Mas, posso convidar o Lucas? Ele <u>me chamou</u> para almoçar hoje.

LIÇÃO A AMPLIAÇÃO DO VOCABULÁRIO
A.
1. formal
2. informal
3. informal
4. formal / informal
5. informal
6. informal
7. formal
8. informal

B.
Possíveis respostas:
1. Você poderia me ajudar?
2. Por favor, poderia anotar um recado?
3. Você poderia aguardar um momento?
4. Por favor, diga para ele/ela que eu liguei.
5. Você pode pedir para ele/ela me ligar mais tarde?
6. Diga para ele/ela me ligar?
7. Você deve ligar para ele/ela no celular dele/dela.
8. Você quer deixar um recado?
9. Você gostaria de deixar um recado?
10. Você pode aguardar um momento?

C e D.
As respostas podem variar.

LIÇÃO B CONSTRUÇÃO DO CONTEÚDO
A.
1. A: Maria, eu pedi para <u>lhe</u> deixar a encomenda no escritório. O que aconteceu?
2. A: Este livro é muito legal. Quem <u>lhe</u> deu este presente?
   B: Não é meu, não. É da Joana. O Jorge <u>lhe</u> deu o livro de presente de aniversário.
3. B: Não. Quem vai <u>lhes</u> contar?
4. A: O Marcos <u>nos</u> disse que não vai terminar o curso.

B.
A: Mariano, por que você não <u>me</u> ligou?
A: Eu já <u>lhe</u> falei algumas vezes.
A: Então, acho melhor eu <u>lhe</u> telefonar.
B: Concordo. Você pode ligar para <u>mim</u> a qualquer hora.
B: Pode ser, mas qualquer coisa <u>me</u> ligue.

LIÇÃO B AMPLIAÇÃO DO VOCABULÁRIO
A.
1. A: Zuppo, Ângela, boa tarde.
   B: Oi, Ângela, é o Caio novamente. A ligação caiu.
   A: Olá, Sr. Caio.
   B: O Paulo ainda está aí?
   A: Um momento, Sr. Caio... Está chamando, mas ninguém atende.
   B: Se ele voltar ainda hoje, peça que me ligue em casa. Acabou a bateria do meu celular.
   A: Pois não, Sr. Caio. Boa tarde.
   B: Boa tarde e até amanhã.

B.
Possíveis respostas:
1. C: O telefone está tocando... <u>Quem vai atendê-lo?</u>
   B: É o meu celular. A bateria está acabando. <u>Preciso carregar a bateria do meu celular.</u>
   A: Alô?... alô?

2. Nívea: Não, senhor. <u>Não consigo completar a ligação. A linha sempre cai.</u>

LIÇÃO C CONSTRUÇÃO DO CONTEÚDO
A.
Roberta: Vou passar na farmácia para comprar um remédio e depois vou dar uma caminhada no parque. Quer vir <u>comigo</u>?
Miguel: Caminhar <u>com você</u>? Não sei. Estou um pouco cansado.
Miguel: Mas, você vai caminhar <u>com eles</u>? Pensei que você fosse sozinha.
Roberta: Qual o problema? Deixa de frescura e venha caminhar <u>conosco</u> *ou* <u>com a gente</u>. A gente vai conversando e não sente o tempo passar.

B.
Situação 1. "Não trago mais vocês comigo."
Situação 2. "Podemos entrar com ele?"
Situação 3. "Venha almoçar conosco."
Situação 4. As respostas podem variar.

LIÇÃO C AMPLIAÇÃO DO VOCABULÁRIO
A.
1. A: Alô? Quem fala?
   B: É a Clarisse. Com quem você quer falar?
   A: Com a Márcia. Ela está?
   B: Acho que você ligou no número errado. Não tem ninguém aqui com esse nome.
   A: Qual é o número aí?
   B: É 5888-8885
   A: Ah, desculpe, foi engano.
   B: Sem problemas.

2. A: Alô?
   B: Alô, por favor, o Pedro está?
   A: Não, ele saiu. Quer deixar recado?
   B: Não, eu ligo mais tarde. Obrigado.

B.
Possíveis respostas:
1. A: <u>Alô?</u>
   B: Bom dia, posso falar com a Catarina, por favor?

2. A: Alô?
   B: Alô, <u>por favor</u>, a Joana está?
   A: Não, ela saiu. Você gostaria de deixar recado?
   B: Você poderia pedir para ela <u>me ligar</u>?
   A: Claro!

C.
As respostas podem variar.

LIÇÕES A, B e C COMPREENSÃO AUDITIVA
1. (F)
   (V)
   (F)

2. (V)
   (F)
   (F)

3. (F)
   (V)
   (V)

LEITURA
B.
As respostas podem variar.

UNIDADE 15

LIÇÃO A CONSTRUÇÃO DO CONTEÚDO
A.
1. Marilda disse que não iria mais mandar torpedos para mim.
2. Sérgio perguntou se as pessoas responsáveis pela lan house estavam presentes.
3. Sidney disse que fez uma aula inteira pelo skype.
4. Lineide perguntou para quem eu estava mandando aquela mensagem.
5. Melina disse que tinha todos os programas para conversar on-line.

B.
1. tinha esquecido
2. conseguiríamos
3. sabia nadar
4. se eu chegaria – chegaria

LIÇÃO A AMPLIAÇÃO DO VOCABULÁRIO
A.
1. Chefe: Você já enviou o e-mail para a filial na Argentina, Margarida?
   Margarida: Ainda não. Estou acabando de escrever, senhor.
   Chefe: Certo. Quando receber uma resposta, me avise, ok?

2. A: Quero ver meus e-mails e falar com um amigo pelo Messenger.
   B: Espera só um minutinho, deixa eu acabar de ler essa matéria na página do jornal.

3. A: Mari, o Skype está ligado? Preciso ligar para o Paolo, na Itália.
   Mari: Está sim. Peça a ele para entrar no meu blog! Coloquei umas fotos bem legais da gente lá.

B.
As respostas podem variar.

LIÇÃO B CONSTRUÇÃO DO CONTEÚDO
A.
1. "Entre no meu blog e leia a crônica sobre a internet."
2. "Quando eu era adolescente, passava muitas horas em frente ao computador."
3. "Conecte no Skype para economizar com a conta telefônica."
4. "Você gosta de entrar em salas de bate-papo e *sites* de relacionamento?"
5. "Não fale mais sobre problemas do *site* com o gerente. Fale comigo."

B.
Mara pediu a Geraldo que pegasse os textos e colocasse-os no *site*. Geraldo disse que fazia aquele trabalho antes de José chegar, mas que agora ele é quem faz. Mara agradeceu e mandou Geraldo chamar o José na sala dela. Geraldo disse que José estava fora do país. Mara, então, pediu a Geraldo que ligasse para ele e avisasse que precisavam dos serviços dele com urgência.

LIÇÃO B AMPLIAÇÃO DO VOCABULÁRIO
A.
1. recados/mensagens
2. ligações
3. pedidos
4. convites
5. torpedos
6. encomendas

B.
As respostas podem variar.

C.
Coloque a palavra mais adequada no texto
✓ A encomenda pela Fedex chega hoje! Aceitar!
✓ Aceitar o convite do chefe para almoçar com os clientes do Paraná.
✓ Ativar a transferência de chamadas para a mesa do Tadeu nos meus dias de folga.
✓ Fazer o pedido das peças que estão faltando.
✓ Transmitir o seguinte recado para a Fabiana: O pedido nº 8543 foi cancelado.
✓ Mandar um torpedo para a esposa. Vamos viajar hoje!!!!

LIÇÃO C CONSTRUÇÃO DO CONTEÚDO
A.
Vinícius: Gi, eu não lhe *ou* te contei sobre minha conversa com a Elena, contei?
Gisele: Não. O que ela lhe *ou* te disse? Que você deve esquecê-la?
Vinícius: Mais ou menos isso. Ela me falou que não quer mais receber ligações, mensagens, torpedos e convites meus.
Gisele: Você vai obedecer a ela? Afinal, você não fez nada. Ela está completamente enganada. Vou lhe mandar um

torpedo dizendo que quero falar com ela. Marco um encontro. Aí, você aparece lá.

Vinícius: Boa idéia. Alguém me disse que ela irá à academia hoje. Combine com ela lá e eu apareço.

B.

1. Eu ainda não te dei meu endereço de e-mail.
2. Vou sempre lhe dizer *ou* dizer-lhe a verdade para que nossos negócios sejam claros.
3. Ambos me deram o mesmo presente.
4. Os web designers o acharam *ou* acharam-no muito simples. Querem um site com mais recursos.
5. Nós apenas o transferimos para o Rio de Janeiro após o término do projeto.

LIÇÃO C AMPLIAÇÃO DO VOCABULÁRIO
A.

1. d
2. h
3. g
4. c
5. a
6. e
7. b
8. f

B.

1. estou de olho
2. Sou toda ouvidos/ Deixa nas maõs
3. braço direito/ a pulga atrás da orelha
4. dor de cotovelo

C.

As respostas podem variar.

LIÇÕES A, B e C COMPREENSÃO AUDITIVA

1. (V)
   (F)
   (F)

2. (F)
   (F)
   (V)

3. (V)
   (V)
   (F)

LEITURA
A.

As respostas podem variar.

B.

1. As aulas on-line se baseiam tanto em conversas escritas ou por voz, em geral utilizando programas como o MSN e o Skype, que possibilitam se comunicar de forma instantânea e sem custos adicionais além da conexão à internet. A principal vantagem é que não é preciso se deslocar para uma escola de inglês ou até a casa do professor particular. Além disso, há mais flexibilidade de horários e economia para o aluno, já que uma aula particular via MSN ou Skype em geral custa menos do que uma presencial. Desvantagens: Nada substitui o cara a cara e os alunos precisam ter disciplina para estudar sozinhos.

2. As respostas podem variar.

UNIDADE 16

LIÇÃO A CONSTRUÇÃO DO CONTEÚDO

A.

Alan: Meu, eu tenho que ir à cidade de Brotas.
Alan: Ecoturismo de aventura. Você gosta de rafting?
Adolfo: Na verdade, prefiro fazer viagens mais culturais. Você nunca pensou em ir para
Alan: Depois que eu ficar velho eu vou a esses lugares. Eu sou do tipo "vamos curtir a vida". Entende?
Adolfo: Entendo. Mas eu estou pensando em conhecer Machu Pichu. O problema é que tenho que andar de avião. Isso não dá.

B.

As respostas podem variar.

LIÇÃO A AMPLIAÇÃO DO VOCABULÁRIO
A, B e C.
As respostas podem variar.

LIÇÃO B CONSTRUÇÃO DO CONTEÚDO
A.

1. pagar
2. preenchermos
3. saírem
4. perder
5. partir
6. chegarem

B.

1. e
2. c
3. b
4. a
5. d

LIÇÃO B AMPLIAÇÃO DO VOCABULÁRIO
A.

quarto *single* – acomodação para uma pessoa
quarto duplo – acomodação para duas pessoas
quarto triplo – acomodação para três pessoas

suíte – apartamento com sala de estar e quartos separados

meia pensão – café da manhã e outra refeição (almoço ou jantar) inclusos

frigobar – refrigerador compacto

traslado – transporte, geralmente do aeroporto/hotel e hotel/aeroporto

diária – cada noite dormida no estabelecimento

espaço para eventos – local para congressos, reuniões de negócios etc

taxa de serviço – importância adicionada ao valor das despesas dos hóspedes, normalmente de 10%

B. As respostas podem variar.

LIÇÃO C CONSTRUÇÃO DO CONTEÚDO
A.
1. Fechado
2. avisar
3. conseguirei *ou* conseguiremos *ou* conseguirá
4. reparou
5. Nada disso
6. aproveitamos
7. combina

B.
As respostas podem variar.

LIÇÃO C AMPLIAÇÃO DO VOCABULÁRIO
A.
As respostas podem variar.

B.

	Viagem para...	Lembrancinha
1. Esmeralda	**Porto de Galinhas**	**bolsa**
2. Ana Cristina	**Gramado**	**caneca**
3. Charles	**Rio**	**estatueta do Cristo**

LIÇÕES A, B e C COMPREENSÃO AUDITIVA
1. Viagem para: Rio de Janeiro
   Viagem de: turismo
   Características das acomodações: suíte com cama de casal
   Visitas programadas: Cristo Redentor e Pão de Açúcar

2. Viagem para: Curitiba
   Viagem de: negócios
   Características das acomodações: hotel 5 estrelas para duas noites
   Visitas programadas: nenhuma

3. Viagem para: Buenos Aires
   Viagem de: lua de mel
   Características das acomodações: hotel 4 estrelas, quartos com TV a cabo, ar condicionado, banheiro de luxo, acesso à internet. Café da manhã e um jantar especial incluídos
   Visitas programadas: nenhuma

LEITURA
A.
As respostas podem variar.

B.
1. No verão
2. Mergulho, show da Baleia Jubarte, caminhada.
3. As respostas podem variar.

REVISÃO DAS UNIDADES 13 A 16
1. a. 2. por isso
   b. 2. gosta de – pensando em
   c. 1. reunir – criançada – endinheirar
   d. 2. quando

2. a. tenho
   b. poderia/gostaria
   c. bater/receber/ligar
   d. receber
   e mandar
   f. transferir
   g. está
   h. pagar/ parcela

3. a. A Pérola me perguntou se eu queria ir ao shopping com ela mais tarde.
   b. Eu disse que podia e perguntei a que horas.
   c. O Bento pediu a Marta que ligasse para o fornecedor deles e perguntasse se ele ainda tinha a peça de que eles precisam.
   d. O Everaldo disse que gostava de bater papo pelo MSN, mas agora não tem mais tempo.

4. Possíveis respostas:
   a. Você vai comprar este vestido?
   b. Você tem viajado muito?
   c. O que você vai fazer no feriado?
   d. De que tipo de filmes você mais gosta?
   e. O Manu já chegou?
   f. Quanto custa a diária com café da manhã?
   g. O que você vai fazer quando receber a promoção?
   h. Você pode fazer o café enquanto eu durmo um pouco mais?

5. a. Você a viu? Se você a vir, diga lhe que a Joana pediu para enviar-lhe o orçamento.
   b. Recebi um e-mail sobre um curso de especialização ótimo! Vou mandá-lo para você. Você não quer fazer o curso comigo?
   c. A gente poderia ir para a praia nesse final de semana. Vamos chamar o Adauto e o Ricardo para ir conosco?
   d. O Manuel nos disse que não está conseguindo falar com a Lurdes. A ligação sempre cai.

6. a. Você gostaria de deixar recado?
   b. Você poderia aguardar um momento?
   c. Você poderia dizer pra ela me ligar?

7. As respostas podem variar.

UNIDADE 17

LIÇÃO A CONSTRUÇÃO DO CONTEÚDO

A.

1. será construída
2. fui recebido
3. é lido
4. era convidado
5. foi interrompido

B.

1. escreveu – redigiu – foi escrito
2. levou – foi roubada
3. pagou – eram pagas
4. ouviu – aconteceu – foi atingida – foi levada
5. vai mandar *ou* mandará – vou terminar ou terminarei – enviará – será enviado

LIÇÃO A AMPLIAÇÃO DO VOCABULÁRIO

A.

Possíveis respostas:

TV (2, 3, 8)
lava-louças (3, 5, 7, 13, 17, 20)
barbeador (3, 18, 24)
cortador de grama (3, 5, 22)
lavadora de roupas (3, 7, 11)
telefone (1, 3, 10)
aspirador de pó (3, 5, 6)
geladeira (3, 14, 17)
ventilador (3, 9)
ar-condicionado (3, 9)
computador (3, 4, 8, 15, 21, 23, 25)
secadora de roupas (3, 5, 11, 20)
vídeo (3, 8, 10, 19, 23)
DVD (2, 3, 8, 10, 23, 25)

B e C.

As respostas podem variar.

LIÇÃO B CONSTRUÇÃO DO CONTEÚDO

A.

1. A: Quando as provas serão criadas pelos professores?
   B: Elas já estão sendo elaboradas.
2. A: Quando mandei o e-mail, o carregamento já tinha sido recebido (por eles).
   B: Então, por que aqueles pedidos ainda estão sendo enviados?
3. A: Muitas teses têm sido corrigidas para publicação pela Mirtes.
   B: Eu sei. Quando passei na casa dela, a tese mais longa estava sendo corrigida (por ela).

B.

1. está criando
2. será feito
3. estavam discutindo

4. tinha mencionado
5. têm sido tomadas
6. será resolvido
7. (não) tinha consertado

LIÇÃO B AMPLIAÇÃO DO VOCABULÁRIO

A.

B.

diálogo   eletroeletrônico
1.   Tocador de MP4
2.   PDA
3.   bateria
4.   camera (digital)

LIÇÃO C CONSTRUÇÃO DO CONTEÚDO

A.

1. vai comprar *ou* comprará – tiver
2. posso ou poderei – for – quiser
3. vêm *ou* virão *ou* vão vir – vierem
4. serei *ou* vou ser – for

B.

1. Quando eu for mais velho, vou cuidar bem da minha saúde.
2. Se eu tiver que aprender outra língua, pretendo contratar um professor particular.
3. Se ETs vierem para a Terra quero ir embora com eles.
4. Quando eu for para o Japão, não vou entender uma única palavra.
5. Se um dia eu tiver que parar de trabalhar, quero morar na praia.

LIÇÃO C AMPLIAÇÃO DO VOCABULÁRIO

A.

1 porta-malas
2 lanternas
3 vidros
4 portas
5 carroceria
6 para-brisas
7 farol
8 carpetes
9 volante
10 acendedor de cigarro
11 câmbio
12 porta-luvas

B.
1. Comprar um carro
2. Levar o carro ao mecânico

C.
1. para obter mais informações sobre o veículo? b, c, d, e
   para obter o preço? f, m
   para dar mais informações sobre o estado do veículo? i, k, n, o

2. pelo vendedor? f, g, i
   cliente? a, b, c, d, e, h, j, k, l, m, n, o

LIÇÕES A, B e C **COMPREENSÃO AUDITIVA**
1. Máquina/aparelho com defeito: máquina de lavar louça
   Defeito: louças ficam soltas dentro e o sabão está saindo pelas laterais
   Solução: levar para a assistência técnica
2. Máquina/aparelho com defeito: aparelho de CD
   Defeito: é temperamental e leitor de laser com problema
   Solução: ouvir na casa do Leandro
3. Máquina/aparelho com defeito: ar condicionado
   Defeito: está cuspindo pedrinhas de gelo
   Solução: chamar a manutenção

LEITURA
B.
As respostas podem variar.

UNIDADE 18

LIÇÃO A CONSTRUÇÃO DO CONTEÚDO
A.
1. escolha
2. compre
3. progridam – consigam
4. mexam
5. mudem
6. saia
7. falem

B.
consiga – escolha – promova – aproveite

LIÇÃO A AMPLIAÇÃO DO VOCABULÁRIO
A.
Meio Ambiente
Especialista na preservação do Meio Ambiente

Terceiro Setor
Gestor de Empresas do Terceiro Setor

Turismo, Lazer e Entretenimento
Turismo
Hotelaria

Gastronomia
Coordenadores de Atividades de Lazer e Entretenimento

Tecnologia da Informação
Designer e planejador de Games
Telecomunicações
Especialista em Ensino a Distância (EAD)
Sistema de Informações
Administradores de Comunidades Virtuais
Engenheiros de Rede
Gestor de Segurança na internet

Administração
Administradores de Comunidades Virtuais
Logística
Gestor de Patrocínios
Gerentes de Terceirização
Gestor de Relações com o Cliente
Administração
Marketing
Coordenadores de Projetos
Consultor de Carreiras

B.
As respostas podem variar.

LIÇÃO B CONSTRUÇÃO DO CONTEÚDO
A.
1. esteja ...
2. saibam ...
3. possam ...
4. vá ...
5. haja ...
6. seja ...
7. deem ...

B.
1. seja
2. saibam – possam
3. vão
4. haja
5. esteja – recupere

LIÇÃO B AMPLIAÇÃO DO VOCABULÁRIO
A.
seca, tempestade, erosão, enchente e cerração

B.
1. tempestade
2. cerração
3. seca
4. erosão
5. enchente

C.
As respostas podem variar.

LIÇÃO C CONSTRUÇÃO DO CONTEÚDO
A.
1. e
2. a
3. g
4. b
5. f
6. d
7. c

B.
1. tem – tenha
2. vai sobrar *ou* sobrará – sobre
3. sabem – saibamos
4. fez – faça
5. dará ou vai dar – dê

LIÇÃO C AMPLIAÇÃO DO VOCABULÁRIO
A.
Imposto: IPTU, IPVA, ICMS, de renda, único
Taxa: de juros, de água e esgoto, de câmbio, de frete, de con-
domínio, de 5% ao mês
Multa: de trânsito, por atraso no pagamento, de 5% ao mês

B.
1. recebi/ pagar
2. recebemos/ pagar
3. recebeu
4. declarou

LIÇÕES A, B e C COMPREENSÃO AUDITIVA
1. Espero que tenha sido boa.
   Tomara que eu consiga esse emprego.
   Duvido que eles não te promovam depois de um tempo.
   Espero que reconheçam meu valor.
2. Espero que não seja o fim do mundo.
   É uma pena que as pessoas não se importem com o meio
   ambiente.
   Estou torcendo para que não chova.
   Não acredito que em pleno século XXI a gente ainda te-
   nha problemas com isso.
3. Espero que não sejam muitas (multas).
   Espero que eu não tenha muita multa para pagar.
   Talvez você deva fazer administração.
   Meus amigos duvidam que eu passe em administração.

LEITURA
A.
1. É um profissional que tem a capacidade de expressar e
   aplicar seu conhecimento, competências e habilidades de
   muitas maneiras.
2. As respostas podem variar.
3. Porque no mundo do futuro, haverá muito poucas oportunidades para a mão de obra desqualificada.
4. As respostas podem variar.

UNIDADE 19

LIÇÃO A CONSTRUÇÃO DO CONTEÚDO
A.
1. Se eu gostasse de jogar roleta, compraria uma de brinquedo para jogar em casa.
2. Se os brasileiros tivessem um maior poder aquisitivo, gastariam mais com viagens e lazer.
3. Se o entretenimento nas cidades menores fosse melhor, o
   turismo se espalharia para outras áreas do país.
4. Se as pessoas pudessem escolher entre ganhar na loteria
   e ter um trabalho que pagasse muito bem, com certeza
   escolheriam não trabalhar e ganhar dinheiro fácil.
5. Se em alguns países jogar fosse liberado para menores de
   18 anos, os jovens poderiam ter problemas na escola.
6. Se as pessoas não se viciassem, os bingos poderiam ser legalizados.
7. Se o jogo do bicho fosse legalizado, o governo poderia recolher mais impostos.

B.
1. tivessem ...
2. ... fosse ...
3. vissem ...
4. pensasse ...
5. existisse

LIÇÃO A AMPLIAÇÃO DO VOCABULÁRIO
A.
1. cara ou coroa
2. bingo
3. dados
4. baralho
5. loteria
6. rifa
7. pedra, papel, tesoura

B.
Possíveis respostas:
1. Que sorte!; Que sortudo/a!;
2. Que azar! Que azarado/a!
3. Que azar! Que azarado/a!
4. Que sorte!; Que sortudo/a!;

C.
As respostas podem variar.

D.
1. fazer uma fezinha / ganhar
2. cara ou coroa
3. fazer um bolão / arriscar a sorte / apostar

LIÇÃO B CONSTRUÇÃO DO CONTEÚDO
A.
1. fosse – conhecesse – fosse
2. aparecesse – dissesse – estivesse

B.

As respostas podem variar.

LIÇÃO B AMPLIAÇÃO DO VOCABULÁRIO

A.

Possíveis respostas:

Preparativos: vestido de noiva, lembrancinhas, lista de presentes, traje do noivo, convite de casamento, chá de cozinha, despedida de solteiro

Pessoas: convidados, noivo, noiva, madrinhas, padrinhos

Comidas: docinhos, bolo, salgados, prato de massa, entrada, aperitivos, prato principal

Bebidas: café

Religioso: alianças, padre/pastor

Recepção: música

B.

As respostas podem variar.

LIÇÃO C CONSTRUÇÃO DO CONTEÚDO

A.

2. Talvez não tenhamos entendido o conteúdo bem.
3. Talvez eles tenham se adaptado bem ao novo emprego.
4. Duvido que ela tenha gostado do presente.
5. Acredito que tenha cometido um erro.
6. Duvido que ele tenha mudado de ideia de repente.

B.

tenham escolhido – tenham decidido – tenham escolhido – tenha pedido – tenha ensaiado

LIÇÃO C AMPLIAÇÃO DO VOCABULÁRIO

A.

De 4 meses a 2 anos – berçário

De 2 a 3 anos – maternal

De 6 a 14 anos – Ensino Fundamental

De 15 a 17 anos – Ensino Médio

A partir dos 17 anos – Ensino Superior

A partir dos 22 anos –pós-graduação

B.

As respostas podem variar.

C.

1. bombei ou vou bombar / estudou / prestar vestibular
2. colou / matou aula / prestar vestibular / fazer cursinho

LIÇÕES A, B e C COMPREENSÃO AUDITIVA

1. Qual o arrependimento de Mirela? Escolheu biologia no vestibular.

O que Antônio faria se fosse ela? Ele se inscreveria em jornalismo em outra faculdade.

De quem foi a ideia de abrir um negócio para Antônio? De seu pai.

Que tipo de negócio Mirela abriria se pudesse? Abriria um café.

2. Se o Marcão fosse casar, ele faria a cerimônia na igreja? Não. Onde talvez ele faria a cerimônia? Ao ar livre em uma chácara.

Por que Luis não disse para a noiva que gostaria de uma cerimônia menos tradicional?

Tinha medo que ela odiasse a ideia e achasse que ele não queria casar.

Até onde Luis casaria com Lorena? Até debaixo d'água.

3. O que a avó de Daniele falou para Isaías? Falou que tinha apostado uma grana alta e perdido tudo.

O que Isaías faria se a avó dele fosse como a de Daniele? Ele não jogaria com dinheiro.

O que Isaías pensava da avó antes de conhecê-la? Pensava que ela fosse uma velhinha recatada e quietinha.

O que Daniele faria se tivesse metade da energia da avó? Realizaria vários sonhos.

LEITURA

A.

As respostas podem variar.

B.

1. Os dois são os mais importantes para conseguir uma entrevista.
2. As respostas podem variar.
3. As respostas podem variar.

UNIDADE 20

LIÇÃO A CONSTRUÇÃO DO CONTEÚDO

A.

1. d
2. f
3. e
4. c
5. a
6. g
7. b

B.

1. teria feito – teria economizado
2. Teriam feito – teríamos discutido
3. teria estudado – teria dado
4. teria perdido – Teria feito

LIÇÃO A AMPLIAÇÃO DO VOCABULÁRIO

A.

Possíveis respostas:

1. Boas Festas!
2. Feliz Ano Novo!
3. Feliz Natal!

B.

As respostas podem variar.

C e D.

As respostas podem variar.

LIÇÃO B CONSTRUÇÃO DO CONTEÚDO
A.

1. Gil: Cara de arrependimento. Se eu <u>tivesse ligado</u> para a Mari naquele dia, ela não <u>teria saído</u> com o João.
   Ana: E hoje você não <u>estaria</u> com essa cara.
   Gil: A senhora mesma. Se você <u>tivesse escutado</u> o seu amigo aqui, não estaria desempregada.
   Ana: É. Eu era muito imatura mesmo. Se eu <u>tivesse conversado</u> com meu chefe, <u>estaria</u> trabalhando lá ainda.

2. Juliana: Ela mesma. Se a minha irmã <u>tivesse aceitado</u> aquela proposta do empresário do grupo, nós <u>estaríamos</u> olhando para ela na TV e não para essa Martinha.
   Avó: Verdade. Se eu <u>tivesse tentado</u> convencê-la, ela <u>teria mudado</u> de ideia. Mas, eu não quis intervir.

B.

As respostas podem variar.

LIÇÃO B AMPLIAÇÃO DO VOCABULÁRIO
A.

1. arrepende / arrependimento
2. perdoar
3. inquietação
4. voltaria atrás
5. punição
6. castigo / culpa

B.

As respostas podem variar.

LIÇÃO C CONSTRUÇÃO DO CONTEÚDO
A.

1. fosse – teria feito
2. tivesse – emprestaria ou teria emprestado
3. escutassem – teriam gastado
4. dividíssemos – ficaria
5. soubessem – teriam arrumado

B.

1. "Se eu fosse você, iria para os Estados Unidos já."
2. "Se eu estivesse na frente do meu autor favorito, eu teria pedido um autógrafo".
3. "Se eu fosse meu chefe, teria te contratado na hora".
4. "Se eu fosse você, levaria o carro para o mecânico".

LIÇÃO C AMPLIAÇÃO DO VOCABULÁRIO
A.

1. seguido/ dar
2. conselho
3. aconselhou
4. pedir

B.

1. dar conselhos
2. seguir conselhos
3. pedir conselhos

C.

As respostas podem variar.

LIÇÕES A, B e C COMPREENSÃO AUDITIVA
<u>Senhora</u>
   Ela tem algum arrependimento? Se tivesse economizado um pouco mais, teria conseguido reformar a casa.
   Teria feito algo diferente? Teria caminhado mais e economizado nas calorias

<u>Moço</u>
   Ele realizou muitas coisas? Não.
   Culpa alguém pelo que não realizou? Culpa um pouco a si mesmo e um pouco ao governo. Se culpasse o governo por tudo, não teria conseguido nada.

<u>Homem</u>
   O que ele realizou? Aumentou o número de clientes.
   Qual conselho ele daria? Se ele soubesse o que as pessoas devem fazer, não diria.

LEITURA
A e B.

As respostas podem variar.

REVISÃO DAS UNIDADES 17 A 20

1. a. 2. arriscar – fazer
   b. 2. Que azar!
   c. 3. estudei
   d. 1. dar

2. a. for
   b. tivermos
   c. visitarão/ chegarem
   d. progrida/ seja/ promova
   e. consiga/ vá
   f. faça/ tenha
   g. fosse/ procuraria
   h. mude

3. a. A casa foi limpa.
   b. O relatório de despesas foi entregue.
   c. Todos os carros da empresa têm sido consertados por ele.
   d. Os impostos serão pagos pelo Lucca na semana que vem.

4. a. O que você acha que vai acontecer com o meio-ambiente em um futuro próximo?
   b. Será que vai fazer sol no final de semana?
   c. Será que nós conseguiremos viajar para a Europa nas próximas férias?

d. O que aconteceu com a Camila?

e. Você pagou o IPTU?

f. Quando entregamos a declaração do IR?

g. O que você teria feito de diferente?

h. Como foi o casamento da Letícia e do Bruno?

5. Possíveis respostas:

a. Feliz Natal!

b. Feliz Ano Novo! / Boas Festas!

c. Que sorte!

d. Obrigado/a!

e. Parabéns!

6. As respostas podem variar.

7. As respostas podem variar.

Textos de Áudio

LIÇÃO B AMPLIAÇÃO DO VOCABULÁRIO
B.

1. Rosângela: Mariana, me diz, qual é sua roupa favorita?
   Mariana: Bem, pra trabalhar, eu gosto de usar branco ou preto.
   Rosângela: Sei, cores básicas. Eu também adoro preto... Emagrece...
   Mas que tipo de roupas? Calça, saia e camisa, conjuntinho...
   Mariana: Ah, eu uso um pouco de tudo, mas acho que ainda prefiro meu conjunto preto...

2. Vendedora: Pois não? Posso ajudá-la?
   Raquel: Eu quero ver uma roupa social, para trabalhar.
   Vendedora: Sim, senhora. Temos vários modelos de calças, conjuntos sociais, saias e até vestidos.
   Raquel: O que você tem em vermelho?
   Vendedora: Temos este lindo vestido! Chegou ontem! O que acha?
   Raquel: Lindo! Vou experimentar!
   Vendedora: Gostaria de ver mais alguma coisa? Temos esses...

3. Pedro: Luis, você viu o que o Rogério está usando hoje?
   Luis: Não me diga que ele está usando a gravata amarela com a camisa verde de novo...
   Pedro: Não... Hoje ele está com a calça vermelha! Esse Rogério... gosta de ser o centro das atenções!
   Luis: Ele é um barato!

LIÇÃO C AMPLIAÇÃO DO VOCABULÁRIO
A.

1. Entrevistador: Por favor, você poderia responder algumas perguntas?
   Camila: Sim, claro!
   Entrevistador: Aonde você costuma ir nos finais de semana?
   Camila: Ultimamente estou ficando em casa, por causa do frio. Mas eu ia muito ao parque Ibirapuera fazer caminhada.
   Entrevistador: E que tipo de roupas você usava para caminhada?
   Camila: Ah, tênis e calças confortáveis e uma camiseta.
   Entrevistador: Muito obrigado por sua atenção.
   Camila: De nada.

2. Entrevistador: Por favor, senhor? Posso fazer algumas perguntas sobre vestuário?

Pedro: Sim, claro.
   Entrevistador: Quais são suas roupas favoritas para trabalhar?
   Pedro: Bem, eu gostaria de usar tênis e calça de moletom para trabalhar, mas não é possível. Estou trabalhando em uma multinacional agora e preciso usar terno e gravata.

3. Entrevistador: Bom dia, senhor. Posso fazer algumas perguntas sobre vestuário?
   Adauto: Claro!
   Entrevistador: Quais são suas roupas favoritas?
   Adauto: Bom, no final de semana, especialmente em casa, eu uso short, camiseta e chinelo o dia inteiro... risos. Minha mulher odeia!

LIÇÕES A, B e C COMPREENSÃO AUDITIVA

1. Túlio: Jana, como você era quando criança?
   Jana: Eu tinha cabelos compridos e usava óculos.
   Túlio: Mesmo? E você morava aqui?
   Jana: Não. Morava em Ribeirão Preto.
   Túlio: Você gostava de lá?
   Jana: Gostava. Eu ia sempre pro cinema com meus primos. Era legal.

2. Helena: Sérgio, esta foto aqui é sua???
   Sérgio: É. Por quê?
   Helena: Nossa, que diferente! Você era mais magro e tinha os cabelos loiros?!
   Sérgio: É. Nessa foto eu tenho só dezoito anos. Eu era bem tímido, mas agora sou muito mais sociável. Não acha? E agora... sou careca.
   Helena: Ahh... Mas, você era bem atraente.
   Sérgio: Era?? Não sou mais? Ah, é?
   Helena: Claro que é, mas você está bonito na foto. Olha aqui...
   Sérgio: É verdade. Obrigado.

   Helena: Mas essa camisa laranja e vermelha... é horrível.
   Sérgio: Qual o problema? Eu gostava dela.
   Helena: Há, há, há.

3. Lenita: Olha, Marisa. Esta é a foto da minha mãe. Você se lembra dela?
   Marisa: Não, não lembro... Como ela era charmosa!
   Lenita: Ela era uma mulher muito generosa e educada.
   Marisa: Ela parece simpática pela foto.
   Lenita: Era sim. Ela tinha muitas amigas e estava sempre

bem vestida. Usava umas roupas elegantes... Só que ela fumava muito.

Marisa: Você tem ótimas lembranças dela, né?

Lenita: Tenho sim, lembranças e saudade.

UNIDADE 10

LIÇÃO A AMPLIAÇÃO DO VOCABULÁRIO
B.

1. Joana: Ai...

   Pedro: O que foi? Tá tudo bem?

   Joana: Meus pés estão me matando...

   Pedro: Também com esses sapatos! Que salto alto!

   Joana: Ah, mas são lindos, não são?

2. Mãe: Filha, vem almoçar!

   Mãe: Isabela!!!!

   Isabela: Hã? O que, mãe?

   Mãe: Tô te chamando! Vem almoçar!

   Isabela: Mãe, acho que não estou bem... estou com dor de ouvido...

   Mãe: Claro! Ouvindo música alto desse jeito, menina! Vem almoçar!

3. Instrutor: Vamos lá, pessoal! Alongando... Força aí. Vamos lá.

   Rosa: Ai, meu braço...

   Joaquina: O que foi, Rosa?

   Rosa: Ontem eu exagerei e hoje meus braços doem...

   Joaquina: Pega leve hoje, então, ok?

   Instrutor: Agora a perna.

4. Giovana: Nossa! Que foi?

   Mariana: Acho que eu estou gripada. Eu tomei muito sorvete ontem. A minha garganta está doendo.

   Giovana: Melhor você tomar alguma coisa, então.

5. Esposa: Querido, vai descansar! Está tarde!

   Marido: Num minuto. Eu só preciso acabar este relatório... ai, minhas costas!

   Esposa: Você está todo torto aí trabalhando no sofá! Pelo menos vai trabalhar na mesa, com as costas retas...

   Marido: Já vou, meu bem.

LIÇÃO B AMPLIAÇÃO DO VOCABULÁRIO
B.

1. Médico: Boa tarde. Pode se sentar.

   Paciente: Obrigada, doutor.

   Médico: Em que posso ajudar?

   Paciente: Lembra, doutor, eu estive aqui na semana passada por causa dos meus pulsos que estavam doendo muito...

   Médico: Sim, claro! E eu receitei um analgésico e antiinflamatório, certo?

   Paciente: Isso.

   Médico: E como você está esta semana?

Paciente: Melhorei bastante, mas eles ainda doem um pouco.

Médico: Certo. Vamos continuar com o tratamento por mais três dias e volte aqui na próxima semana.

Paciente: Obrigada, doutor.

2. Acupunturista: Susana, como está sua cabeça? A dor passou?

   Susana: Ah, sim, passou totalmente com as duas últimas sessões de acupuntura, Linda! Obrigada!

   Acupunturista: Que ótimo! Bem, então vamos...

LIÇÕES A, B e C COMPREENSÃO AUDITIVA

1. Médica: Muito prazer, Reinaldo. Então, qual é o problema?

   Paciente: Dra. Regina, eu nunca tive dor nos pulsos. Mas, agora, sempre que uso o computador, fico com dor.

   Médica: Com que frequência você usa o computador?

   Paciente: Sempre, todos os dias.

   Médica: Você tomou algum medicamento?

   Paciente: Tomei analgésico.

   Médica: Reinaldo, não tome remédios sem falar com o médico. Pode ser perigoso. Você precisa parar a cada uma hora de trabalho e fazer alongamento para as mãos e braços.

   Paciente: Tudo bem, Dra. Regina.

2. Gilda: Ai, meu Deus! Eu não aguento mais!

   Fátima: Que isso, Gilda? Você está muito nervosa. O que foi?

   Gilda: A minha vizinha é louca. Ninguém aguenta mais.

   Fátima: Por quê?

   Gilda: Primeiro, ela faz barulho a noite toda. Não dá para dormir. Às vezes, ela liga a música bem alto às 4 horas da manhã!

   Fátima: Tenha calma. Quer alguma coisa para beber? Um chá? Um café?

   Gilda: Café??? Eu dificilmente bebo café. E sem dormir ainda... Ai. Estou é com dor de cabeça.

   Fátima: Aqui. Tome este comprimido, então.

   Gilda: Obrigada, Fá.

3. Noé: Oi, Elena. Como está sua prima Glauce? Sarou?

   Elena: Na verdade, não.

   Noé: O que ela tem? Gripe, né?

   Elena: Ela tem tudo. Agora diz que está com dor nas pernas e enxaqueca.

   Noé: Acho que ela não tem nada.

   Elena: Também acho. Ela não tomou nenhum remédio e a dor nas costas da semana passada sumiu. Depois, gripe sem febre... Ela está muito ansiosa com a viagem para a Rússia. É isso.

   Noé: Ela é normalmente ansiosa assim?

   Elena: De vez em quando. Mas, com o convite para viajar, ela está assim.

   Noé: Quem a convidou?

   Elena: Foi um amigo dela de Moscou que a convidou.

   Noé: Legal. Ela vai gostar de lá. É um país fantástico!

UNIDADE 11

LIÇÃO B AMPLIAÇÃO DO VOCABULÁRIO

B.

1. Kim: Má...

Marilene: Que foi, Kim...

Kim: Estou cansado... vamos para casa?

Marilene: Mas eu quero dançar!!

Kim: Essa música?

Marilene: Claro que não. Mas a banda vai começar a tocar umas músicas mais legais daqui a pouco!

Kim: Daqui a pouco quando?

Marilene: Não sei... umas duas horas...

Kim: Ai, meu Deus!

2. Simone: Olha isso, Aninha!

Ana Maria: Nossa! É lindo mesmo! Nem dá para ver a água de tão transparente! Parece que os peixes estão flutuando!

Simone: Estou impressionada com a beleza desse lugar...

Ana Maria: Ah, eu também! Nem quero voltar para São Paulo...

3. Marciano: Dudu?

Dudu: Hã?

Marciano: O que aconteceu?

Dudu: Nada. Por quê?

Marciano: Você está calado...

Dudu: Estamos pescando, né? Não quero assustar os peixes.

Marciano: Tá certo, tá certo...

LIÇÕES A, B e C COMPREENSÃO AUDITIVA

1. Paulo: Luiz, olha esse romance aqui. Vamos levar?

Luiz: Não sei, Paulo. Será que é bom?

Paulo: Bom, eu gosto de ler romances. Quando eu morava na África, eu lia muito. Começava a ler às 9 da noite e só parava a 1 da manhã. Não conhecia muitas pessoas, então eu passava o tempo lendo.

Luiz: Eu prefiro ler contos. Terminam mais rápido.

Paulo: Essa é boa. Você não gosta de ler muito né?

Luiz: Quando eu era criança, eu não lia. Só me divertia brincando e praticando esportes. Eu era muito bom.

Paulo: Então eu compro o romance para mim e te dou esse livro de contos de presente. Tá?

Luiz: Tá ótimo. Superobrigado.

2. Clarice: Filhinha. Está na hora de dormir.

Filha: Ah, mãe. Então, conta uma historinha.

Clarice: Tá. Qual você quer?

Filha: Aquela da moça bonita.

Clarice: Uma moça muito bonita e generosa foi morar com o pai e a madrasta. A madrasta tinha duas filhas muito más. Elas sempre faziam a moça bonita limpar a casa toda e riam dela.

Filha: E o que a moça fez?

Clarice: Ela foi para uma festa com as filhas más. Na festa, todos os homens inteligentes e simpáticos olhavam para a moça bonita. Ela dançou com vários deles e se divertiu muito. As filhas más não dançaram com ninguém e foram para casa muito tristes.

Filha: Benfeito! Há há. Boa noite, mãe.

3. Juca: Hélio, quanto tempo! Como você está diferente.

Hélio: Nem tanto. Mas, que bom te ver, Juca.

Juca: Nossa... Você se lembra de quando a gente morava naquele apartamento horrível?

Hélio: Claro. Era muito sujo, mas a gente se divertia muito, né?

Juca: Você lembra daquele dia no cinema?

Hélio: Lembro sim. Você começou a tossir sem parar e a mulher de trás bateu com um livro na sua cabeça. Há há há.

Juca: É. Várias pessoas reclamaram. Você gostava de confusão...

Hélio: Eu? Claro que não. Eu era supercomportado. Só assistia às suas confusões.

Juca: Tá, tá, tá bom...

UNIDADE 12

LIÇÃO A AMPLIAÇÃO DO VOCABULÁRIO

A.

1. Proprietário: Boa tarde, senhores.

Marcelo e Marcos: Boa tarde.

Proprietário: Nosso restaurante é por quilo, então, os senhores podem ir diretamente ao balcão, pegar o que desejar e ir até a balança.

Marcelo: Certo, muito obrigado.

Marcos: Nossa, Marcelo! Tem tanta comida aqui que é difícil escolher.

Marcelo: Marcão, faça como eu. Pegue um pouco de cada

Marcos: Certo. Vou pegar batata frita, bife, arroz e feijão. E você?

Marcelo: Eu vou pegar uma lasanha. Adoro massas.

2. Garçom: Senhorita, aqui está o cardápio.

Juliana: Obrigada.

Garçom: Posso ajudar?

Juliana: Eu vou querer uma salada completa e uma feijoada light, por favor.

Garçom: Alguma coisa para beber?

Juliana: Uma limonada, por favor.

Garçom: E a senhorita?

Mariana: Eu não quero nada, Ju. Vim só para bater um papo com você. Obrigada moço.

3. Viviane: Então, menina, ontem fui à uma pizzaria ótima!

Heloísa: Sério, Vi? Onde?

Viviane: Na Henrique Schaumann, em Pinheiros. Eles têm todos os tipos de pizza que você possa imaginar: Pizza com borda, frita, calzone...

Heloísa: Qual delas você comeu? Imagino que foi portuguesa. Você sempre pede pizza portuguesa.

Viviane: Engraçadinha. Claro que pedi uma portuguesa. Você me conhece.

4. Garçom: Picanha ao alho?
Lopes: Não, obrigado.
Lima: Nossa, Lopes, já parou?
Lopes: Estou cheio, Lima. Já comi de tudo um pouco... tudo bem que eu adoro churrasco, mas eu acho que exagerei.
Lima: Então vamos pedir mais uma caipirinha e depois a conta, tudo bem?
Lopes: Sem pressa. Hoje é feriado mesmo.

LIÇÃO C AMPLIAÇÃO DO VOCABULÁRIO
C.

1. Guia do museu: Bem-vindos ao Museu do Ipiranga. Poucos meses após a proclamação da Independência, em 7 de setembro de 1822, surgiu a primeira proposta – seguida de inúmeras outras – de erigir um monumento à Independência do Brasil no próprio local onde ela havia sido proclamada, às margens do riacho do Ipiranga. Por falta de verbas e de entendimentos quanto ao tipo de monumento a ser erigido, somente após sessenta e oito anos da proclamação é que a ideia se concretizou, com a inauguração do edifício-monumento, em 1890. No andar térreo, a Ala Oeste...

2. Vivi: Nossa! A Ivete é demais, né?
Cidinha: É mesmo! A gente não consegue ficar parada!
Vivi: Mas vamos parar um pouco porque preciso beber alguma coisa.
Cidinha: Tá.

3. Lucineide: Agora o candelabro vai cair, quer ver?
Rosângela: Para de me contar o que vai acontecer, senão não tem graça!
Lucineide: Ah, todo mundo já leu o livro e sabe o que vai acontecer.
Rosângela: Mesmo assim...
Desconhecido: Eeeee, silêncio!
Rosângela: Tá vendo! Agora presta atenção na peça!
Lucineide: Tá bom, tá bom...

LIÇÕES A, B e C COMPREENSÃO ORAL

1. Samuel: Eu andei por todos os lugares...
Adriano: Que isso, Samuel? Cantando no trabalho?
Samuel: É. Eu ando meio aéreo ultimamente. Não consigo me concentrar.
Adriano: Você mudou mesmo, hein? Era superarroz de festa, estava sempre conversando com todo mundo. Agora, fica cantando no trabalho e olhando para o nada. Parou de tomar todas?
Samuel: É que eu conheci a mulher mais linda do mundo. Eu estava na lanchonete tomando um café quando uma morena linda entrou e pediu uma sobremesa. Um mulherão! E muito simpática.
Adriano: Você conversou com ela?

Samuel: Claro, né? Ela tinha acabado de comer um doce quando eu me aproximei e perguntei se o café da lanchonete era bom.
Adriano: E?
Samuel: E... ela gostou de mim E pedi o telefone dela E nós vamos sair hoje à noite para assistir a uma peça no Teatro Municipal.
Adriano: É Samuel... Você realmente é o cara mais esperto que conheço. Parabéns e boa sorte hoje.
Samuel: Valeu!

2. Alba: Ah, Marina. Essa fila está enorme. Não gosto de esperar para entrar em danceterias.
Marina: Calma Alba. Você não está a fim de dançar? Então, tem que esperar.
Alba: Ffuuuu! Tá bom. Mas, só porque nunca estive aqui. Quero muito conhecer esse lugar.
Marina: Relaxa. Vamos pensar em alguma coisa gostosa para passar o tempo.
Alba: Já sei. Uma feijoada deliciosa e quentinha.
Marina: Hmmm. Já estou com fome.
Alba: Não adianta. Ainda estou impaciente. Quero entrar agora. Minhas pernas estão doendo.
Marina: Ai, meu Deus! Tive uma ideia! Vou dar um jeitinho.
Alba: O que está pensando em fazer?
Marina: Está vendo o segurança? Eu conheço ele. Vou falar que você está com muita dor nas costas e ele deixa a gente entrar pela entrada VIP. Faz cara de dor aí.
Alba: Perfeito!

3. Flávio: E aí, filhão? Decidiu onde quer almoçar?
Filho: Não sei, pai. Aqui no guia tem várias opções...
Flávio: Você não vai querer arroz e feijão, não é?
Filho: Não, pode deixar. Arroz e feijão eu como todos os dias na casa da mãe. Quero ir a uma churrascaria. O que você acha?
Flávio: Ótimo. Preciso comer carne.
Filho: Há há há. Você sempre diz que precisa comer carne! Olha este restaurante aqui no guia.
Flávio: Deixa eu ver. Casarão antigo. Os donos tinham reformado o casarão quando houve um incêndio que destruiu o andar de cima. No ano passado foi reformado novamente. Churrascaria mais elegante da cidade. Preços acessíveis.
Filho: E aí? Gostou?
Flávio: Adorei. Vamos pra lá agora!

PRONÚNCIA DO PORTUGUÊS – PARTE 3
Exercício:
Manuel: Paulão! Você aqui no aeroporto. Vai viajar?
Paulão: Meus pais estão chegando do Rio de Janeiro. Mas, me fala. Como está a Soraia?
Manuel: Bem. Está em Brasília hoje.
Paulão: E os filhos? Quais os nomes deles mesmo?
Manuel: Rogério e Fabrício. O mais velho está no Uruguai estudando.

Paulão: Bem, bom te ver. Ah, depois de amanhã é meu aniversário. Passa lá em casa.
Manuel: Falou. A gente se vê.

UNIDADE 13

LIÇÕES A, B e C **COMPREENSÃO AUDITIVA**

1. Jean: Carol, você não vai acreditar. A Mônica me ligou hoje de manhã e disse que estão me chamando para a entrevista.
Carol: Maravilha, Jean. No seu lugar, eu iria bem vestido. A roupa é importante.
Jean: Eu sei. Por isso comprei um terno novo hoje.
Carol: Você está preparado? Não se esqueça de desligar o celular durante a entrevista.
Jean: Eu sei. Eu sei. Estou ansiosíssimo. Essa é a melhor empresa de recursos humanos do estado.
Carol: Não se preocupe, Jean. Você tem estudado tanto nesses últimos meses! A recompensa vai chegar. Boa sorte.
Jean: Obrigado pela força, Carol.

2. Diretor: Muito bem, Melina Soares. É isso?
Melina: Isso.
Diretor: Melina, nós escolhemos você para fazer parte do coro do musical por causa de suas habilidades na dança. Parabéns.
Melina: Obrigada.
Diretor: No seu lugar, eu começaria a fazer aulas de canto. Também porque podemos precisar no futuro.
Melina: É, eu imaginei. Por isso tenho feito aulas de canto duas vezes por semana desde o ano passado.
Diretor: Ótimo. E você sabe que no palco nós temos vários objetos antigos, uma carruagem, lustres de cristal e coisas do gênero. Originais. Por isso, os ensaios dos dançarinos são longos. Vocês devem ter muito cuidado ao dançar ao redor desses objetos.
Melina: Claro, claro. Quando eu começo?
Diretor: Agora. Pode se trocar.

3. Teresa: Como estão os preparativos para a mudança, Ricardo?
Ricardo: Tudo bem, mas é muita coisa para resolver. Mudar pra outro país é muito complicado. Tem uma papelada enorme, documentos... estou cansadíssimo.
Teresa: No seu lugar, eu pediria para a empresa ajudar com a documentação. Você não precisa fazer tudo sozinho.
Ricardo: Eles estão ajudando, mas muita coisa eu tenho que fazer pessoalmente. Estou enlouquecendo.
Teresa: É, não é mole não. E as aulas de japonês? Você tem frequentado?
Ricardo: Tenho sim. Tenho estudado muito. Quase todos os dias. Por isso já consigo me comunicar. Bem, pelo menos eu sei me apresentar há há há.
Teresa: É. E como é isso em japonês?
Ricardo: " Watashi wa Ricardo des"
Teresa: Hmm. Não sei não. Há há.

UNIDADE 14

LIÇÕES A, B e C **COMPREENSÃO AUDITIVA**

1. Abigail: Alô?
Bianca: Quem fala?
Abigail: Com quem você gostaria de falar?
Bianca: Com o Nestor.
Abigail: Quem é?
Bianca: Aqui é a Bianca. Ele me pediu para avisá-lo sobre a entrevista.
Abigail: Bianca. Aqui é a Abigail, irmã dele. Ele não está. Você não quer ligar mais tarde?
Bianca: Ligo sim. Mas, vou ligar amanhã de manhã, pois já estou indo dormir. Como ele tem que vir comigo para a entrevista, por favor, avise a ele que ligarei bem cedo, tá bom?
Abigail: Pode deixar.
Bianca: Obrigada e boa noite.
Abigail: Tchau, boa noite.

2. Kiko: Alô?
Michel: E aí, meu? Tudo bem?
Kiko: Quem está falando? São 4 horas da manhã.
Michel: Sou eu, pô. Estou aqui na balada, queria te chamar.
Kiko: Eu quem?
Michel: Meu... o Michel. Estou aqui com o pessoal da faculdade. Você não vem se divertir com a gente?
Kiko: Cara, eu não sei quem você é. Estou morto de sono e não faço faculdade.
Michel: Não? Qual o seu nome?
Kiko: Kiko.
Michel: Putz. Foi engano. Desculpa aí, cara. Foi mal.

3. Recepcionista: Hotel Village, Kelly. Bom dia!
João: Por favor, gostaria de falar no quarto 1267. O hóspede é Manuel Figueira.
Recep: Um momento, por gentileza.
Senhor, o telefone está chamando, mas ninguém atende.
João: Estranho. Eu já ia passar aí. Combinei com ele de pegá-lo para irmos ao aeroporto.
Recep: O senhor pode deixar uma mensagem no correio de voz.
João: Bem... Não vou pedir para ele me ligar porque a bateria do meu celular está acabando. Então me transfira para o correio de voz, por favor. Vou deixar uma mensagem, mas gostaria que você também avisasse que estou a caminho.
Recep: Qual o seu nome, senhor?
João: João Seixas.
Recep: Um minuto. Estou transferindo para o correio de voz.
João: Obrigado.

UNIDADE 15

LIÇÕES A, B e C **COMPREENSÃO AUDITIVA**

1. Lélio: Carminha, recebi um e-mail do chefe. Você vai ter

que refazer aquela proposta de orçamento. Ele disse que já tinha lhe pedido isso antes.

Carminha: Nossa, Lélio. Esqueci completamente. Ando muito esquecida. Deve ser o olho gordo daquela menina nova. Ela olha para mim de um jeito estranho.

Lélio: Há, há, há. Claro que não é isso. Já te disse... Você está trabalhando demais.

Carminha: Que nada. Estou muito bem.

Lélio: Sua colega aí do setor de compras não me disse isso.

Carminha: Colega? Quem? A do olho gordo?

Lélio: Ela mesma. Ela disse que você sai todos os dias muito mais tarde do que todos os outros funcionários.

Carminha: Às vezes.

Lélio: Bem, o chefe pediu para você acelerar o orçamento. Não se esqueça.

Carminha: Tá. Obrigada, Lélio.

2. Entregador: Oi, bom dia. Tenho uma encomenda para a senhora Marlene de Paula. Posso deixar aqui?

Recepcionista: Pode. Obrigada.

Marlene: Marlene de Paula.

Recepcionista: Bom dia, senhora Marlene. Tem uma encomenda para a senhora aqui na recepção.

Marlene: De quem é?

Recepcionista: O entregador não me disse.

Marlene: E você não lhe perguntou sobre a origem do pacote?

Recepcionista: Não...

Marlene: Veja se tem remetente.

Recepcionista: Hmmm. Parece que não.

Marlene: Então abra a caixa aí mesmo e depois a traga para minha sala, por favor.

Recepcionista: Pois não, senhora. Desculpe-me pelo lapso.

3. Rodolfo: Mas, qual exatamente é o problema com o computador?

Homem: Então, Rodolfo... Algo está acontecendo com o Skype. Não sei bem. Minha esposa falou que iria chamá-lo hoje, mas não disse a hora que você viria. Agora, ela está dando aula e não pode atender ao celular.

Rodolfo: O que ela te disse?

Homem: Que o som estava falhando e ela não conseguia ouvir direito a irmã dela que está na Itália.

Rodolfo: Vamos fazer uns testes até ela chegar. Se eu não resolver até lá a gente pergunta para ela.

Homem: Tudo bem.

UNIDADE 16

LIÇÃO C AMPLIAÇÃO DO VOCABULÁRIO
B.

1. Juliana: Oi, Esmeralda! Quanto tempo... Você sumiu, hein?

Esmeralda: Fui viajar, lembra? Fui para Porto de Galinhas.

Juliana: Verdade. Tanta correria por aqui que eu tinha me esquecido...

Esmeralda: Então, eu te trouxe uma lembrancinha de lá.

Juliana: Nossa! Obrigada! Não precisava ter se incomodado. Ai, que linda essa bolsa!! Obrigada mesmo!

Esmeralda: Imagina.

2. Ana Cristina: Para você, Paulo!

Paulo: Obrigado, Aninha! Para onde você foi mesmo?

Ana: Para Gramado.

Paulo: Que caneca mais legal! Adorei! Obrigado.

Ana: De nada!

3. Charles: Su! Tudo bem?

Sueli: Tudo! E você, querido?

Charles: Tudo ótimo. Olha, eu trouxe isso para você do Rio...

Sueli: Obrigada! Ah, uma estatueta do Cristo!!! Obrigada!

Charles: De nada. Pena que você não pôde ir. Lá é tão legal, nós fomos...

LIÇÕES A, B e C COMPREENSÃO AUDITIVA

1. Agente: Viagens 'Muito Prazer', bom dia.

Cliente: Oi, eu gostaria de saber os preços de pacotes de viagem para passar uma semana no Rio de Janeiro.

Agente: Esta semana agora do feriado?

Cliente: Isso. Vocês têm algo ainda?

Agente: Temos sim. Para quantas pessoas?

Cliente: Para duas. Queremos uma suíte com cama de casal.

Agente: Perfeitamente.

Cliente: Vocês oferecem algum passeio pela cidade?

Agente: Nós faremos uma visita ao Cristo Redentor e subiremos o Pão de Açúcar. Outras visitas ficam por sua conta.

Cliente: Vamos ver os preços então e como podemos pagar.

Agente: Pois não. Para os dois...

2. Agente: Viagens 'Muito Prazer', boa tarde.

Cliente: Boa tarde. Estou precisando de cinco passagens aéreas para o dia 03 de dezembro de São Paulo para Curitiba.

Agente: Tem que ser todas no mesmo voo?

Cliente: Não, mas precisamos estar todos lá antes das 14h para uma reunião. Tem algum hotel 5 estrelas para duas noites?

Agente: Tem sim. Passe um número de fax que enviaremos os preços ainda hoje.

Cliente: Ah, ótimo. Obrigado. O número do fax...

3. Agente: Viagens 'Muito Prazer', bom dia.

Cliente: Oi, bem. Eu queria programar uma viagem de lua de mel para Buenos Aires. É para o mês de janeiro, do dia 15 ao 25.

Agente: Temos um pacote especial para casais em lua de mel. Você vai adorar. São exatos dez dias com hotel quatro estrelas. As diárias são mais em conta para nós e os quartos possuem TV a cabo, ar condicionado, banheiro de luxo, acesso à internet. Ah... com café da manhã e um jantar especial para o casal recém-casado.

Cliente: Que bom. Vocês incluem passeios?

Agente: Não, mas os traslados do aeroporto para o hotel e do hotel para o aeroporto estão incluídos no pacote. Quer que eu mande os preços por e-mail?

Cliente: Não precisa. Eu estou perto daí. Acho que vou dar um pulo na agência e a gente conversa melhor. Desculpa, acho que não perguntei seu nome.

Agente: É Mirtes. Vou ficar te esperando então.

Cliente: Até mais.

Agente: Até.

UNIDADE 17

LIÇÃO B AMPLIAÇÃO DO VOCABULÁRIO
B.

1. A: Aí, Edu, comprei um presente para você!
   B: Sério? Que legal! O que é?
   A: Ah, é uma coisa que você está querendo há muito tempo... é usada para ouvir e ver clipes de música e armazena mais de quinhentas músicas!
   B: Ah, já sei... é um...

2. Camila: Então, Sil, o Marcelo voltou dos Estados Unidos e trouxe vários aparelhos eletrônicos.
   Silvana: Ah, é?
   Camila: Ele trouxe um aparelhinho de mão em que você armazena telefones, compromissos e até acessa a internet!
   Silvana: Ah, um ...

3. A: Alô... alô...
   B: Ai que droga! Esse celular está sempre desligando. Preciso comprar um novo...

4. A: Isso... um pouco mais pra trás... ótimo!
   B: Deixa eu ver se ficou boa...
   A: Nossa! Essa foto ficou muito legal! Adorei sua nova...

LIÇÕES A, B e C COMPREENSÃO AUDITIVA

1. Vanessa: Nossa. Que barulho é esse, Maria?
   Maria: Não sei, dona Vanessa.
   Vanessa: Olha isso. Está tudo solto aí dentro. Nada foi colocado direito. E ainda tem sabão saindo pelas laterais. Meu Deus do céu!
   Maria: Mas eu sempre uso essa máquina e nunca deu problema.
   Vanessa: Ela tem que ser desligada pra gente arrumar e nada ser quebrado.
   Maria: Aperta esse botão aqui.
   Vanessa: Ufa! Ainda bem. Vou ter que chamar a assistência técnica.
   Maria: Mas ela é pequena. É mais fácil levar direto lá. Às vezes eles demoram pra vir.
   Vanessa: Pode ser.

2. Júnior: Marcelo, preciso te mostrar uma coisa. Você vai achar o máximo.
   Marcelo: O que é? Aquele filme que foi exibido nos cinemas ano passado?
   Júnior: Não, não. Espera aí. Hmmm. Algo está errado, não está funcionando.
   Marcelo: Mas, ele foi consertado no mês passado, não foi?
   Júnior: Então, foi... Que pena. Muita música boa tem sido gravada nos últimos tempos. Eu queria te mostrar esse CD novo, mas meu aparelho de CD é temperamental. O leitor de laser deve estar com problema.
   Marcelo: A gente pode ouvir no computador.
   Júnior: Bem, meu computador está sendo consertado nesse minuto.
   Marcelo: Mas que azar. Ah, deixa pra depois.
   Júnior: Quando nós sairmos da academia, podemos passar na casa do Leandro e ouvir lá.
   Marcelo: Beleza.

3. Nice: Credo. O que é isso? Que susto!
   Rafael: Há há. Ficou com medo, Nice?
   Nice: Claro. Pedrinhas de gelo sendo cuspidas na cabeça assustam qualquer um, né?
   Rafael: Por que está acontecendo isso?
   Nice: Acho que é porque as janelas estão abertas. Não pode ligar assim, ele fica sobrecarregado e começa a fabricar gelo.
   Rafael: Mas, eu lembro que, pouco tempo atrás, quando eu entrei na sala ele estava sendo consertado. Será que não adiantou nada?
   Nice: Não é isso. As pessoas não têm consciência e acabam danificando os aparelhos. Faz um favor para mim, Rafael. Quando você for almoçar, passe na manutenção e peça para o técnico passar aqui para ver isso.
   Rafael: Claro. Passo sim.
   Nice: Se você tiver tempo. Senão eu passo quando for embora.
   Rafael: Não, não. Tudo bem. Passo lá agora mesmo.

UNIDADE 18

LIÇÃO C AMPLIAÇÃO DO VOCABULÁRIO
C.

1. A: Ah, não. Recebi uma multa de trânsito. Tenho que pagar R$ 85,13 por excesso de velocidade, você acredita? Eu nunca corro, você sabe!
   B: Ah, claro... nunca...

2. Antônio: Gaspar? O motoboy esteve aqui. Recebemos os impostos.
   Gaspar: E a gente vai ter dinheiro para pagar tudo?
   Antônio: Espero que sim.

3. Rosa: Valentina, você já recebeu a restituição do imposto de renda do ano passado?
   Valentina: Ainda não. Quem sabe no próximo lote.

4. Lurdes: Querido, você já declarou o imposto de renda deste ano?

Manuel: Ainda não. Acho que vou pedir para um contador nos ajudar. Estou muito ocupado.

LIÇÕES A, B e C COMPREENSÃO AUDITIVA

1. Lucas: Oi, Nelson. Cheguei.

Nelson: E aí, Lucas? Como foi a entrevista? Espero que tenha sido boa.

Lucas: Tomara que eu consiga esse emprego. O mercado de trabalho está difícil.

Nelson: É, mas seu curso na faculdade é um dos que mais cresce. Turismo está com tudo hoje em dia.

Lucas: Por isso mesmo. Tem muita gente fazendo turismo e hotelaria. Fica difícil a gente se destacar. Mas, sei lá. Esse emprego pode me abrir umas portas.

Nelson: O cargo é de que mesmo?

Lucas: Coordenador de atividades de lazer e entretenimento.

Nelson: Mas, é assim que começa. Duvido que eles não te promovam depois de um tempo. Você é bom pra caramba.

Lucas: É. Espero que reconheçam meu valor.

2. Hugo: Nossa! Que calor insuportável! Deve estar fazendo uns 35 graus.

Gislaine: Eu estou derretendo. O que é isso, hein? Nossos verões não eram assim tão quentes.

Espero que não seja o fim do mundo.

Hugo: Nem brinca Gislaine. O pior é que essas ondas de calor têm a ver com o efeito estufa. É uma pena que as pessoas não se importem com o meio ambiente.

Gislaine: E vai se preparando, Hugo, porque depois desse calor lá vem temporal. Estou torcendo para que não chova, mas...

Hugo: Chover não é o problema. O problema é que quando chove muito tem enchentes por toda a cidade. Não acredito que em pleno século XXI a gente ainda tenha problemas com isso.

Gislaine: Pelo menos aqui em casa não inunda.

Hugo: Falando em chuva, olha ela aí. Melhor fecharmos as janelas.

Gislaine: Vou correr e fechar as dos quartos. Fecha a daqui da sala?

3. Hamilton: Calcula daqui, calcula dali. Uffff.

Alex: Seu Hamilton, tudo bem? Está ocupado?

Hamilton: Não, Alex. Pode entrar. Só estou calculando umas multas que terei que pagar.

Alex: Espero que não sejam muitas. Já basta ter que pagar as contas.

Hamilton: É. São uns impostos aqui. Nessa troca de contador, alguns impostos atrasaram. Ainda estou vendo. Espero que eu não tenha muita multa para pagar. Mas, por que veio aqui? Está tudo certo?

Alex: Está sim. Só queria uns conselhos. Vou fazer vestibular, mas estou indeciso e como o senhor tem bastante experiência e a cabeça aberta resolvi vir até aqui.

Hamilton: Bem, talvez você deva fazer administração. É um campo em crescimento e você já aprendeu bastante trabalhando aqui comigo. Você leva jeito e tem muita força de vontade.

Alex: Eu gosto bastante, mas meus amigos duvidam que eu passe em administração.

Hamilton: E desde quando você dá ouvidos para os outros? Você sabe que é capaz, não sabe?

Alex: Sei...

Hamilton: Você gosta dessa área, não gosta?

Alex: Adoro.

Hamilton: Então não tem discussão. E depois me fala quanto é a taxa de inscrição no vestibular que eu pago pra você.

Alex: Nossa, seu Hamilton. Muito obrigado mesmo, pelos conselhos e pela taxa. Amanhã eu passo aqui. Tchau.

UNIDADE 19

LIÇÕES A, B e C COMPREENSÃO AUDITIVA

1. Mirela: Ai, Antônio. Não sei se fiz bem.

Antônio: O que foi?

Mirela: Eu fui fazer minha inscrição no vestibular. Na hora fiquei na dúvida. Não sabia ainda se queria biologia ou jornalismo. Aí fiz "mamãe mandou bater" e escolhi biologia. Mas eu estou arrependida.

Antônio: Ué? Mas você vai prestar vestibular em outras faculdades, não vai?

Mirela: Vou.

Antônio: Então, se eu fosse você me inscreveria em jornalismo em outra faculdade. Pode ser que você passe.

Mirela: Verdade. Fiquei tão nervosa na hora que nem pensei nisso.

Antônio: E eu que resolvi começar um negócio próprio. Acredita?

Mirela: Nossa. Mas, tão novo? Duvido que você tenha tido essa ideia sozinho. Isso é coisa do seu pai.

Antônio: Pior que é mesmo. Ou melhor. Gostei da ideia. Não quero fazer faculdade agora. Meu lance é outro.

Mirela: Mas, seu pai teve que te convencer ou você aceitou de cara?

Antônio: Nada. Bastou que ele me perguntasse se eu gostaria de abrir um negócio que eu já respondi sim. Ele vai me ajudar no começo, mas eu que tenho que levar o negócio para frente.

Mirela: Se eu pudesse abrir meu próprio negócio, abriria um café. Daqueles pequenininhos e aconchegantes. Já sabe o que quer abrir?

Antônio: Sei. Uma lan house.

Mirela: Oba! Vou usar computador de graça lá. Há há há.

Antônio: Assim meu negócio não vai pra frente. Há há há.

2. Luis: Caramba, Marcão, eu preciso conversar com alguém. Esses preparativos do casamento são muito estressantes. Bufê, igreja, festa, roupa, convites. Eu estou pirando.

Marcão: Calma, Luis. É assim mesmo. O casamento é uma cerimônia muito importante para algumas pessoas e elas não querem que nada saia errado. Mas, se eu fosse casar, eu não faria uma cerimônia assim na igreja não. Nem festa em bufê.

Luis: Faria o quê? Uma festa na praia e todo mundo de roupa de banho? Há há há.

Marcão: Isso não né, mas eu criaria uma coisa menos tradicional. Sei lá. Talvez eu fizesse a cerimônia ao ar livre em uma chácara, com um altar todo feito de plantas. E nada desses bem-casados e lembrancinhas inúteis.

Luis: Mas teria padre?

Marcão: Não, só o juiz.

Luis: Eu adoraria um casamento assim...

Marcão: Mas, por que você não falou isso pra sua noiva? Agora vocês já pagaram a igreja, alugaram o bufê. Não dá mais para cancelar.

Luis: Eu tinha medo que ela odiasse a ideia e ainda achasse que eu estava inventando algo diferente só para não casar.

Marcão: Do jeito que você é apaixonado por ela? Você casaria até debaixo d'água.

Luis: Casaria mesmo. A Lorena é uma mulher maravilhosa.

3. Daniele: Isaías, você não quer jogar baralho lá em casa este fim de semana?

Isaías: Pode ser. Vocês vão apostar alguma coisa? Estou meio quebrado.

Daniele: Com a minha avó lá não temos escolha. Ela adora apostar. Mas é coisa pouca. Alguns reaizinhos.

Isaías: Olha lá hein? Eu me lembro muito bem da sua avó falando que tinha apostado uma grana alta e perdido tudo.

Daniele: Coisa da cabeça dela. Eu duvido que ela tenha apostado muito. Primeiro porque ela não tem dinheiro e segundo porque ela adora contar uma lorota...

Isaías: Se minha avó fosse assim, eu não jogaria com dinheiro. Eu apostaria outra coisa. Isso é perigoso. Tem gente que vicia.

Daniele: Não tem perigo não. Ela joga muito pouco e só com a gente lá em casa e uns outros parentes. É só para se divertir.

Isaías: É eu lembro quando conheci sua avó. Foi engraçado. Eu pensava que ela fosse uma velhinha recatada e quietinha. Que susto que eu levei. Há há. No bom sentido, né?

Daniele: É verdade. Ela tem muita energia e alegria de viver. Se eu tivesse metade da energia dela, eu realizaria vários sonhos.

Isaías: Não realiza porque não quer. Siga o exemplo da sua avó.

Daniele: É, eu vou pensar mais nisso. Acho que estou precisando de uma mudança no trabalho.

Isaías: Se precisar de alguma coisa, pode me ligar.

Daniele: Obrigada.

UNIDADE 20

LIÇÕES A, B e C COMPREENSÃO AUDITIVA

Repórter: Bom dia. Estamos aqui ao vivo, no meio da Avenida Paulista, para descobrir como as pessoas avaliam este ano que está acabando. Essa senhora aqui. Com licença, como a senhora avalia este ano que está terminando? A senhora tem algum arrependimento pessoal ou algum conselho que queira dar à população?

Senhora: Olha, eu acho que se eu tivesse economizado um pouco mais, teria conseguido reformar minha casa. Mas, eu e meu marido acabamos gastando com eletrodomésticos, computador pras crianças, essas coisas.

Repórter: E teria feito algo diferente além de economizar mais?

Senhora: Teria sim. Teria caminhado mais e economizado nas calorias. Esse ano ganhei dez quilos. Há há há.

Repórter: Boa sorte então no ano que vem. Vamos entrevistar agora esse moço que está esperando o ônibus. Oi. Você pode falar um pouco com a gente?

Moço: Claro.

Repórter: Estamos ao vivo e queremos saber qual o balanço que você faz deste ano.

Moço: Iiiii. Não foi um ano muito bom pra mim, não. A situação está difícil.

Repórter: Você é daqueles que se culpa pelo que não conseguiu realizar ou a culpa é do governo?

Moço: Na verdade dos dois, mas se eu culpasse o governo por tudo, eu não teria conseguido nada. Pelo menos eu estou trabalhando, né? Não na área que eu gostaria, mas já ajuda.

Repórter: Espero que consiga o emprego que deseja neste novo ano que se inicia.

Moço: Muito obrigado.

Repórter: Vamos entrevistar mais uma pessoa. Este homem aqui. Com licença, poderia nos dar uma entrevista?

Homem: É rápido?

Repórter: É. Queremos saber como o senhor avalia o ano que acaba. Conseguiu realizar tudo o que tinha planejado?

Homem: Claro.

Repórter: Ah... Pode nos dar um exemplo?

Homem: Tinha planejado aumentar o número de clientes e consegui.

Repórter: Teria feito algo diferente?

Homem: Não. Se eu tivesse feito algo diferente, eu não teria alcançado meu objetivo.

Repórter: Gostaria de dar algum conselho para as pessoas que não conseguiram realizar o que almejavam?

Homem: Se eu soubesse o que as pessoas devem fazer, não diria. Cada um tem que se virar. Ninguém me ajudou a chegar aonde cheguei.

Repórter: Ok. Obrigado. O senhor é simpatisíssimo. Boa sorte no ano que vem.

Sobre as autoras

GLAUCIA ROBERTA ROCHA FERNANDES

é formada em Letras Português/Inglês pela USP. Ministrou cursos de extensão em língua inglesa para alunos e professores de idiomas na USP e coordenou os cursos de extensão da Faculdade de Letras de 1998 a 2010. Possui vasta experiência em ensino de idiomas iniciado na Concordia University de Chicago – EUA, onde cursou graduação em Educação e trabalhou como coordenadora de atividades pedagógicas e eventos sociais no ELS Language Centers, curso especializado em ensino de língua estrangeira para todas as nacionalidades. É licenciada em Português/Inglês pela USP, onde também obteve bacharelado em Russo e participou de cursos de atualização em tradução. É também coautora do livro *Fale Tudo em Russo* (Disal Editora). É proprietária da GRF Assessoria Linguística

TELMA DE LURDES SÃO BENTO FERREIRA

é mestre em Linguística Aplicada e Estudos da Linguagem pela Pontifícia Universidade Católica de São Paulo e especialista em Tradução Inglês/Português pela Universidade de São Paulo. Atua no ensino de idiomas e tradução há quinze anos e é uma das sócias da Lexikos Assessoria Linguística. É coorganizadora do livro *Tecnologias e mídias no ensino de inglês. O corpus nas "receitas"* (2012, editora Macmillan) e coeditora do livro *Working with Portuguese Corpora* (no prelo, editora Bloomsbury Continuum). Faz parte do Grupo de Estudos de Linguística de Corpus (GELC PUC/SP). Suas principais áreas de interesse são: Linguística de Corpus, ensino de português como língua estrangeira, Lexicografia, ensino de língua inglesa e formação de professores de línguas.

VERA LÚCIA RAMOS

faz doutorado pela Universidade de São Paulo em Estudos da Tradução. Em sua carreira acadêmica, com todos os títulos pela USP, fez mestrado em Estudos Linguísticos e Literários em Inglês, especialização em Tradução: Inglês/ Português, e graduação e licenciatura em Letras. Atua na área de tradução há mais de dez anos e na área de ensino de língua inglesa e portuguesa para estrangeiros há mais de quinze anos. Participou de algumas bancas de correções de redação, exerce as atividades de professora de inglês e de português para estrangeiros, assim como de tradutora. Atualmente trabalha como professora universitária, dando aulas de inglês e de tradução no curso de tradutor e intérprete e desenvolvendo material em EAD.

Muito Prazer

VOLUME 2 – INTERMEDIÁRIO

CADERNO DE EXERCÍCIOS

PRATIQUE MAIS E ENRIQUEÇA O SEU ESTUDO.

GLÁUCIA ROBERTA ROCHA FERNANDES
TELMA DE LURDES SÃO BENTO FERREIRA
VERA LÚCIA RAMOS

Curso de
Português para
Estrangeiros

Muito Prazer

FALE O PORTUGUÊS DO BRASIL

VOLUME 2 – INTERMEDIÁRIO

CADERNO DE EXERCÍCIOS

DISAL
EDITORA

EXERCÍCIOS QUE ENFATIZAM O LÉXICO E AS ESTRUTURAS ESTUDADAS, ALÉM DE EXERCÍCIOS DE LEITURA.

TODOS COM RESPOSTAS NO FINAL DO LIVRO.

Este livro foi composto nas fontes Le Monde Livre e Parisine
e impresso em maio de 2014 pela Yangraf Gráfica e Editora Ltda.,
sobre papel offset 90g/m².